悦读丛书

媒介与大众文化系列

浙江省社科联社科普及及课题成果

21KPWT03ZD-5YB

天生消费者

消费文化的前浪与后浪

盛婕 著

ZHEJIANG UNIVERSITY PRESS

浙江大学出版社

·杭州·

图书在版编目（CIP）数据

天生消费者 ： 消费文化的前浪与后浪 / 盛婕著. --
杭州 ： 浙江大学出版社，2024.6
ISBN 978-7-308-24633-0

Ⅰ．①天⋯ Ⅱ．①盛⋯ Ⅲ．①消费文化－研究 Ⅳ.
①C913.3

中国国家版本馆CIP数据核字(2024)第035231号

天生消费者：消费文化的前浪与后浪

盛 婕 著

丛书策划	徐 婵
责任编辑	黄兆宁
责任校对	朱卓娜
封面设计	VIOLET
出版发行	浙江大学出版社
	（杭州市天目山路148号　邮政编码　310007）
	（网址：http：//www.zjupress.com）
排　　版	杭州林智广告有限公司
印　　刷	杭州钱江彩色印务有限公司
开　　本	710mm×1000mm　1/16
印　　张	20.5
字　　数	298千
版 印 次	2024年6月第1版　2024年6月第1次印刷
书　　号	ISBN 978-7-308-24633-0
定　　价	88.00元

媒介与大众文化系列科普丛书

总　序

　　一直以来，我们对大众文化的感知总是宏大而模糊：它是音乐、电视、电影，也是某段时间盛行的社会流行，还是群体共享的价值观；它似乎包罗万象，却又不可触及。在大众文化的诸多表达中，媒介文化是大众文化发展到一定阶段后出现的新型文化形式，涉及的领域十分庞杂，又依托新型网络技术演化出无限丰富的内涵。这些新技术不仅融合了多种传播媒介，更创造出一个泛在的、多元化的媒介环境，在潜移默化中改变了大众文化的表现形态，调整了媒介与人类社会的关系。自此，大众文化不再是一个模糊空洞的术语，而是一种与新型媒介共生的特殊生活方式。

　　清晨唤醒我们的不再是晨曦鸟鸣，或是石英闹钟的滴滴答答，而是手机传出的自定义音乐。起身后，从广播电视的早间新闻节目中获知天下大事显得太过老派，查看微信留言成了几乎所有人的习惯；还有些人会顺势登录微博、抖音或其他手机app，看看身边发生了什么趣事、世界起了怎样的变化。而这样的"查看"会在一天剩下的碎片时间内上演很多次，成为下意识的肌肉行为。天各一方的朋友不必焦急期盼着见字如晤，一个视频电话就能让大家促膝长谈。而借着网络一线牵，内向的人不必再害怕社交，陌生人也能迅速热络起来。于是信箱里的报纸和信件消失了，快递柜里的网购包裹成就了每日的惊喜。操场上玩泥巴的小朋友不见了，虚拟世界里开黑联排的"战友们"增多了。纸和笔虽然未被弃用，但电脑等生产力工具成了人们的不二选择。唱片、磁带和录像带都落了灰尘，剧场的时间难合心意，倒不如打开平板，戴上耳机，隔绝外界干扰，沉浸在一场场视听盛宴中……如果有个从 100 年前意外来到 2022 年的穿越者，一定会惊讶于所看到的一切，但对于我们大多数人来说，这些与新媒介共生的情景稀疏平常得如同吃饭饮水，白叟黄童皆享乐其间。

毋庸置疑，媒介文化已然渗透至日常生活的方方面面，以至于很多时候，我们很难跳出现有的视角审视和理解它带来的巨大影响，甚至会忘记自身正处在一个由媒介环绕的世界中。也正是这种潜移默化的、沉浸式的生活体验，让媒介主宰了我们每一天的心得体悟。

既然我们已经发现了媒介文化是如何融入现代人的生活方式的，就能继续讨论这种参与的价值及后续影响。社会化理论认为，人的一生都需要不断完善自身的社会化程度，学习生活技能和工作技能，培养沟通能力和思辨能力，内化社会主流价值观，以便更好地适应现在及未来的社会生活。个人的社会化不是刻意而为的教学，也没有限定场景，在个人与他人、个人与环境的交互中，社会化进程会自然而然地向前推进。美国传播学者赖特认为，现代人社会化的场景除了家庭、学校等人际交往圈层，还有特定的大众传播环境。除了社会化功能，环境监视、解释与规定，以及提供娱乐也是大众传播的重要功能，即媒介"四功能说"。换言之，媒介对个人生活的参与程度远比想象中深远：它不仅提供了现代化生活方式的范例，还是我们愉悦自身、获得身份认同、内化社会价值观、感知所处环境并做出恰当回应的关键场景。

这样的关键场景正随着大数据、5G、AI 等新网络技术的更迭发展而扩大，赋予了媒介文化更强劲的生命力。人们的生活方式和社会认知模式不断更新，迫使各行各业自我变革以适应时代发展；新产业新业态层出不穷，延续了我们每一天的生活创新。无论是年轻人还是银发族，我们越来越离不开媒介带来的全新体验，甚至主动参与至媒介文化传播中，以满足我们在工作、生活、精神娱乐等方面的独特需求，媒介文化也由此重塑了我们思考、沟通和交往的方式。也就是在这样的紧密相连中，媒介与我们的关系出现了一定程度的扭曲。

看不见的网络通过一个个数字信号把被它吸引而来的人们网罗其间，却在拉近人与人之间的距离后又异化了人们的正常交往，在帮助我们认识广袤世界之后又极端化了我们的认知。奇文瑰句弃之不用，各类网络暗语和缩写犹如病毒般迅速传播；娱乐化的表达渐成主流，严肃的讨论却被边缘化；和而不同成了奢望，立场优先而思辨不再；愉悦感的阈值越来越高，从现有的媒介使用中获得满足越来越难，暴戾逐渐填充了网络空间。只一句"娱乐至死"都述不尽心中感慨。大概这就是为何有人以"礼崩乐坏"来描绘当下时代，并将祸水源头归咎于网络文化兴盛吧。尤其当青少年成为媒介文化的主要受众时，人们的消极情绪中又多了几分担忧。青少年正处在生理心理急速发展、人际交往和外部环境交替变化的"风暴"期，时刻徘徊于矛盾与挑战间。由于媒介对日常生活的全方位浸染，他们不可避免地开始独立接触互联网和大众文化，甚至有时把网络当作他们逃避现实世界的空间。只是他们的初级社会化进程尚未完成，未能形成独立思考、理性判断的能力，容易被各类网络事件误导。知悉了这些，对青少年群体媒介参与的正确引导就显得格外重要。

那么，在媒介文化传播与人类社会联系愈加紧密的今天，媒介文化应被视为人类进步的推力还是阻碍？不同年龄层的人们是如何参与至媒介文化中的？而网络文化给他们带来了怎样的影响？我们又该如何面对网络中复杂的传播现象和事件？当越来越多的人开始思考这些问题时，本套网络文化科普丛书的出现就恰逢其时。本系列丛书力图通过揭示媒介文化的形成机制来引导读者认识复杂的文化现象，培养理论洞察力和批判能力，拓宽视野。本系列选择了 10 个人们日常中关注并参与的话题，希望通过对具体个案的描述和分析，将传播学的基本理论做深入浅出的解读，帮助读者学会以传播学的视角辩证地思考周遭发生的事物，进而萌生出对传播行业的兴趣。

自　序

作为天生的消费者，我们如何看待消费主义？

对于工业革命之后的现代人类来说，我们生活在消费社会中，人人都是天生的消费者。无论你声称爱或不爱，消费者这个标签在你甚至还身处母亲的子宫之中时就已经被贴上了，并将从此如影随形地陪伴你漫长的生命之路。

人们对待消费这件事的态度有如硬币的两面，一面是拜物的放纵与快乐，另一面是反消费主义的克制，希望不被左右。围绕两端的争论从不曾冷场，当然也从不曾分出高下。在B站上你经常可以看到两类视频：一类是摒弃一切现代商业的痕迹回归自然，追求如梭罗在瓦尔登湖畔的极简生活；而另一类则是热热闹闹的探店大啖美食或开箱评测最新好物，鼓励种草或拔草。看客们可以在两类视频之间随意跳跃切换观看，点赞评论时也不会有任何违和感。消费社会的边界大而无形，从不是非黑即白，它即我们的自身。这正如我们迷恋李子柒的田园布衣、粗茶淡饭，但转身又转化为李子柒官方旗舰店里流水线生产的螺蛳粉的订单，并将它买到天猫平台销冠。

现代社会亦是商品社会，几乎每天都有数以千计的新品牌、新产品进入市场，被摆上货架。普通的日子被商家变成了购物狂欢，"双十一""618"让消费者们爱恨纠缠、天人交战；"剁手族"、"吃土族"以及"羊毛党"这些消费行为的另类称呼被发明出来用以自嘲。广告是大家"讨厌"的事物，因此人们总是千方百计地想要躲避它。然而广告又是最被"依赖"的事物，品牌依赖它散播信息，媒体依赖它产生收益。而消费者呢？在网络媒介中摇身一变成了产消者，既是生产内容和消费内容并存的 KOL（key opinion leader，关键意见领袖）与 KOC（key opinion consumer，关键意见顾客），也是被大数据洞悉一切、种草停不下来的"韭菜"。

消费是市场经济的产物。自 2020 年疫情初起，地球上的大部分人第一次认识到城市的停摆会带来生活的停摆：消费供应链网络如同毛细血管般维系着城市的生命。当街道万籁俱静，有一首音乐被人们播放了上百万遍，那就是全家开门迎客铃声，遍布街巷的便利店成为最被思念的日常生活符号。热腾腾的关东煮和现磨咖啡是现代文明的终端体现——7-Eleven 的创始人铃木敏文曾提到在 7-Eleven 便利店创立初期那句脍炙人口的广告语："有 7-Eleven 真好！全年无休真方便！"全年无休的营业时间是便利店的最大利器，一家永远营业、永远货架满满的店铺是城市人的心灵慰藉和安全感底线。而疫情这只"黑天鹅"让这种自 20 世纪 70 年代便已经延续的安全线断裂了。许多人借短暂外出的机会拍下空旷的街道，祈祷那些店铺只是暂时停止营业。还有很多人在疫情缓解后决定支持社区店铺，那些家门口小店的存亡关系到我们是不是能够趿着拖鞋去喝杯手冲或吃碗面。

城市与消费无法分割。城市所给予我们的安全感也是消费所带来的安全感。当人们离开土地来到城市生存，其游戏规则便是通过劳动换取货币，并经由消费采购物资来维持生活的循环。一个城市要发展，需要扩张地盘、吸纳人口；住宅区密集的地方需要规划大型购物中心，这样大家才愿意居住。街道不只有通行的功能，还给予人们在不工作的时候晃荡漫步的权利，也让商铺能够有机会把人们的钱包掏空，以促使他们更加努力地去工作。1000 年前，宋代的东京汴梁是一个百万人口的大城市，这座城市的居民几乎完全通过商品经济来完成日常生活。东京居民大多是工薪一族，白天工作，晚上逛夜市，节假日看戏，这也使宋朝的"消费主义"空前繁荣，并最终诞生了《清明上河图》这样的消费场景巨作。我们隔着时间的长河窥探古人的生活，却惊喜地发现居然有诸多的相似之处。点外卖、请私厨、搞派对、养宠物……无论是汴梁还是上海，城市的日常一般精彩。

"消费主义"这个词在如今的社会语境下带着负面色彩。如果在豆瓣上搜索，你能找到许多以反消费主义为主旨的小组。许多被"996"压垮的年轻人开始希望通过反消费的生活方式来打破"工作—收入—欲望—消费"这个循环。假如减少购买，那么是不是就可以换一份收入虽低但不需要加班的工作，从而获得更多的属于自己的闲暇呢？不做消费欲望的奴隶，反对资本制造的消费主义幻梦是这场反消费主义运动的主旨。但从另一方面来说，亚文化催生的圈层消费却如雨后春笋般萌芽生发。二次元文化带来了大量的IP类消费，游戏《阴阳师》的收入不仅来自游戏内充卡氪金，游戏外的音乐晚会也是一票难求。

前些年逃离北上广的话题颇为热门，后来发现最终逃离者又重返了北上广，因为最终证明高速运转的城市虽然吞噬了部分的个体快乐，但它从另一方面进行了补偿。我们依旧需要上班，然后在午休时喝一杯星巴克，在下班后去超级猩猩（Super Monkey）①跳操，在周末去Livehouse（音乐展演空间）听喜欢的乐队唱歌，在购物中心放置的泡泡玛特售货机里买盲盒，与朋友为一家新开的网红餐厅排上一小时的队。消费会让人迷失，但也同样让人定义自我。优衣库最好卖的UT系列T恤，只要你花100元左右的价格就能让周围所有人了解你的偶像是安迪·沃霍尔（Andy Warhol）；有些人拼命工作为的是家里那堵球鞋盒筑起的墙。

消费社会是一片不平静的海水，翻涌着不息的浪潮。往昔的商品流行已经被生活方式的流行所更迭，这是信息时代的特质所决定的。任何生活方式都有可能经由网络带来大面积的效仿。服务业被发挥到了极致，一切皆可寻求代理，奶茶可以代喝，扫墓可以代扫，日常三餐可以用代餐粉解决……自然依旧是稀缺品，乡村却变得越来越符合城市人的生活习惯，有咖啡有比萨，到处都是适合拍照的花田。远方依旧是远方，甚至因为疫情的阻隔变得更加无法抵达，曾经简陋的户外露营重新以野奢的方式登场。打开小红书，你能看到1000种生活方式，每种生活方式都有上万的博主向你示范。是你在消费生活方式还是生活方式在消费你，

① 一家著名连锁操课健身房。

已经不再那么重要。

本书从 9 个角度对消费这件事进行了观察与解读，其中有对历史中的消费社会和消费主义的溯源和探求，也有对当下消费现象和生活方式的采集与思考。中国的主力消费人群是在全球化背景下成长起来的。从步入 40 岁的 80 后，到开始成年的 00 后，大家共同见证并经历了中国市场经济的发展和消费文化的繁荣。同时作为互联网商业大国，数字媒介这块土壤滋养出了浪花迭起的消费浪潮。无论是国货的崛起还是可持续生活方式的追求，中国消费者正在用自己的方式定义消费这件事。而对于消费社会中的重要组成部分——品牌来说，将消费文化的新趋势注入品牌内涵，广告传播不再只是简单地贩卖需求，而是以产品力推动生活方式的更迭，让现代文明绽放出更丰富的内涵。

无数的消费场景构成了我们的日常与情绪，也描摹了社会的样貌。我们的生活是属于这个时代的，也是属于自己的。那么，就一起寻找消费浪潮中那朵你心爱的浪花吧。

目 录

第一章 消费社会是怎样形成的: 消费是一种主义,
也是一种文化 / 1

第一节 消费者、消费行为与消费社会 / 4

我们是什么样的消费者 / 5

消费行为的黑盒子, 你到底在想什么? / 8

从需要到想要, 我们身处什么样的消费社会? / 9

第二节 消费主义的历史 / 12

消费主义是现代的产物 / 13

为什么中间阶层如此重要 / 13

消费的历史也是全球化的历史 / 15

消费主义催化产品创新 / 16

第三节 人群、文化与消费主义 / 18

女性的惊人力量 / 18

亚文化与小众 / 19

小清新简史 / 21

第四节 消费主义的扩散与传播 / 23

你也是消费世界里的"做题家"吗? / 24

猫爪杯和惠灵顿牛排 / 25

网红城市与消费生活 / 27

第二章 士大夫们的欲望清单, 宋朝也有"双十一"吗? / 31

第一节 宋代以后近乎今 / 34

第二节　士大夫与新中产 / 37

　　中产？新中产？ / 38

　　士大夫的生活观 / 39

　　集之乐：一场"凡尔赛"风的"朋友圈"聚会 / 41

第三节　宋朝的饮食男女 / 44

　　不动手主义·吃货的四种姿势 / 45

　　颜值经济·宋代食品包装学 / 51

第四节　人人都是器物控 / 53

　　从贵族生活美学到全民生活美学 / 54

　　雨过天青色，极简主义在宋代 / 56

第五节　汴京如梦夜未眠 / 58

　　不夜城里的经济账 / 59

　　社区经济，消失的街头 / 60

第六节　谁还不是个铲屎官？古今皆是爱宠人 / 63

第三章　从包豪斯到安迪·沃霍尔：生活美学驱动下的消费社会 / 67

第一节　从小众到大众，从艺术到设计 / 72

　　凡尔赛，风从哪里来？ / 72

　　奢侈，从专享到共享 / 74

　　工艺美术运动：艺术的平民化 / 77

第二节　现代艺术中的商业镜像 / 80

第三节　包豪斯与极简主义 / 84

　　包豪斯的产品逻辑 / 86

　　法兰克福厨房 / 87

少即是多？极简主义生活观　/ 89

第四节　波普运动、广告与消费浪潮　/ 95

"诱惑是不能抵抗的，你有责任消费和放纵"　/ 97

全球化下的生活图景　/ 99

广告是一种欺骗？　/ 101

第四章　"买买买"与断舍离：消费主义的加法与减法　/ 105

第一节　我们为什么而买　/ 111

藜麦，21 世纪的超级食物　/ 112

种草，拔草　/ 113

第二节　谁在让这个世界无节制消费　/ 117

"计划报废"与无节制消费　/ 117

消费与浪费，临期产品的大生意　/ 119

无门槛支付的钝感陷阱　/ 120

第三节　电商造节：一场消费的幻梦　/ 123

"双十一"简史　/ 124

网购，是放纵还是精打细算　/ 127

走出消费主义陷阱　/ 128

第四节　多巴胺消费，即时短暂的快乐　/ 132

多巴胺的分泌哲学　/ 132

技术加持的即时满足　/ 133

快乐成瘾　/ 134

第五节　极简主义和断舍离：消费时代下的反省　/ 137

不要买，做消费主义的逆行者　/ 138

断舍离是过度消费的良药吗？　/ 139

第五章　寻找可持续的生活方式：低欲望青年札记与绿色消费宣言　/ 143

第一节　**低碳世界与绿色消费**　/ 146

第二节　**绿色品牌：企业与消费者的双向奔赴**　/ 149

可持续时尚　/ 149

包装上的绿色文章　/ 153

拒绝"漂绿"　/ 155

第三节　**可持续的生活什么样？**　/ 158

零浪费生活　/ 159

lagom：生活有度　/ 161

一切皆二手　/ 164

第四节　**人造肉与食草运动**　/ 167

无糖纪元　/ 168

吃肉吗？人造的　/ 170

植物蛋白浪潮　/ 172

第五节　**可持续与不持有**　/ 174

第六节　**我们正在进入低欲望社会吗？**　/ 176

第七节　**低欲望青年札记**　/ 179

他乡即吾乡　/ 179

"丧、佛、宅"的向阳面　/ 180

焦虑的解药　/ 181

欲望之外，让世界更好　/ 182

第六章 消费文化与性别消费：广告中的性别凝视 / 185

第一节 消费社会中的性别画像 / 189

第二节 传统广告中的性别刻板印象 / 191

尴尬的父亲 / 194

突破世俗之见 / 196

第三节 新消费浪潮下的性别觉醒 / 198

小家电的大作用 / 198

"女汉子"和"她经济" / 200

男性的自我凝视 / 203

第四节 突破广告中的性别刻板印象 / 205

女色还是男色？ / 207

广告中的性别平权 / 209

第五节 商业创新中的性别力量 / 212

穿男装的芭比 / 212

性别中立的未来 / 213

广告中的性别教育 / 215

社会中的性别化创新 / 219

第七章 网红经济，注意力的好生意 / 221

第一节 注意力的价值，谁在影响我们的购物决策 / 225

互联网的猫鼠游戏 / 226

品牌与意见领袖们的双向奔赴 / 227

第二节 超级大V可以复制吗？ / 231

寻找"李子柒" / 232

属于所有女生的李佳琦　/ 234

第三节　小 V 的崛起，KOC 是你我她他它　/ 236

　　制造"美好"，滤镜中的楚门世界　/ 239

　　自我觉知和自我凝视，消费社会中的"自拍"商业力　/ 240

　　文青为什么带货失败了？　/ 241

第四节　虚拟偶像，下一站天后　/ 244

第八章　从土酷到国潮，新消费与新品牌　/ 249

第一节　国货的前世与今生　/ 253

　　"土洋"之争　/ 253

　　21 世纪的新国货运动　/ 256

　　不再迷信"舶来品"的新消费者　/ 258

　　全球化与民族意识　/ 259

第二节　新消费现象观 1：成人儿童化与泡泡玛特盲盒热　/ 262

　　不想长大的大人们：成人儿童化　/ 262

　　泡泡玛特，盲盒成瘾　/ 264

　　斯金纳箱：盲盒上瘾的背后　/ 267

第三节　新消费现象观 2：彩妆里的国货自信　/ 269

　　从土到潮：国货美妆　/ 269

　　谁在捧场国货彩妆　/ 272

第四节　新消费现象观 3：疗愈式消费潮　/ 274

　　气味的力量　/ 275

第九章　从亚文化出发对话消费主义的未来 / 279

第一节　Z世代的"新"鲜度 / 283

第二节　亚文化繁荣下的消费社会 / 286

第三节　在他处的游民 / 291

工作，但不上班 / 292

谁能成为数字游民 / 295

第四节　小镇青年：三万亿的下沉市场 / 298

小镇的蓝海有多蓝 / 299

小镇青年志 / 300

第五节　开启第二人生，在路上的银发族 / 303

后　记 / 307

第一章

消费社会是怎样形成的：消费是一种主义，也是一种文化

你一天的生活极有可能是这样的：

7:30 起床—洗漱—护肤—纠结穿什么

8:00 出门—租共享单车—乘地铁公交—在公司楼下便利店买早饭

9:00 工作，空下来时纠结中午吃什么

12:00 午餐

15:00 点外卖叫办公室下午茶

18:00 地铁—刷手机被种草下单

20:00 网红餐厅晚餐，排队两小时

22:00 躺平刷手机给"爱豆"应援/听付费播客/看直播抢购/微信群团购

0:00 睡不着，听付费版白噪声

第一节　消费者、消费行为与消费社会

对地球上的绝大多数人来说，消费是一件与呼吸和睡觉一样平常且必需的事。在我们每日被分配的相同长度的 24 小时里，不同的消费行为让我们获得了不同的消费体验。每个人的"一日 24 时"经历相似又迥然不同：有些人因一杯排队 1 小时才能获得的奶茶而快乐，另一些人因在上班的路途中听一堂经济学课程而满足，还有人为在游戏中抽中卡片而兴奋，大家最终又为了每月的花呗还款日而心存愧疚。

我们每个人都活在社会的生存法则之下：通过劳动去获取报酬，通过消费去换取物资，用物资来保障生存，再通过持续劳动来确保这个循环能够长久且稳定地维持下去。在这期间，我们的生存得到了保障，但我们又渐渐不满足于只是单纯地活着。因为大家发现，当我们的劳动获得了更高的报酬，从而有能力去购买一些非必需品时我们会感到更加愉快；还有一些人发现消费本身就是件让他们开心的事，于是无法压抑剁手的冲动。

成熟的消费主义是一个现代的产物。[①]在现代社会，无论是哪个国家、哪个种族，无论是千禧一代还是 Z 世代，甚至当我们还在母体中孕育的时候，每个人就已经收到了一个相同的标签：消费者。如何定义消费者？消费者，是指为达到个人消费使用目的而购买各种产品与服务的个人或最终产品的个人使用者。所以，从某种意义上说，尽管大家试图通过优衣库的限量款 UT、印满不同语录的帆

---

① 斯特恩斯. 世界历史上的消费主义 [M]. 邓超，译. 上海：商务印书馆，2015:205.

布包，以及风靡的手作物件来努力展现自己的与众不同，但消费者这一标签早已烙入我们的人生底色：只要我们在购买，只要我们想拥有产品或服务，我们就都是——消费者。

我们是什么样的消费者

作为消费者，我们在商家眼中也早已如庖丁解牛一般被分析得彻底。尤其是在大众消费行业，每家公司都对消费者极度重视，它们不仅委托第三方机构进行消费者调研，同时在企业内部也会成立相关的部门进行消费者研究。因为现代企业已经对一件事基本达成了共识：无论是出于成本控制还是传播效果的考虑，品牌都不可能向所有人进行产品信息的推广。

本章开头里的行程表虽然大致的安排接近，但每个人真正实施起来却千差万别。同样是早餐需求，有些人是路边摊烧饼油条的忠实拥趸，而另一些人可能对碳水化合物畏之如猛虎，认为鸡蛋加黑咖啡才是开启上午高效工作的法宝；有些人认为早餐成本应该控制在 10 元以下，而另一些人却愿意在早餐上支出 30 元以上——被营养成分党推崇的代餐类食品，定价大多在 30~50 元的价格区间。在不同消费人群的认知领域中，类似"豆腐脑咸甜之争"的消费观念和价值差异无处不在。哪怕是几乎地球人都知道的可口可乐，也难以再依赖经典可乐这个单一产品来满足每个消费者的"快乐气泡"需求，于是我们在便利店的冰柜中遇到了一个庞大的可乐家族：经典可乐、零度可乐、香草口味可乐、纤维可乐……在可口可乐公司于美国和日本地区投放的新款自动贩卖机 Coca-Cola Freestyle 上，购买者甚至可以一次选择两种自己喜欢的口味进行混搭，从而能够制造出超过 150 种口味的"新"可乐。

可口可乐品牌的长盛不衰很大程度上在于它们对消费者的重视。百年以来，可口可乐公司花费在消费者调研上的经费超过数十亿美元。当下数据量庞大的社交媒体更是成为可口可乐公司的数据池，比如利用人工智能技术对社交媒体中的相关关键词进行抓取和分析，了解人们在什么时候需要"来上一瓶"，以及大家对碳酸类饮料的看法正在产生怎样的变化。

我们是什么样的消费者？也许这个问题连我们本人都未必能准确回答。我们彼此间的差异来自哪里？在人口统计学中，消费者通常会以年龄、性别、学历、收入、地区和种族等基本信息特征进行区分。比如在统计领域用婴儿潮一代、Y世代和千禧一代来区分以 10~20 年为代际更迭的人群。这种统计方法在很长一段时间内行之有效，几乎全球的广告公司都会以这些代号来对目标消费人群进行划分。而在英国，官方统计部门则发明了一套以职业及收入为衡量尺度的人群分级系统：社会人群分级（Social Grades）（见表 1.1），现被英国的调研机构作为目标人群的分类标准。

表 1.1　社会人群分级 ①

编码	社会等级	职业	占总人口比例（2008）	占总人口比例（2015）
A	上流阶级	企业主、高级管理者、高级专家	4%	4%
B	中产阶级	企业中层管理者、中级行政管理者、中级专业技术人员	23%	23%
C1	工薪阶级	初级管理者、初级专业技术人员、企业白领	29%	28%
C2	高级蓝领阶级	熟练技术工人	21%	20%
D	普通蓝领阶级	半熟练技术工人、无技能工作者	15%	15%
E	未就业人群	退休人员、无固定收入者、领取失业救济金人群	8%	10%

对于英国这样已形成阶层固化的老牌资本主义国家来说，这套受众分级标准能够非常准确且高效地帮助媒体采购者和产品经理们找到目标对象，并进行传播策略的制定。当一个地区对受众族群的认定执行统一标准时，会产生类似秦始皇统一度量衡的效果。比如当英国的第四电视台（Channel 4）打算为本国的中产阶级推出一个新子频道 More 4 时，统计列表中的 A、B、C1 三个目标群体显然符合他们的要求。因此，不需要再额外进行人口统计工作，新频道筹备团队就能马上了解这三个目标群体的数量、地区分布、收入水平和职业分布，因而节约了大量的调研预算。

---

① NRS Social Grades[EB/OL]. (2017-01-31)[2023-09-21]. https://nrs.co.uk/nrs-print/lifestyle-and-classification-data/social-grade/.

　　此外，像婴儿潮一代、Y世代和千禧一代也是在人口统计学中获得国际范围内行业认可的人群代名词。这种共识之所以存在，部分原因是在21世纪之前（或者可以称之为前互联网时代），全球的经济、社会及文化的运行对于个体的影响是稳定且有共性的。旧传媒时代中信息的交互与传播以一种相对平均且限量的方式作用在人身上——一天发行一份的报纸、一个月出版一期的杂志、一天播放两集的电视剧，80后念念不忘的童年记忆是暑假时才会重播的《西游记》和《还珠格格》。周日"正大剧场"播放的电影分上下集，需要两周才能看完，这对2010年后出生的人来说是无法想象的。

　　互联网时代的信息爆炸，使得人们接收信息的方式和数量产生了极大差异。社交媒体成为巨大的信息中心，它们如同星系中的恒星那样，发散出巨大的信息能量，制造出了属于自己的星系运转规则。而互联网用户在各个星系间穿梭往来、挣脱了原始固定的身份标签之后，重新按照兴趣组成了亚文化的小行星。这意味着：如果我们继续使用年龄、性别、收入等标签来进行目标消费者的人群划分，得到的分析结果将是无趣且有偏差的。以20年为一个跨度进行人口统计学的划分，在瞬息万变的今天不免显得有些落后，难以令人认同。一个在婴儿潮时期（1946—1964）出生的人，在传统的人口统计学标签下，他有可能被划归为：退休族群、不善于使用智能设备、生活节俭、观念固化。但事实上，有越来越多的婴儿潮一代活跃在B站、抖音上，是穿搭潮人、无人机达人，会自己改装房车去环球旅行。

　　日本社会学研究者和营销专家们在消费者的分类及命名工作上一直具有自己的行事风格。他们善于基于对社会群体生活方式和价值观的观察而创造出全新的消费群体称呼：宽松世代、御宅族、森女、盐系、乐活族等等。这些称呼淡化了人的社会身份属性，而强调了个人兴趣和消费个性。因为他们认为随着消费社会的进化，消费行为将呈现出越来越具个性化的特征。消费者需要通过购买个性化的商品来表达自我，除了会对产品设计提出自己的意见，有许多消费者会愿意尝试购买可以DIY的商品从而获得一件被赋予了个人特质的独一无二的物件。日本一本名叫《穿越》的杂志早在 1983 年就提出了"创费者"（具有创造性的消费者）这一概念："消费是什么？消和费。但是消费者买东西并不仅仅是为了消和费吧。他们在购买时尚和设计产品时，不是单纯的消费，而是一种创造。为创造自己的生活方式而消费，这就不是消费，而是创费。"[①]在个性化主张强烈的家居领域，消费者们已经厌倦了千篇一律的样板设计，宜家的米多系列和毕利系列可以让顾客自由组合和设计的橱柜产品，宜家还特别提供了可以让顾客进行自主设计的软件服务，帮助他们创造出充满想象力的柜子组合。这是工业标准化和个人定制化看似冲突的二者充满智慧的结合。

新消费族群的出现不仅意味着消费者正在快速产生分化，也意味着对于当下的消费时代来说，"主流"一词也许会渐渐成为历史。我们将在自己选择的小行星上生活。

消费行为的黑盒子，你到底在想什么？

在营销学中，有一个著名的黑盒子：消费者行为的黑盒子。它指的是消费者在通过各种媒介渠道接收到各种信息后会有一个自己解码的过程，解码后会产生最终的消费决策。一开始信息传递的环节是显性的，最终的购买决策环节也是显性的，但是中间的解码过程却是隐性的，如图 1.1 所示。

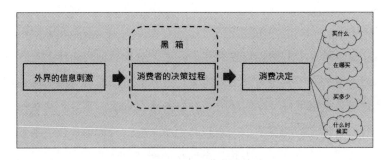

图 1.1　消费者黑箱

---

① 三浦展. 第四消费时代 [M]. 马奈，译. 北京：东方出版社，2014:36.

　　这也是为什么你经常会被商家热情地请求将手机绑定会员服务。会员系统能够在很大程度上解决"谁在买、买什么、在哪买、买多少、什么时候买"的问题。所以大部分品牌会花很多精力去建设和完善会员机制，并通过积分奖励、会员折让等方式让大家在购买的时候激活会员身份。

　　那么，最后留待我们解决的问题是：为什么买？

　　过去的解决方式是：直接询问消费者。于是，大家经常会收到各式各样的问卷调查。然而，对消费者来说，准确回答"为什么买"这个问题并不容易。

　　因为有时候，消费者其实自己也不知道为什么。实验表明，我们有95%的想法、情感和学习发生在无意识状态下，即不受意识的控制。我们每天都在接收海量的商品信息，这些信息在大脑中流逝或留存，随着时间过去慢慢形成印象和观念，然后在未来的某个恰好的时间点，推动你做出购买决定。很多人都有过在超市逛一圈，购物车不知不觉被塞满的经历，那些促使你把商品从货架上取下的理由，其实早已在你脑海中形成了，而超市只是实施这些购买动机的最终场所。

　　但作为营销人员，我们依然需要尽力挖掘"为什么买"的答案。在广告行业，一个策划案中最重要的部分就是对消费者和消费者行为进行洞察。洞察是一个有意思的词语。它不是简单的了解，也不是表面的观察，而是"分析＋推敲＋理解"之后对消费者行为的预判。洞察工作的过程就像是营销人员拿着手电筒照射消费者黑箱，他们想要弄明白外部的信息是如何被消费者吸收和转化，从而最终变成每个极具个人化的消费行为的。因为只有当黑箱的秘密大白于天下，商品信息才能在对的时间、对的地点遇上那个对的人。

从需要到想要，我们身处什么样的消费社会？

　　过去的近40年，是中国消费社会变动最为剧烈的40年。我们从量入为出的计划经济时代迈入各取所需的市场经济时代，物质从匮乏到丰盛到过剩，身处其中的每一个人都经历着消费观念的不断变化。

　　经济的繁荣与消费社会的发展紧密相连，中国自1992年开始经历了GDP的高速增长。与计划经济时代固化的收入体系相比，市场经济下民营经济的崛起推动着国民收入的逐年增加，同时，"让一部分人先富起来"的国策让人们有了多余的财富。多余的财富让国民消费需求不再满足于吃饱穿暖。在电影《我和我的祖国》的"夺冠"篇中，整个弄堂围坐在一起看同一台黑白电视的情景相信还留存在许多70后的记忆中。而到了80后、90后的童年，彩电、冰箱、洗衣机和空调已经成为中国每个小家庭幸福生活的标配。这些商品未必是生活必需品，但却能够给我们的生活质量和效率带来极大的提高。当大家认识到能够通过消费来换取生活上的便利和幸福感的时候，中国现代消费社会的车轮便滚滚向前了。

消费社会的发展是渐进式的，也是在不断更迭中的。即便我们都身处全球化经济生态之下，每个国家因为社会经济的发展节奏不同，消费社会的阶段性特征也会存在差异。日本社会学者三浦展在他的畅销著作《第四消费时代》中，将日本的消费社会分为四个时期。

他主张将社会背景、人口增长率、出生率、老年人比例、国民价值观、消费取向、消费主题和主力消费人群作为消费社会的评估要素。第一消费社会（1912—1941）被视为近代意义上日本消费社会的起源。东京、大阪这些中心城市出现了中产阶级，城市人口增长，日式咖喱饭、猪排饭和可乐饼这些服务于城市工薪阶层的料理也是从那个时代开始风靡至今的。可以说第一消费社会是以城市化和强调中产阶级生活方式为主要特征的。而第二消费社会①（1945—1974）则实现了平民阶层的消费升级。近代工业化的发展，使得商品的量化生产成为可能。在第二消费时代，日本家庭也和20世纪90年代的中国家庭一样，追求家居日常几大必备神器（电视、洗衣机、冰箱、空调和家用小汽车）的拥有率。第三消费社会（1975—2004）的消费形态被赋予更加个人化的特征。大家倾向于购买更小型、更私人化的物品。如果说第二消费社会的消费欲望是越大越好，那么第三消费社会的消费者在追求具有个人化、私有化意义的商品方面，需求变得更明显。比如

---

① 三浦展在《第四消费时代》中这样写道："我把从战败到1973年石油危机导致经济高速增长期结束，也就是从1945年到1974年的30年间，定义为第二消费社会。"

风靡全球的索尼随身听就是一个典型的第三消费社会的产物，它重新定义了人们听音乐的方式——一个私密的具有沉浸感的私人空间。而广告这种传播消费信息的形式也在这个时期产生了变化：商家不再只希望通过广告向消费者传递产品信息，他们更希望广告能够向消费者表明品牌的态度和主张，从而在意识形态和价值观上与他们（特别是年轻一代）走得更近。而第四消费社会（2005—2034）被认为是日本社会当下的形态，在经历了经济衰退、人口出生率下降、消费欲望降低等外部现实因素的变化之后，消费者对消费这件事的观感从个人化的"独享"主义转向了更具连接性的"共享"主义。而共享主义的消费趋势是建立在信息社会的共享机制上的。从社交媒体衍生出的利他主义通过技术和新媒介将商业引向众创、共享、不持有的消费观念和生活方式创新的方向。如果说第三消费社会是以物为连接的，那么第四消费社会则以人为连接。

三浦展对日本消费社会的形成要素梳理有着很强的通用性，特别是对于同属东亚消费文化体系下的中国来说，日本消费社会的发展历史像一面镜子，从中可以管窥中国消费趋势在未来的样貌。比如在第三消费社会和第四消费社会的衔接时期，无印良品和优衣库的诞生代表着日本消费者已从追逐名牌的幻梦中渐渐苏醒，更重视无标签化的生活方式和性价比高的商品；宠物经济的兴起意味着人们想要从中找寻情感的寄托和连接；单身人口比例增长，则让品牌设计出适合独居人口的商品，或提供相关的服务；而面对近在眼前的老龄化社会，银发族群必将在未来成为新的消费动力。以上种种也许足以让你觉得：这不正是当下中国消费社会正在发生的事吗？

当然，因为互联网信息技术的加速作用，相较于日本和海外其他国家，数字经济在中国消费社会和消费者生活中的影响力是无可比拟的。不难发现，2000年后的中国消费生态和商业传播呈现出了极强的数字化特征。当我们在谈论新消费主义的时候，中国消费者的价值观念和生活方式选择都与互联网密不可分。网络让消费社会和消费者呈现出更为丰富且生机勃勃的样貌。

第二节　消费主义的历史

今日世界的百分之九十是由过去造成的。

——费尔南·布罗代尔（Fernand Braudel, 1902—1985）

如果我们想要了解是什么构成了我们如今的消费方式和消费社会，那么就必须溯源而上，了解消费主义的历史。如今，地球上的每一个人都经历了一场前所未有、旷日持久的新冠疫情。疫情对生活带来的影响是显而易见的，如果对大家做一个相关的调查：你最怀念疫情前生活的哪个方面？有很多人最怀念的是疫情前能够自由地出行，特别是跨国旅行。疫情之下，全世界各国的旅游胜地都难觅外国游客的身影。许多依赖游客的商业如免税店、纪念品商店以及餐馆等都在经历极大的生存挑战。在过去的几十年，旅游产业已经成为许多地区的支柱产业。因此当旅行令解除，一方面是人潮汹涌的报复性出游，另一方面是各国纷纷热烈欢迎中国游客重返。当人类的祖先几百万年前从非洲出走的时候，热爱旅行的基因就已经深深植入了种群的DNA中。想要出门看看，并带回些什么——这基本就是构成我们旅行的主要动因。而消费主义的诞生与人类这种热爱出门走走并带回手信的习惯不无关系。最早的消费主义就是因全球贸易互动以及大家对异国商品的喜爱而产生的。

消费主义是现代的产物

消费主义是现代的产物，它代表着人类对物质的看法。但这并不意味着在消费主义出现以前大家没有消费行为。在农耕时代，人们也会使用富余的物资和金钱去换取自己想要的东西。皇族和贵族的生活中也充斥着珠宝、器物等奢侈品。但是，消费主义强调个人意识之下对消费的态度和行为体现，不单局限于特权阶层，而是在某个时期能贯通全社会各阶层的生活方式。因此，学术界有一种看法，认为在18世纪前并不存在消费主义。我们在影视剧中看到的华丽宫殿和奢侈生活，并非完全忠实于历史。相信有很多去过欧洲的人会惊讶于古堡的简陋——几乎没有任何装饰物，完全不像童话中的那样美好。而如果你在游览博物馆的时候稍加留意，也会发现那些最著名、最精美的器物（青铜器和玉器）也往往并非个人用品，而是祭祀的公器。

古代的贵族并不是真正意义上的消费阶层，他们通常世袭封地和封号，生来就拥有财富，因此对于他们来说消费未必是件能够产生兴奋感的事。尤其是当商品种类不够丰富，贸易的流动还未开始的时候，能够让各国贵族购买赏玩的东西实在有限。而对于平民阶层来说，光维持生存就是生活中的最大命题，为提升愉悦感的消费更不可能成为一种日常的行为，因此也很难形成广泛的消费主张和价值观。古代的等级社会结构决定了财富无法在各个阶层间流动和积累，平民阶层为贵族阶层服务，而贵族占据了社会的多数财富，中间阶层的缺失会让社会经济失去流动性。无论是教育、房产这类大宗消费还是大众消费品，都依赖中间阶层的贡献。所以说，当一个社会中只存在贵族和平民，消费社会是难以形成的。只有中间阶层崛起并足够壮大，才能带动整个社会向消费主义转变。

为什么中间阶层如此重要

无论是对消费主义还是对消费社会来说，中间阶层都非常重要。这个人群构成了消费社会金字塔结构中的腰部力量。这也是消费社会区别于农业社会的参考

13

标准之一。在自给自足的农业社会，消费不依赖市场。而只有当社会稳定、人口增长，城镇化运动开始后，越来越多的人口涌入城市，他们成为商人、律师、医生、制造业者……不再依靠土地而是领取工资并通过消费换取生活物资时，我们才能说消费社会形成了。

中间阶层的特点是他们不像贵族和平民阶层那样身份单一。组成中间阶层的人来自各行各业，收入不同，乍看之下也许没有什么共同点。而事实上，中间阶层的最大特点恰恰是人们可以在不同行业间自由流动，并通过自身努力来获得收入的增加。相比于贵族和平民阶层之间的坚固屏障，中间阶层是开放的、自由流动的。这个族群往往会顺应社会经济的发展让自身的能力和财富随之成长，他们是构成城市消费文化的重要组成部分，消费的内容随着经济能力的变化而变化。现代社会中休闲城镇的出现在很大程度上也是为了迎合和适应中间阶层迅速发展的这一趋势。虽然大部分中间阶层不如土地贵族那么富有，但由于人数众多，总的需求反而会超过上流阶层。[①] 他们喝咖啡，参加各种社交聚会以拓展人脉，阅读报纸和书籍以扩大自己的知识面，在周末假期外出度假放松，通过各种休闲活动将工作的压力释放疏导——而以上种种都会形成消费文化和消费潮流，从而推动社会经济的发展。

因此，如果从这个角度来看我们现在身处的社会，你应该不难理解为什么各大消费品牌主要瞄准的消费群体是中间阶层，而国家为什么需要推动城镇化战略以孵化出更多的中间阶层，以及中间阶层所面对的问题和压力为什么会对社会安定和国民经济产生影响。一个家庭年收入在 60 万元左右的中产阶级四口之家，如果将其消费行为分解来看，将涉及从婴幼儿产品、教育类产品、女性护肤美妆产品、汽车房产类大宗产品、小家电日化类产品，到生鲜外卖产品、保险金融服务、数码产品以及旅游类产品等几乎各个消费领域。

---

① 谢尔曼. 全球视野下的西方文明史 [M]. 陈恒，等译. 上海：上海三联书店，2011:695.

消费的历史也是全球化的历史

那么消费主义是从什么时候产生的呢？一般认为是当全球的商品开始流通，全球贸易萌芽并发展的 17 世纪末期。大航海时代开启了全球生产资料和商品的交换。如果你有玩过航海类的游戏应该会有所体会：玩家们在游戏中通过不断发现新的大陆并将物资在不同大陆间进行运输和倒卖来积累财富。当跨国间的通商活动开始兴起，商人通常会选择进口那些易于长途运输、溢价较高及本国日常生活中不多见的手工艺品。这些充满异域风情的器物受到贵族阶层的欢迎，并让商人获取暴利，从而促使更多勇敢的冒险者扬帆出海，踏上全球贸易的旅程。

在今天的日常生活中，大家已经习惯了网上下单，等待快递员将购买的商品送上门。在早年"双十一"期间，经常会有因运力不足而快递爆仓情况的发生，而随着"四通一达"以及顺丰、京东等物流体系的成熟，现在大部分的网购基本都能按时到达购买者的手中。因此，当我们惊叹于数字经济给生活方式带来的巨大改变时，应了解淘宝等电商平台的成功为什么很难提前 10~20 年发生：只有当高速公路里程数达到一定数值、地区间的交通运输力发展均衡，才能实现平均 72 小时内全国商品从地方物产到生鲜到服装的大流动，以及 7 日无理由退换货的售后保障。物流的运送能力一直是电商平台的核心竞争力之一，因此淘宝需要搭建菜鸟物流，京东一直引以为傲于它的京东物流，亚马逊则在无人机配送及机器人仓储管理等方面投入巨额资金以期进一步提高物流速度。21 世纪的资讯流动和商品流动远超于 18 世纪，但也正是从 18 世纪开始的全球贸易发展、地区间物资的交换和生产力的重新分配，促成了全球化消费的浪潮，也培养了一代又一代的消费者，使之将消费的欲望扩张到了全世界范围。

《红楼梦》中刘姥姥在等待凤姐接见时这样写道："忽见堂屋中柱子上挂着一个匣子，底下又坠着一个秤砣般一物，却不住的乱恍。刘姥姥心中想着：'这是什么爱物儿？有甚用呢？'正呆时，只听得当的一声，又若金钟铜磬一般，不防倒唬的一展眼。接着又是一连八九下。方欲问时，只见小丫头子们齐乱跑，说：'奶奶下来了。'" ①这个场景叙述表明在清代乾隆年间，像荣国府这样的富贵之家里，西洋商品已经是寻常物件。宝玉心疼晴雯病中补衣，说要将斗篷拿去俄罗斯裁缝处修补，也说明在当时不仅是西洋商品，西洋的商业服务也已经流入中国。如今，全球化对于消费者的影响已经贯通了全体社会阶层。从早年的私人代购到后来的跨境电商、国潮出海，再到苏伊士运河中一条搁浅的轮船导致了芯片价格的上涨，全球化合作不仅是产业链的多国协作，同时也是消费主义伴随着品牌的全球扩张而收获全球消费者的过程。无印良品的无标签主义突破了日系品牌的文化边界，获得了在生活中关注环保和具备极简审美的消费者的认可。ZARA等快时尚品牌通过将服装制造链的分包协作发展到极致，做到了成本的高度压缩和价格的巨大竞争力。你已经很难定义肯德基和麦当劳到底还算不算洋快餐品牌——毕竟你可以在肯德基吃到皮蛋瘦肉粥和油条。

消费主义催化产品创新

消费的欲望是追随着产品而生的。当我们意识到我们对于物品有着更多选择时，消费行为才会更活跃，市场交易才会更繁荣，而对贸易的需求才会更强烈。工业革命为什么会在大航海时代开始后才产生？部分原因是随着更多的船队加入商贸的运输航线，大批的商品登陆欧洲，民众对于进口商品的狂热追求已经从贵族阶层蔓延至中间阶层，几乎家家户户都想要拥有来自神秘东方的精美物品。然而，彼时的航运充满风险和变数，船队往往经历九死一生才能成功归来。在进口商品供不应求的情况下，"山寨"行业诞生了：大量的本地手工业者开始模仿生产异国手工艺品，以稍低的价格来满足退而求其次的消费者们。商贸的兴盛使得许多国家权力阶层开始施行重商主义政策，刺激国民经济更多地向手工业倾斜，鼓励以本土制造和本土创新来替代进口。在巨大的市场需求缺口的吸引下，生产工艺、生产效率和生产成本成为制胜的关键，单个的匠人和家庭式的小作坊无法承接批量的订单。于是，工业革命开始了，工厂出现了。只有像工厂这样的组织才

---

① 曹雪芹. 红楼梦[M]. 杭州: 浙江古籍出版社，1993:41.

有能力完成工艺的革新、生产力的提高，从而让成本降低。

　　今天的许多消费者也许更喜欢定制类的商品，或愿意为冠以"手作"二字的物品支付更高的价钱。但对于 18 世纪的消费者来说，工厂制造意味着质量稳定、价格合理，以及引领时尚潮流。一个英国律师家庭虽然收入殷实，但对他们而言，中国的瓷器和波斯的织物仍旧是昂贵稀有的奢侈品。因此像 Wedgwood 这样的英国瓷器制造商便应需而生，他们在工艺中添加了高比例的动物骨粉从而制作出更坚硬不易破碎的器具。这些器具更能够适应日常生活使用，因此受到中间阶层乃至皇家贵族的欢迎。毕竟相比冒着打碎珍贵青花瓷器的危险，还是用 Wedgwood 的骨瓷杯喝每日下午茶更让人安心吧，况且每季上新的图案让太太们有了更多逛街的理由。

　　消费主义一定是大众化的，它有着自上而下广泛的群众基础。它反映着大众对非必需品的看法和需求。这些看法和需求推动着技术革新、设计革新和审美革新。众筹网站是当代最能够体现消费需求、推动创新的地方——只有当你的设计和创新力足够打动消费者，大家才会愿意通过众筹的方式让你的产品问世。而在营销领域，越来越多的广告公司正在走向产业链的前端，通过它们所擅长的消费者洞察帮助品牌根据消费者需求来进行产品的研发。

第三节　人群、文化与消费主义

有一句老话常被用来形容人的社交：人以群分。把它用来形容品牌对消费者的看法也十分恰当。在当今世界，恐怕没有一个品牌敢说它们的产品或服务是适合地球上的每一个人的。即便是如可口可乐这样畅销全球的产品，也无法自信到用经典可乐这一种口味向所有的顾客售卖。想要享受充满气泡的碳酸饮料又想避开糖分和热量的人可以选择零度可乐；而不仅不想要热量还希望饮料更加健康的人则可以再多支付一点钱购买被添加了膳食纤维同时又零糖零热量的新款可乐。仅喝水这件事，人类就分裂出了多个派别：纯水派、热水派、气泡水派、8杯水派、枸杞泡水派……更不用说在日常消费的其他方面。因此，研究消费者及其背后的族群是当代企业营销中最重大的课题。

女性的惊人力量

如果从大的方面去看消费人群的差异，那么性别是显而易见的最大差异。《圣经》当中因为夏娃偷食禁果而被逐出伊甸园，女性在宗教中背负了"消费"的原罪。而在现实中，女性的消费欲望和消费活跃度似乎也远超男性。当然，我们很难从宗教或XY染色体（虽然一些科学研究发现可能也存在联系）的视角去解释这种差异性。但不可否认的是，大部分品牌活动的设计和广告内容的设计都在试图讨好女性消费者。

为什么女性更想"买买买"？这也许是女性在历史上长期的性别角色分工导致的。从 17 世纪开始，奢侈主义向家庭内部延伸。女性作为家庭内事务的决策者开始对奢侈性消费发挥影响。在封建领主时代，对奢侈行为的强调多体现在仆从的数量上。而 17 世纪以后，由于奢侈主义向家庭发展，从美丽的华服、舒适的住宅到闪光的珠宝，这些有形的奢侈物品成为女性发挥其能力及影响力的领域。当社交活动更多地在家中客厅内举行，作为家中的女主人则有责任将居所布置得体面美观，从窗帘、沙发到屏风和茶具，用细节来体现自家的实力和品位。在旧时代的欧洲，男性贵族流行情妇文化，是什么吸引男性在情妇的住所中流连忘返？答案不外乎松软的床垫、昂贵的地毯以及精心购置的家具，这种奢华的室内装饰区别于日常家庭居所的朴素，让男性能够短暂脱离现实世界。[①]因此，艺术史上的更具女性气质的洛可可风格取代了巴洛克风格，它强调穷尽所有资源和技能去追求繁复的奢华，这从女性主义的角度可以看作是一种消费主义的性别胜利。

此外，甜食的消费与女性的家庭统治地位也存在着联系。在中世纪，糖的消费可以被看作是奢侈型消费。在 16 世纪的英国，如果宴会上没有甜点、果冻、果酱和精心制作成各种形状的蛋糕，那就不是一场完美的宴会。甜点上桌往往也同时释放了社交信号，男性客人将转场书房谈论国家大事，而女士们则聚在客厅聊聊闺房秘话。直到现在，一顿正式的大餐（无论中式西式）之后，甜点依然是收场时的重要角色。而由于糖的作用，可可、咖啡、茶在欧洲成为居家必备品，这些饮料一开始只流行于达官贵人的奢靡生活，但随着需求量和贸易量的增大，它们也成为平民阶层的饮料，并一直流行到现在。当你在喜茶领取了等号小纸条，不妨环顾四周，你会发现女性对于这些含糖饮料的热情似乎历经了几百年仍丝毫不减。

亚文化与小众

当品牌察觉到无法满足大众整体的消费欲望时，其实意味着有越来越多的人

---

① 桑巴特. 奢侈与资本主义 [M]. 王燕平，等译. 上海：上海人民出版社，2000:120-123.

不再愿意在主流文化驱动下做出随大流的消费决策。消费行为是个人主观的，而文化是消费意愿背后的驱动力。经济的全球化和信息的全球化带来的是文化的多元发展和亚文化圈层的崛起。

回忆一下你第一次拒绝早上妈妈为你挑选的衣服搭配的情景，你的拒绝意味着你想要通过对衣服的自主选择而定义自己。这也使很多父母开始意识到自己的孩子不再是一个简单的婴儿，而是一个小小的人类。而此后，你的一生都会游走在发现自我和定义自我的路途上。

自我的觉知是人类作为智慧生物的重要特征之一。成长的过程也是积累自我觉知的过程，这个过程既是向内求索的，也是向外找寻的。而这件事对于年轻人来讲意义尤为重大——茫茫人海中每个人都是一座漂浮的孤岛，主流社会及文化的宏大叙事感让个体感觉渺小，于是同好小群体和亚文化变成了年轻人向外找寻自我定义的结果。

2016 年，豆瓣在成立 10 年后，推出了第一个品牌短片《我们的精神角落》。作为陪伴 80 后、90 后文艺青年群体以精神对抗现实世界的内容平台，《我们的精神角落》以一种魔幻现实的拍摄手法宣告亚文化圈层和兴趣圈层对当代年轻人精神生活的重要意义。广告语这样说道："除了一个小秘密／我只是一个极其平凡的人／我张开双臂拥抱世界／世界也拥抱我／我经历的／或未经历的／都是我想表达的／我自由，渴望交流／懂得与人相处／但不强求共鸣／我勇敢，热爱和平／总奋不顾身地怀疑／怀疑……我在哪里，该去哪里／童年，或许还有过些……／可和你一样／小时候的事，只有大人才记得／我健康，偶尔脆弱／但从不缺少照顾／也尝过／爱情的滋味，真正的爱情／如果不联络，朋友们并不知道我在哪里／但他们明白／除了这个小秘密／我只是／一个极其平凡的人／我有时／会张开双臂拥抱世界／有时／我只想一个人。"

这支短片播出后出现了评价两极化的现象，而这恰好也暗合了广告文案的精神以及圈层文化的核心价值观——"懂的都懂，不懂的不懂也没关系"。在豆瓣夭折的子频道中，豆瓣东西曾经最受豆瓣er们的欢迎，大家发现原来因精神世界而投契的人在消费欲望上竟也能找到高度的共鸣，以至于当豆瓣因找不到清晰的盈利模式将豆瓣东西APP下架时，换来了用户们的一片怅然。

《新周刊》曾在2011年推出过一期"小日子"专题，其主笔肖锋也在专题中做出了时下年轻人的生活主张：在大时代，过小日子。这个口号与对岸经历了物质极度繁盛之下无所适从的台湾年轻人流行"小确幸"的生活主张不谋而合：希望通过投身亚文化而找到自己的生活节奏感和生活方式，从而抵御外界主流环境因时代变革而带来的冲击和裹挟。

亚文化在历史上一直都存在，但从来没有像今天这般强烈影响着我们的生活和观念，主要原因在于互联网这个巨大的传播介质是孵化圈层的优质土壤。从文化到圈层到消费，互联网成就了这个闭环。小时候我们在QQ秀里换衣服，长大后走出QQ秀的Z世代在现实生活中给自己置办起了汉服、Lo裙和JK制服。根据相关机构的统计，汉服产业的市场规模已经超过百亿。2021年，汉服品牌"十三余"完成了过亿元的A轮融资，领投的资方也是同样得益于年轻人圈层经济的B站和泡泡玛特。在全球化环境下成长起来的年轻一代，一方面希望突破连锁商业和工业化流水线去寻找自己的文化定义，而另一方面，又企图通过消费具有亚文化特色的产品来逃离主流文化从而定义自我。消费已成为当下这个时代最显著的群体性行为。所以，这算不算也是一种矛盾呢？

小清新简史

2006年12月，豆瓣出现了一个名为"小清新"的小组，组员自称清新小草，建组的初衷是分享清新派的独立流行音乐（indie pop）。随着小组人数的增多，大家发现原来除了音乐上的爱好接近，在很多其他事物上也有着一致的审美。比如：小清新们都喜欢陈绮贞的白色棉布裙子和大耳机，喜欢岩井俊二的电影，拍照喜用LOMO相机，喜欢小王子与狐狸的故事。随着这一群体影响力的逐渐扩大，随之而来的也有许多的吐槽——认为小清新们过于矫情、不接地气。

北京师范大学的杨玲教授认为：联系80后的成长背景——读大学时，大学扩招、学费飞涨；就业要自谋出路，社会压力空前巨大；进入新世纪，中国社会转型速度加快，他们又陷入忙乱的都市生活——在这种情况下，他们选择了"小清新"的文艺形式，希望从中找到安顿灵魂、让自己放松的方式。因为与社会的"混乱""浑浊"对应的，正是"清新"。

小清新群体因其独具风格化的生活方式受到品牌们的青睐。但要注意的是，在对他们进行商业传播时需要保持谨慎，因为小清新们反对被归类，几乎没有人承认自己是小清新。不仅如此，他们反商业化，偏好隐秘、小众的品牌，注重私人化的体验，追求精神产品和自我空间……如果看小清新们的消费清单，你会发现他们喜欢把自己选择的商品赋予情绪价值，重视获得过程，并愿意为此支付溢价。

对于品牌们来说，让产品脱离流水线感，制造出与众不同的体验感，强调设计感，在广告中避免给他们贴上标签，更尊重个体价值——如果能够做到以上这些，你就能悄悄收获小清新族群。

作为万千亚文化圈层中的一支，小清新文化虽然被很多人知晓，但生命依然是短暂的。很快它就被后来的"丧文化"、二次元文化以及"羊毛党"们所取代。对于很多80后来说，小清新的生活方式是他们青春里对于物质和精神生活的一个清浅印迹，而对于"996"的90后来说，阳光、树影、电线杆子，远不如Livehouse里一场演出来得酣畅淋漓。

第四节　消费主义的扩散与传播

出于想要与Z世代连接的愿望，花呗曾推出过一则以孝顺为主题的广告漫画。在漫画中，一位刚毕业的小哥用花呗贷款给爷爷买了一台9999元的按摩椅，但不幸爷爷没过多久就去世了。于是小哥就将哀思寄托在花呗账单中，希望账单能够一直还下去。漫画一经发布，顿时收获了来自年轻人的一连串问号和差评。许多网友认为用透支消费去绑架亲情是不可接受的，以及大公司不应该在消费这件事上过多地鼓动年轻人。

花呗虽然悄悄撤下了广告，但让企业放弃鼓励消费者"买买买"这件事却很难做到。"双十一"购物狂欢节已经连续进行了14年，几乎每年都在刷新消费总额的纪录。"剁手""爆仓""吃土""尾款人"等新的词汇也因此被创造出来。对于中国网民们来说，一年的四季正在以一种新的计算方式被重新定义：春天，各大品牌在"三八节"广告中向女性消费者们花式表白的同时，也提醒她们这天是美妆节；接下来是夏天的"618"，一个由京东开创的希望对标"双十一"，结果却变成另一个"双十一"的大型促销日；而秋天当然是最重要的"双十一"，从2019年开始已经从24小时的购物狂欢变成了长达20天的漫长预售季和尾款季；冬天是"双十二"、元旦促销日以及年货节，总之你的年终奖必须被安排得明明白白。

你也是消费世界里的"做题家"吗？

你如何理解社交媒体上经常出现的"晒"的行为？你认为"晒"是分享还是炫耀？你又如何看待"凡尔赛"（见图 1.2）这个网络词语呢？ 2021 年，"凡尔赛"体因为某网友的一篇似有若无的炫富帖而走红网络，大家竞相利用这种文体进行创作，以此来表达对炫富行为的厌倦和揶揄。

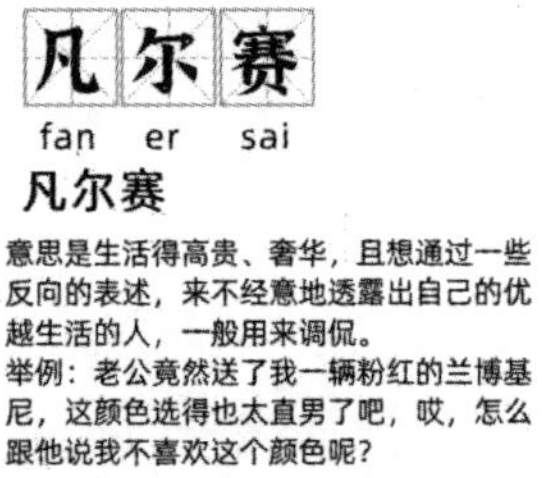

凡 尔 赛
fan er sai
凡尔赛

意思是生活得高贵、奢华，且想通过一些反向的表述，来不经意地透露出自己的优越生活的人，一般用来调侃。
举例：老公竟然送了我一辆粉红的兰博基尼，这颜色选得也太直男了吧，哎，怎么跟他说我不喜欢这个颜色呢？

图 1.2 "凡尔赛"词解

索尔斯坦·凡勃伦在其著作《有闲阶级论》中提出炫耀性消费所带来的社会模仿是消费的主要动机。他认为当财富积累在手上时，如果只是自我宣称而没有旁人的传播助力，是很难证明自身的富裕程度的。因此，必须通过昂贵礼物的馈赠和奢华宴会的举办，来让大家亲身体会你的财富，从而相信你是真的有钱。[①]如果你看过另一部著名小说《了不起的盖茨比》[②]，就会了解到在美国历史上最为纸醉金迷的一段时期里，上流社会是如何通过一场又一场的奢华派对来证明和传播自身的社会地位和财富实力的。作者菲兹杰拉德通过第三者的视角描写了盖茨比从一个不名一文的年轻人到新富名流和最慷慨的派对主人，而最终随着他的意外身故，围绕在他身边的爱情友情又在瞬间烟消云散的故事。菲兹杰拉德发现这个被金钱、欲望、虚荣及谎言堆砌起来的世界原来只不过是一个巨大的肥皂泡。如果以今天流行的说法，20 世纪 20 年代的美国社会所推崇的生活方式也是"凡尔赛"式的。

---

① 凡勃伦. 有闲阶级论[M]. 李华夏，译. 北京：中央编译出版社，2012:61–62.
② 美国作家 F.斯科特·菲兹杰拉德的代表作，描述 20 世纪 20 年代的美国缩影。2017 年被拍成电影，由莱昂纳多·迪卡普里奥饰演。

那是一个没有朋友圈的时代,个人影响力需要通过真实的人际关系网络传播扩散。因此,这也是社交派对、舞会、下午茶沙龙以及宴会等被人们趋之若鹜的原因。社交方式都围绕着两个中心点:如何凸显主人的财富与地位,以及如何为其积累社会影响力。

社交媒体这种去中心化的内容传播方式为模仿式消费行为提供了广阔的发挥空间。在小红书和抖音上我们能够看到许多消费行为被大家争相模仿,人们涌向同一个网红打卡地,排队购买同一款网红饮料,寻找同一个拍摄角度,然后写下一篇又一篇的消费心得发布分享,最后期待着网络世界里陌生人的转评赞。这些群体性模仿行为最终汇聚在一个个热门标签之下以求获得"珍贵"的转评赞,每一个网红商品的诞生都是掌握了流量密钥的。消费的口碑化传播不仅使得我们的电商平台更加强调电商社交化这种营销方式,同时也在消费者端彻底改造了我们的消费行为和消费态度。于是,消费不再是单纯的消费,分享也不再是单纯的分享。在一篇小红书笔记的背后,如果我们将其分享动机解剖开来,有时会发现这种行为的背后包含着炫耀的成分,以及企图去迎合心中所向往的生活方式的动机。

在流量为王的今天,抖音、小红书等内容平台屡屡通过算法让某种生活方式成为大众潮流。这些由算法制造并经由裂变式传播的内容所带来的消费力是惊人的。在小红书上搜索"野餐",你能找到超过40万篇笔记,而其中点赞数最高的某条是一篇野餐必备清单。清单中详细罗列了必带物品、食物种类,并且备注了野餐垫的图案色彩、野餐篮的外观要求以及食品器物的摆放指南。这份清单的最终目的指向了拍照效果和若干购买链接。在另一篇笔记中,博主躺在一片斑驳的草地上,教大家如何用几只橘子和菠萝叶拍出伊甸园般的野餐效果。当本意是随性而为的户外活动演变为一场大型群体模仿游戏时,不禁让人觉得盖茨比的时代从未远去。

猫爪杯和惠灵顿牛排

周边产品一直是星巴克经营中一块重要的利润来源。每年星巴克都会在各个时间节点以各种主题为名推出系列杯子产品吸引消费者购买。对于星巴克的消费者以及粉丝来说，购买收集星巴克杯子早已成为一种圈层文化。杯子生意是门好生意。它不仅利润高，也是企业向消费者输出品牌文化的好载体。

2019 年，星巴克中国推出了一年一度最受欢迎的樱花季周边。与往年一样，樱花系列的设计主打粉色暖萌风格，而 2019 年的系列中又特别增加了狗和猫的主题杯。其中猫的主题杯被设计为一个内层呈现猫爪形状的透明玻璃杯，外层则印有樱花图案。乍看之下，猫爪杯只是造型可爱而已，并无特别之处。但随后星巴克抖音账号发布了一支猫爪杯的使用视频：随着牛奶被缓缓倒入，一只肥肥萌萌的猫爪渐渐出现在了杯中，这只小猫爪顿时击中了所有人的心。

抖音视频发布后，猫爪杯变得一杯难求。关于"星巴克猫爪杯"的关键词搜索量直线飙升，在新浪微博上"星巴克猫爪杯"话题的阅读量达到 8184 万，在小红书上生成了超过 5400 多篇笔记，而在抖音上猫爪杯的相关视频播放量超过 5000 万。一时之间几乎人人都想要一只猫爪杯，猫爪杯的价格甚至被黄牛炒到了 2000 多元。

2019 年，有一道菜也成了网红。它既不是火爆的川菜，也不是海鲜大餐，而是在热播剧《好先生》中出现的惠灵顿牛排。根据不确切的史料记载，惠灵顿牛排是为了庆祝惠灵顿首位公爵亚瑟·韦尔斯利及其在 1815 年 6 月 18 日滑铁卢战役中取得胜利而首创的。它做法复杂，但视觉效果惊人：一大块牛排被包裹在法式酥皮中烘烤，食用的时候切开，粉红色的肉汁会流淌下来与金黄色的酥皮混合在一起，诱惑力十足。正因为它好看又好吃，所以惠灵顿牛排这道在西方并非主流的菜式成为中国继比萨、汉堡和炸鸡之后知名度最高的西餐——在 2019 年以后新开的西餐厅（无论是美式餐厅还是澳大利亚餐厅）十之八九会把惠灵顿牛排作为一道吸引食客的招牌菜。即便它价格不算便宜，大家仍十分愿意点它。而那个标志性的酥皮被切开、粉色牛排露出来的瞬间，也被无数食客记录下来发布在平台上。

如果我们观察猫爪杯和惠灵顿牛排成为网红的过程，也许你会发现它们有两个共同特征：一是非常具有社交话题性，它们的外观特点是能促使用户模仿性消费且分享的，你能在抖音和小红书搜到上万条相关发布。二是具有动态展示性，适合在抖音这样的短视频平台上分享和传播。无论是猫爪杯还是惠灵顿牛排，它们的高光一刻更适合用视频记录而非传统图片文字，这也恰好迎合了2019年抖音平台流量爆发和内容短视频化的特点。

网红城市与消费生活

1955年，全世界只有两个拥有千万级别人口的城市：东京和纽约。而到了2020年，我国第七次人口普查统计数据显示，我国常住人口超过千万的城市已经有18座之多。而人口两千万以上的超级都市有4座：重庆、上海、北京和成都。杭州作为互联网经济之下的网红城市，则在人口流入方面连续3年排名第一。

城市人口的规模和增长力决定着城市的未来。新移民的流入不仅能够为本地产业的发展提供持续不断的劳动力支持，更重要的是，当一个新移民选择了一座城市定居，意味着他们将会把他们收入的绝大部分消费在这座城市里：小到每日的早餐烧饼油条，大到买房购车，更不用说周末假日的休闲娱乐以及获取家政等生活服务。在拥有千万级人口的都市，经济的活力是有目共睹的，消费力和供给力形成良性循环：连锁品牌不断地选址开店，巨型的购物中心在各个城区构建起城市副中心，地铁线路一条又一条开通、连接起周边的卫星城镇；无论是周末还是工作日，街头永远熙熙攘攘地挤满了手拿奶茶的年轻人。

英国经济学家约翰·希克斯（John Hicks）在《经济史理论》中认为工业革命是人口高速增长和商业经济发展的双重作用结果。[1]的确，即便是在互联网时代的21世纪，人口对城市繁荣和经济发展的影响力依然没有改变。更多的人口意味着更多的消费需求。当然仅仅是商品消费还不够，农业自动化的发展使得农业经济对劳动力的需求大大下降，年轻的农民、牧人不再需要值守着土地，土地产权的变化让他们离开祖辈生活的地方去城市寻找新的机会。从靠天吃饭到依靠城市吃饭，农村的城镇化发展进一步推动了农村生产力的剩余和迁移。20世纪八九十年

---

① 希克斯. 经济史理论 [M]. 厉以平，译. 上海：商务印书馆. 1987:157.

代开始的进城打工运动其实也伴随着中国商业经济进入高速发展的阶段。新商业的出现、新服务业的发展以及城市变得越来越便利的背后，都有着新增劳动人口的贡献。需求—供应—新需求—新供应，这是消费社会运行在城市经济中形成的闭环。

交通与城市的关系也决定了城市化的发展程度。伦敦的大都会地铁线于1863年贯通并运行至今，是世界上最早的地铁。地铁这种交通工具是专门为大城市而设计发明的——当城市的地面交通变得拥挤不堪，无法再承载更多的通勤人口时，交通转到了地下。19世纪的伦敦是世界上最繁荣的都市之一，工业革命所带来的劳动力集聚使得城市的边缘不断向外扩展，城市化进程的加快首先体现在交通方面。1863年大都会地铁线正式贯通，虽然初始长度不足6公里，但是一个以地铁网络为主要通勤方式的现代城市化时代正式开始了。

城市的交通在很大程度上影响着城市的规模发展和民众的生活幸福感。中国当下许多城市的规划蓝图中，交通系统的设计往往是大家最为关注的热点，地铁与房价的关系被捆绑得极为紧密。作为一个上班族，如果能够使用轨道交通工具上下班，那么他的通勤时间是精确可控的，且没有堵车的风险。而江浙沪地区将城市地铁系统与高铁接驳，打造城际1小时通勤交通圈，则进一步推动了城市化的进程。在周边城镇生活的年轻人可以在上海、杭州和苏州等都市工作，住房、交通方面的固定开支下降，就意味着有更多的可支配收入可用于休闲娱乐。而用于休闲消费的占比升高时，生活的幸福感也同步提升，这是当代消费社会在城市生活中的一个缩影。

"网红城市"这一说法近几年来在社交媒体上被越来越多的人提及。与传统追求鳞次栉比的高楼大厦的城市形象不同，人们更愿意在社交媒体上分享城市更生活化的一面。长沙几十年来都维持着一个"平平无奇"的省会城市形象，也从未在《第一财经周刊》评选出的新一线城市榜单中进入过前三强，然而现在它却成了小红书、抖音等社交媒体上当之无愧的网红城市，也是当下年轻人最喜欢的旅游目的地之一。搜索"长沙"时跳出的关键词已不再是橘子洲等旅游景点，而是文和友、茶颜悦色等近 10 年才出现的消费品牌。坐高铁去长沙喝一杯茶颜悦色，在文和友边排队打卡边拍照上传小红书已经是在长沙旅游的常规动作。消费打卡游正在成为城市旅游的新主题，特色书店、独立咖啡馆、网红餐厅、民宿变成了社交媒体平台上的热门城市标签，在算法推荐下构筑起 Z 世代对城市的全新认知和印象。这些印象不再来源于诗歌和游记名篇，也不再来自于城市旅游广告片，这种网络自发形成的流行消费资讯成了当下最受欢迎的旅行指南。

　　消费主义是什么？从经济学、社会学等方面有着不同的解读。但从本书的角度，或者从个体的角度来说，我更愿意将它描述为个体感受和管理生活的动态过程。消费主义不是简单地鼓励"买买买"行为，也不是造成奢靡浪费的洪水猛兽。它既能够让社会经济产生流动性，又能够让我们通过不同的消费主张来定义各自的生活方式：是丰盛还是简单，是充满欲念还是克制冷静，抑或是中间状态。理解消费主义是理解消费与自己的关系：关于成为一个负责任的消费者，如何接近自己理想的生活。21 世纪的人类生活是无数日常消费片段的聚合，是历经不断的消费态度变化而随之变化的人生。

　　消费主义是这个时代的标签，既然生来是个消费者，那便一起来认识这个万物琳琅的消费社会吧。

第二章

士大夫们的欲望清单，宋朝也有"双十一"吗？

如果在微博上发起一个投票：中国历史上最重要的朝代是哪一个？评论区估计会打起仗来，有人站秦朝始皇的一统六国，有人站唐代的国力强盛，有人独爱大汉的文武之治、史家才子。而宋朝似乎只能远远地站在角落里。

　　每一个现代中国人对宋朝的初始印象各有不同，情感复杂。一方面是宋朝有着璀璨夺目的文化艺术造诣——不仅有《千里江山图》，还有苏轼让人心碎千年的"不知天上宫阙，今夕是何年"；而另一方面南宋山河破碎的亡国之恨深深烙印在很多人心头，丧权辱国、内忧外患、积弱无能这些词语几乎是历代史学家给宋朝贴上的标签。但如果跳出民族身份，以第三者的目光来看宋朝，这又是一个无论从文化角度还是经济角度都让各个学者赞不绝口的时代。美国历史学家罗兹·墨菲（Rhoads Murphey）就如此评价宋朝："在很多方面，宋朝是中国历史上最令人激动的年代。后来的世世代代历史学家批评它，是因为它能顶住异族入侵，而终于被他们痛恨的蒙古人打垮。"[1] 宋朝对中国的意义绝不仅在于政治和战争，从960年到1279年，宋朝在经济文化方面对中国后续发展的影响力是远远重要于其他各个朝代的。著名史学家邓广铭在《宋史专题课》中提出：宋代是中国封建社会发展的最高阶段，而且是物质文明和精神文明的共同发展。[2] 而陈寅恪则在更早的时候就认定：华夏民族之文化，历数千载之演进，造极于赵宋之世。如果将宋朝所存在的319年分解为宋人的无数个日常小日子，他们的生活方式和消费态度也许会让今时今日的我们羡慕不已。

———————

①　墨菲. 亚洲史[M]. 黄嶙, 译. 海口：海南出版社，三环出版社，2004:199.

②　邓广铭，漆侠. 宋史专题课[M]. 北京：北京大学出版社，2008:8.

第一节　宋代以后近乎今

　　如若将本章开头的问题修正一下："如果有一次穿越的机会,你最想穿越的朝代是哪个?"这回,相信宋朝将会成为炙手可热的选项。不信的话,不妨去网络文学网站的穿越文专区和种田文专区看一看,宋朝早已被大家穿越了无数回。

　　宋朝的魅力被所有热爱生活的人所认可,它风雅、安逸、繁华且文艺。宋人们拿出满怀的热情去过小日子。在相对宽松的制度氛围下,它的富足和自洽是自上而下蔓延至各阶层的,富人有富人的消遣,穷人有穷人的乐子。因此,如果要在中国溯源消费主义,宋朝绝对是最好的研究对象。

　　消费主义是现代的产物,也是西方的产物。但是当我们回看1000年前的宋朝,会发现它在很多方面与现代生活遥相呼应,甚至更为超前。许多西方学者都认可宋朝是古代中国最接近近代的朝代。哈佛大学的汉学家费正清就曾经评价说两宋时期是中国历史上最为辉煌的时期,甚至可以将之视为近代早期。这个判断是从宋朝社会经济文化的各个角度以西方的近代化标准来进行衡量的,包括宋朝的市场经济形态、城市化进程、技术的发展、世俗文化的形成以及对外交流等等。在这套衡量体系之下,他们认为宋朝比世界上任何一个国家都更早进入了具有"现代化"特征的社会。

　　宋朝有1亿多人,耕地面积达7.2亿亩。[①]宋神宗熙宁十年(1077)国库收

---

① 梁方仲. 中国历代户口、田地、田赋统计 [M]. 北京:中华书局,2008:87.

入为 7070 万贯，最高达到 1.6 亿贯；即便到了南宋，国库一年收入也高达 1 亿贯。国库的充裕程度是接下来的几个朝代都没有超越的。国库充裕，发工资也慷慨，宋代的公务员领的都是高薪，他们一年的收入比明朝的公务员们高了 5 倍之多。[1] 汴梁作为北宋的都城，时间长达 168 年。一个存在了 168 年的城市里驻扎着大量护卫都城的军队，居住着数量庞大的上班族——官员们。这两类人的日常需求，以及皇族宗室的消费，衍生出庞大豪华的商贩供应体系，并推动了手工业、商业、医疗、娱乐等各种服务业在汴梁发展壮大，并最终将汴梁发展为人口超过百万的大都市。[2] 在这样规模的城市里，商品经济开始茁壮成长。和我们的现代都市一样，城市居民不占有农业资源，每天都需要通过工作和消费来生活。市民需要消费，军队需要消费，皇族宗室士大夫也都需要消费，整个城市变成了一个巨大的需求中心，要求各地的粮食蔬果、茶叶、器皿、布帛等源源不断地输送。物流业（如漕运）发展了，活跃的商品经济让货币交易也活跃了，而铜钱沉重不便于运输的弱点也显现出来，于是纸币——交子诞生了。纸币意味着国家用信用来担保货币流通，是国家资本主义的重要特征。从这一点上来说，宋朝比西方超前了 1000 年。

消费社会的发展需要依赖两大因素：城市和市民阶层。城市是孵化消费主义的土壤，市民阶层则是主力消费群体。这二者在宋朝都得到了极大的发展。如果说宋以前的理想生活是陶渊明"采菊东篱下，悠然见南山"的田园牧歌，那么宋朝则向人们展示了"烟柳画桥，风帘翠幕，参差十万人家"的市井之乐。在宋朝做一个消费者是幸福的，休闲娱乐产业得到了极大的发展。街市是熙攘的，商业是兴盛的，大家都在想着如何吃得更好、玩得更好。宋朝的假期繁多漫长，晨昏日夜24 时都能有去处，吃酒的吃酒，饮茶的饮茶，听书的听书，看灯的看灯……而这一切都被何其有幸地凝固在一幅长卷中，它就是《清明上河图》。《清明上河图》让21 世纪的现代人类对千年前的那个消费社会得以一窥，甚至不禁发出"不如归去"

---

① 贾大泉. 宋代赋税结构初探 [J]. 社会科学研究. 1981(3):51−58+81.

② 吴涛. 北宋都城东京 [M]. 郑州：河南人民出版社，1984:64.

的嗟叹。如果说《清明上河图》是对宋朝市民生活进行了视觉上的描绘，那么孟元老的一部《东京梦华录》则是通过文字细细再现了世界上最繁华的都市汴梁的城市图景。孟元老在汴梁居住了 20 多年，他记录了宋徽宗崇宁到宣和年间北宋都城汴梁（又称东京）的城市景观和都市生活。从城市布局、礼仪典章，到民风习俗、饮食起居，上至贵族士大夫阶层，下至平民百姓，《东京梦华录》与《清明上河图》遥相呼应，为二维的画卷赋予了三维的文学想象空间，从而还原出一个鲜活的消费社会。

第二节　士大夫与新中产

　　士大夫是古代中国对于社会上的士人和官吏的统称，这个称呼自战国开始，一直被使用到近代。士大夫阶层的存在与封建帝制有着紧密的关系，但又不同于西方皇家贵族强调皇家血统和裙带姻亲，士大夫阶层是由贵族和平民中间的精英共同组成的。庶民可通过科举制进入国家管理系统，从而成为士大夫阶层。

　　为什么当我们追溯中国的消费文化变迁时需要特别研究宋代的士大夫阶层？这是因为虽然士大夫并不是宋朝独有的阶层，但却在宋朝获得了空前绝后的社会地位。当一个社会高度稳定和繁荣时，消费人群结构就会呈现出橄榄的形态，即富人和穷人都只占据较少比例，而社会中间阶层成为消费的主导力量。经济学家考据，宋代熙丰三年一年的经济总收入，就已经高达265.5亿美元，占据了当时整个世界经济总量的22.7%。[①] 而2020年中国的经济总量在世界经济总量中的占比为18.15%。[②] 这两个时代隔着千年，遥相呼应。繁荣的经济孕育了大量中间阶层，21世纪虽然不再有士大夫，但我们有着另一个对中间阶层的时髦称谓：新中产。

① 麦迪森. 世界经济千年史 [M]. 伍晓鹰，等译，北京：北京大学出版社，2022:337.
② 财华社. 2020年中国突围而出，于全球GDP占比提升至18.15%[EB/OL]. (2020-12-30)[2023-01-16]. http://sheitc.sh.gov.cn/jjyw/20201230/a1aaf52b6f1a4ed2be94162d0d9a5ebe.html.

中产？新中产？

要了解士大夫阶层和新中产之间的联系，我们需要从了解新中产开始。中产阶级是消费社会繁荣的主要贡献者。当一个经济体不断发展壮大，社会收入结构同样也在发生变化，拥有稳定的处于中位数收入且有一定社会地位的中产阶级的占比开始升高。中产阶级这个词语几乎人人都知道，但是却很难在现实中达成统一的界定标准——因为在不同时期和不同地区，人们的收入和生活水平有很大差异，大家对于中位数的认定有所不同。但是不管怎样，中产阶级代表着收入达到一定水平后，生活质量、消费行为以及价值主张都随之产生了变化。

2017 年财经媒体吴晓波频道发布了《新中产白皮书》，首次提出了一个词：新中产。而在这个词出现前的 2016 年，还有一个词语被公众广泛提及：消费升级。消费升级意味着消费者从消费态度到消费行为的全面升级，在可支配收入允许的情况下通过花费更多的钱来获得更好的服务和更好的产品，从而实现生活效率和生活感受度的提升。此外，消费升级也表现在追求物质生活的幸福感之余更强调精神生活消费。

于是，吴晓波频道在针对中产阶级的研究时，给这个群体前加上一个"新"字。对此，吴晓波本人的解释是："所谓的新中产，除了具有富足的财产，在精神层面和价值观层面则更为富足。我们希望大家能走出仅仅通过物质财富就来认定一个阶级的误区。"①

中国不是到 2016 年才出现中产阶级，在改革开放的 40 多年间，中产阶级群体不断地迭代出现。从万元户到中小乡镇企业主，再到以生活工作在北上广以及新一线城市的高级白领，中产阶级的形态和含义都在不断地演变。根据《新中产白皮书》，当代新中产的消费价值观有三个主要特征：新审美、新消费和新连接。②这三个特征让新中产有别于传统中产阶级在大众印象中以收入为主要衡量标准的

---

① 吴晓波，等. 吴晓波：新中产，拥有的不只是物质财富 [EB/OL]. (2019-09-23)[2023-02-12]. https://t.qianzhan.com/daka/detail/190923-d9d2b9ec.html.

② 吴晓波频道. 2017 新中产白皮书 [R]. 2017:5.

特点，更强调了文化因素在中产阶级消费价值观中的作用力。

新审美指的是新中产群体在经历了几十年西方时尚审美的影响后，开始形成具有当代特色的审美价值观——不盲目崇洋媚外，更重视东方美学在设计中的呈现，并将美学要求融入日常生活细节中。

从新消费主张来看，当代中国的中产阶级群体是近百年来我国受教育程度最高的人群，也是受全球化影响最深的群体，他们的消费主张与自我认同密切相关，因此在消费支出方面不张扬奢靡。在满足物质需求的前提下，新中产会更强调精神生活对自身修养的提升作用，文化艺术方面的消费是他们生活消费中的一笔重要开支：欣赏戏剧、音乐、诗歌、绘画已成为日常，借助这类不具功利性的文化活动让生活慢下来。

正是审美和消费方面的不同志趣，使新中产在社交方面有了更高的需求。他们更希望通过互联网的工具，突破地域界限，找到属于自己的圈层和精神乌托邦。这让他们能够接近士大夫们也向往的"大隐隐朝市"[①]的状态，即在繁华的都市工作生活中，享受都市带来的优越消费体验，而精神却可以通过网络出走，与志趣相投的伙伴自由神交。一边赞叹着李子柒的田园牧歌，一边在淘宝上下单李子柒牌螺蛳粉，这就是现代的消费生活。

将士大夫与新中产进行类比是一件有趣的事，就好像看《武林外传》一样，古今两种人通过某种生活态度和生活方式在冥冥之中相遇，彼此会心一笑。

士大夫的生活观

那么，士大夫又是一群什么样的人呢？宋朝的建立标志着五代十国长久割据纷乱的局面结束，历经几代人的战乱让所有人都迫切地渴望和平环境，呼唤文明社会。因此，宋朝建国之后，推行崇文抑武的政策。更重要的是，科举制度在宋朝发生了重大变革——大批寒门庶族能够通过科举进入国家公务系统。这是开辟性的创举，打破了贵族和平民间的壁垒，让社会阶层得以流动，平民百姓的人生

---

① 取自东晋王康琚《反招隐诗》的开头："小隐隐陵薮，大隐隐朝市。伯夷窜首阳，老聃伏柱史。"

从此有了希望。如范仲淹、欧阳修等都是贫寒出身，却凭借才华、努力和抱负在科举中崭露头角，登上政治舞台，成为优秀的政治家和文学家。而文官的地位也在宋朝被提到了前所未有的高度。宋代的士大夫不再是单纯的文人，他们是政治的参与者、城市的管理者，是文学家、艺术家，也是学者、哲学家、思想家。简单来说，他们是一群爱生活、爱自由、爱艺术，但又不沉溺于自己的小世界，有着抱负气节忧国忧民的人。如果说在两宋以前，我们对古代文人、士人的认知是片面且碎片化的，那么两宋的士大夫们则向我们展现了他们鲜活饱满的一面。

苏轼作为士大夫的一员，在千年后的今天成了一名网红。因为大家突然发现除却中小学课本上那些优美的诗词外，他还是个懂生活的妙人。他爱吃也爱琢磨食谱，从临安到儋州一路既留下了他的职场失意，也留下了被后代赞不绝口的自研名菜。他写诗赋词，也犁田耕作，只为吃上一碗清香的杂小豆饭。他忧国忧民，在月朗星稀之夜落寞地想"我欲乘风归去，又恐琼楼玉宇，高处不胜寒"，但转瞬又振作起来。在微雨的初春邀友人来开野餐趴，派对上作词一首："细雨斜风作晓寒，淡烟疏柳媚晴滩。入淮清洛渐漫漫。雪沫乳花浮午盏，蓼茸蒿笋试春盘。人间有味是清欢。"虽为野餐，但看起来仪式感十足：有好茶——雪沫乳花，有时鲜——蓼茸蒿笋，有好友言欢在侧，多好的一个春日。可惜宋朝没有互联网，不然此时苏大人可能会发个小红书笔记，加个热门标签吧。不仅是小红书，他应该还会身兼下厨房厨友、微博大V、大众点评V8、马蜂窝特约作者以及豆瓣资深用户。

两宋有着319年的漫长历史，自1004年宋辽达成了澶渊之盟，便进入了长达120年的治世，这样长时间的相对和平环境在中国历史上是少见的，只有在稳定富足的社会环境中才会慢慢孕育出璀璨的文化和艺术，以及风雅恬然的人生态度和价值取向。经济生机盎然，艺术光彩夺目，文化淡泊高远，这些一起构成了宋代的文明底色。

文化产业在宋朝也达到了新的高度。史料证明，从建筑、宴饮、烹饪，到旅游、造园、游戏娱乐等各个方面都发展到了中国历史的高峰。政治生活之外，高收入和高消费使得文化消费变成了士大夫的日常。工作之余，他们对休闲生活的探索也达到了高峰，著名名物研究学者扬之水对宋朝的士大夫生活充满了赞美："抚琴、调香、赏花、观画、弈棋、烹茶、听风、饮酒、观瀑、采菊、诗歌和绘画，携手传播着宋人躬身实践和付诸想象的种种生活情趣。如果说先秦是用礼乐来维护'都人士'和'君子女'的生活秩序，那么两宋便可以说是以玄思和风雅的结合来营造士子文人的日常生活。而这一切又都影响到宋人日常生活的精神取向，换句话说，那时候是由士人来领袖风雅的。"①

在理学尚未禁锢人心的时候，宋朝是一个倡导心性和修养的时代，在士大夫这一知识精英阶层主导下的艺术生产也让宋代美学达到了中国古代美学的巅峰。英国艺术史家迈克尔·苏利文曾对此评价道："我们今天推崇备至的宋代艺术是由社会和知识精英阶层生产和制造，也是为他们服务的。这些知识精英可能比中国历史上任何其他时代的知识分子都更有修养，为他们所制造的陶瓷业反映了他们的品位。六朝时期曾经出现的感性和想象的空间在唐代乐观主义的主导情绪下曾经一度丧失，在宋代重新得以发现。"②

集之乐：一场"凡尔赛"风的"朋友圈"聚会

中国历史上有两场最风雅的派对：一场是王羲之的兰亭雅集，派对上诞生了惊世之作《兰亭集序》；另一场则是传说中发生在元丰初年的西园雅集。当时的贵族王诜是个文艺爱好者，有着一个谈笑皆鸿儒的社交圈。晚春五月的某日，王诜排出了一张超豪华名单，邀请了16位他的"朋友圈"好友来他的家宅游园欢聚。这16个人分别是：苏轼、苏辙、黄庭坚、米芾、蔡肇、李之仪、李公麟、晁补之、张耒、秦观、刘泾、陈景元、王钦臣、郑嘉会、圆通大师（日本渡宋僧大江定基）。这场聚会显然是宾主尽欢的，因为事后李公麟为这场派对创作了一幅《西园雅集图》（见图2.1），而米芾又为此图作《西园雅集图记》，回味道："水石潺湲，

---

① 扬之水. 终朝采蓝[M]. 北京：生活·读书·新知三联书店，2008:108.
② 苏立文. 中国艺术史[M]. 徐坚，译. 上海：上海人民出版社，2014:116.

风竹相吞，炉烟方袅，草木自馨。人间清旷之乐，不过如此。嗟乎！汹涌于名利之域而不知退者，岂易得此哉？"

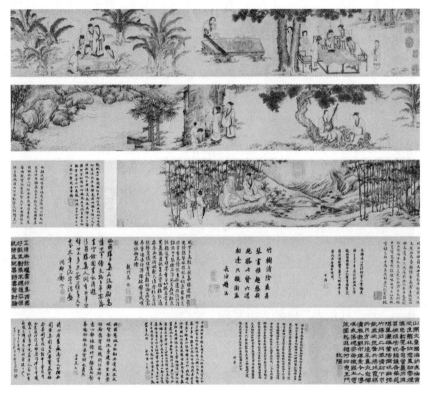

图 2.1　李公麟《西园雅集图》

古代文人爱雅集，他们通过雅集来尽情释放自己的才华和爱好，也通过雅集来定义理想中的生活方式。家宅中园林艺术的发展也与雅集不无关系——雅集之雅首先是要让环境能够映衬出参与者的品位和崇尚自然的态度。通常取潺潺流水处设席，清风花影鸟鸣中一群身姿洒脱的人四散错落，席间设琳琅满目的器物供大家赏玩，如茶器、酒器以及各色香炉。香焚起来了，薄烟弥漫开来，仪式感和美感都足以让人沉醉，聚会在此时达到高潮，写诗的，作画的，题石的，拨阮的，抚琴的，醉卧吟诵的……此情此景方是雅集的真谛。一场雅集之后必有诗画作品流传于世，而雅集上的逸事也被人们不断八卦相传。

雅集如果放到现代，其实很难找到完全相似的聚会方式。如今也有以茶为名的聚会，但仅是品茶而已，聚会上不会产生诗作和画作。酒局则更多地变成与利益相关的社交场合。但人们依然寻求着一种不掺杂任何功利目的小圈层社交活动，以寻求精神出口。

在各大互联网公司和科技创业者都在绞尽脑汁研发社交软件来让人们无界沟通的今天，一本叫作 *Kinfolk* 的杂志却决定逆流而上。*Kinfolk* 意指"家人"，杂志希望鼓励读者多花些时间与家人、朋友在一起，享受美好的时光与食物：不同的季节，不同的时令食材，分享不同的相聚时光。在这样一个生活节奏飞快的时代，编辑部希望找出一群人向大众示范快节奏之外的生活方式：他们爱好美食，愿意自己动手烹饪美食，工作之余会安排时间亲近自然；他们懂摄影，会绘画或设计，会花费时间和心力布置自己独特的居所而不只是简单委托给设计师，他们不会把所有的精力都用于追求财富和地位，而是将去更多的地方、认识更多的人、做更多的阅读和高质量的交流作为人生的价值追求。*Kinfolk* 杂志一年只出 4 本杂志，每个季度一本。他们花更多的时间在线下组织读者聚会。旧金山、伦敦、东京、上海，在不同的城市每个月举办一次聚会，每次人数控制在 6~20 人。聚会形式多样，包括聚餐、制作果酱、采集蜂蜜等等。聚会的场地有海边，有森林，有草地……50~80 美元的美好体验，从报名后收到的精致包裹开始，以邀请卡、手绘菜单和海报作为开启美好时光的钥匙。这样的聚餐是去互联网化的，只保留人与人之间最亲密无间的时光。

古往今来，聚会一直都是人们交流生活理念和信息的重要场所。聚会让许多相似的生活观和价值观得以有机会相遇并发生愉快的碰撞。相对宽松的政治环境和富足的社会环境让人们能够有余裕的假期和财力去探索休闲玩乐的方式并充分地进行思想交流。宋朝人将精神上的富足转化为文化艺术的强力输出，这不仅深深影响了同时代的周边政权，也馈赠给后世中国人一笔丰厚的文化遗产。

第三节　宋朝的饮食男女

　　在中国饮食史上，宋朝留下了浓墨重彩的一笔。中国人的食谱正是从宋代开始从匮乏走向丰盛的，中国也因此逐渐发展成为一个人人引以为傲的饮食大国。良种水稻的引进、农田的开发、精心的育种，以及精耕细作技术的推广，让人们从大自然获得了更丰厚的馈赠。相较于其他朝代，宋朝的内乱极少，这使得大部分国土上的农民避免因战乱颠沛流离，可以安心在固定的土地上进行农业生产。加上铸造技术的飞跃式发展，大量新的农业生产工具被发明出来，使得宋代的农业产量屡创新高。与其他国家间的贸易往来也变得更加频繁，来自波斯的香料、欧洲大陆的蔬果开始登上宋朝人的餐桌。平民的饮食习惯在这个时期从早午的二餐制演变成早中晚的三餐制。

　　在食物资源充足的条件下，人们有了更从容的心思来琢磨"吃什么"这件事，并在烹饪方式上有了精益求精的动力。各种各样的菜式和点心被发明出来，在街市酒楼售卖，以满足众人的口腹之欲。今天任何一名厨师在考取资格证书前必须熟悉的烹、烧、烤、炒、爆、溜、煮、炖、卤、蒸、腊、蜜、葱拔等烹饪技术，正是在宋朝成熟起来的；现在被大家所热爱的火腿、刺身（宋朝称之为"脍"，至今在广东顺德一带仍保留着宋代的吃法）、油条、汤圆、爆米花、定胜糕等各式美食，也大多源起或兴盛于宋朝。

　　在东京汴梁这样的大都市，餐饮业变得十分发达。居民的日常饮食选择变得非常多元。餐饮业的兴衰往往是衡量一个城市繁荣度和宜居度的重要指标，当代如长沙、成都这样公认的宜居城市，在很大程度上是因为这些城市的每条街道和角落都遍布着各档价位的餐馆。下班聚会吃个火锅，逛街喝杯奶茶，饮食的满足感能够极大地提高生活的幸福指数。餐饮服务如外卖服务也是消费社会在景气阶段的产物，供应端和需求端的量级必须达到一定的规模，这样的服务才会产生且存续。

不动手主义·吃货的四种姿势

宋朝的吃货和现代人没什么不同，大抵分为两种：一种是既爱吃又爱琢磨吃的，譬如苏轼大人；另一种是爱吃但又不爱动手的。前一种吃货走在研发的前沿，大大拓展了食材的丰富性和可塑性，为中华饮食文化贡献了流行至今的经典名菜。而后者则成为宋代餐饮业的"捧场王"，他们约着吃，逛着吃，在家里惦记着吃，还花钱请人做给自己吃……不动手是懒人吃货的自我要求，感谢他们为后人眼中的宋朝增添了氤氲的烟火气。

喜欢下馆子的宋朝人

宋朝人喜欢下馆子。这件事已经被明明白白地画在了《清明上河图》里：据统计，在《清明上河图》中绘出的100多栋楼宇里有近半数都是餐馆。《东京梦华录》里记录的100多家店铺，其中一半也都是经营着与"吃"有关的营生。此外，即便到了战事纷乱的南宋，人们还是热衷于吃吃喝喝，《武林旧事》《都城纪胜》《梦粱录》中收录了一大堆在都城临安的饮食酒肆以及美食"米其林"榜单。

当时的饭馆有两种：一种是叫"脚店"，开在路边，供行人走得累了进来歇脚吃点东西补充能量。《水浒》中武松就是赶了一上午路，于正午时刻走进了一家脚店，叫了一个"单人豪华套餐"——2斤牛肉加18碗酒，而后发生了打虎的故事。另一种则是有着酿酒执照的正规餐馆，又叫"正店"，算得上宋朝的"海底捞"，仅东京汴梁就有72家正店。相比只满足果腹的脚店，士大夫们往往更青睐菜单精致、有包厢且服务周到的大酒楼。每个酒楼都有长长的菜单，从凉菜、果子，到热菜、餐后甜食，应有尽有。以宋朝为背景的《射雕英雄传》中最为人津津乐道的一幕就是黄蓉与郭靖初遇的情景，扮作小叫花子的黄蓉向势利的店小二报出了一长串惊人的菜名，而店家也真的做出了这一桌盛宴。如果你看过《东京梦华录》中的"饮食果子"条，可能就不会对黄蓉的菜单感到惊讶。这个菜单若在汴梁，估计许多酒店都能承接。在此摘录卷二的部分内容：爊肉、干脯、肉脯、肚肺、腰肾、鸡碎、旋煎羊、白肠、鲊脯、红丝、批切羊头、盘兔、旋炙猪皮肉、滴酥水晶鲙、煎夹子、赤白腰子、鹌兔、麻腐鸡皮、两熟紫苏鱼、入炉细项、莲花鸭、签酒炙肚胘、虚汁垂丝羊头、入炉羊羊头、签盘兔、素签沙糖、冰雪冷元子、水晶皂儿、生淹水木瓜、药木瓜、鸡头穰沙糖、绿豆、甘草冰雪凉水、荔枝膏、广芥瓜儿、杏片、梅子姜、芥辣瓜儿、细料馉饳儿、香糖果子、蜜煎雕花、胡饼……

餐饮业如此繁荣的社会，人们自然爱在外面吃饭会友，士大夫和普通市民都有自己心仪的馆子。因为饮食讲究"时鲜"和"时新"，所以在大家外出就餐的频率增高的同时，生鲜产业也十分发达。宋朝虽然没有盒马鲜生这样的现场提供加工和餐饮服务的超市，但是宋人"凡饮食珍味，时新下饭，奇细蔬菜，品件不缺"，甚至"不较其值，惟得享时新耳"的需求催生了发达的生鲜供应链。清晨时分，各地漕运而来的新鲜果蔬就被运送到市集和餐馆，满城都是叫卖食物的商贩。哪家的大厨若是研发出一道新菜，很快就会成为城中新闻而引得饕餮之客前往尝新。①

而更高级的消费是在"十千脚店"。脚店兼营餐饮和住宿，也有政府颁发的酿酒执照。店门口放着箱体广告——这应该是最古老的户外灯箱广告——当夜幕降临，店家点亮置于箱内的蜡烛，招揽夜游的客人。在这种高级的酒肆，器物用的都是磁州窑的白釉注壶。士大夫们凭栏对饮，大快朵颐，花销不菲。

千年后的临安（杭州），城中依旧食肆林立，好馆子不再仅凭口耳相传，各家都在追逐由大众点评推出的黑珍珠榜单。每到春雨如酥的季节，在西湖山林的深处，某间私房菜馆的大厨便会排布菜单，取各种时鲜入菜，邀大众点评V8们前来试菜。上菜后先要接受各种镜头的检阅，其后才是舌头。宴会终了时，各大V纷纷发布九宫格朋友圈以致谢意。而更傲娇的私房餐厅，需提前数月预订，不设固定菜单，凭

---

① 吴自牧. 梦粱录[M]. 张社国，等校注. 西安：三秦出版社，2014:204.

当日主厨备料而定。宾客聚齐后，先饮茶赏景，再传阅主厨刚用小楷书就的菜单，席间不同的菜式搭配不同的酒，推杯换盏间仿佛与千年前的某场宴席联通了时空。

2023 年中国餐饮行业营收已经进入 5.2 亿的新阶段。[①]餐饮从业者面临数字化转型和消费升级的新机遇。品牌化、标准化、零售化、智慧化都将成为餐饮行业转型发展的重要方向。

私厨新旧观

若讲到家宴，现代人的家宴对比宋代的家宴则是要甘拜下风的。这些年来，家宴这个概念开始重新变得流行，如果说早年的"来家吃饭"吃的是便饭，那么当代的家宴则代表着主人对客人以及对这场社交活动的重视。现代人的家宴绝大多数都是自己动手烹饪的，与日俱增的做饭热情带动的是厨房小电器产业的繁荣发展——厨师机、蒸烤箱、空气炸锅等都是淘宝上热卖的产品。这些厨房家电除了代劳部分厨艺技能上的难点、丰富了现代人的餐桌食谱外，也让家宴重新变成一件时髦的社交活动。

宋朝人在家宴这件事上显得更为潇洒。虽是家宴，但主人不必亲自洗手做羹汤，直接请私厨上门服务即可。宋朝的私厨是一个相对高收入、高社会地位的职业，通常由女性从事，所以也被称为"厨娘"。厨娘这个职业群体，要求才貌双全，不只是厨艺高超而已，还必须拥有较高的审美力和鉴赏力，将家宴从主题到空间布置都做得仪式感十足。所以，私厨也不是寻常人家能够负担的服务，只是在士大夫阶层和富人阶层中引以为尚。宋人笔记《江行杂录》中就曾经记载，有一个出身贫寒的太守退休后想达成厨房自由，因此聘请了一位厨娘。然而这位厨娘听说太守想要五荤一素的家常便饭，张口就让太守先备下羊十只、葱五斤。一道菜仅用羊脸上两块脸颊肉，其余皆弃之不用，令太守心疼不已。厨娘们不仅对食材讲究异常，对食器也十分挑剔。简单粗瓷绝对不用，金杯银碗又显俗气，只有

---

① 国家统计局. 2023 年 12 月份社会消费品零售总额增长 7.4%[EB/OL]. (2024-01-17)[2024-01-21]. https://www.stats.gov.cn/sj/zxfb/202401/t20240116_1946619.html.

玛瑙白玉的器皿才会进入她们的选择范围。宋朝的厨娘之兴，还让私厨走向大众餐饮——从私宴上流传出来的菜肴，常以厨娘命名，变成当时的网红菜，像著名的宋嫂鱼羹，不仅从汴梁红到临安，甚至至今仍为杭州名菜。

2022年，在闲鱼上兴起了上门私厨。最初是一位东北姑娘因为热爱做菜在闲鱼上打了个广告，表示愿意在闲暇之余上门为有需求的顾客做东北家常菜，三菜一汤带采买99元。而后许多厨艺达人纷纷跟进，甚至提供菜单点单服务。虽然这些私厨未必专业，但在当下的副业风潮中也成为年轻人通过技能和兴趣增加收入的一种尝试。而对购买服务者来说，回家就能享受大餐，食材新鲜且价格实惠，比下馆子的体验有趣多了。

无论是私厨、私宴还是搭伙，对于年轻人来说吃饭不仅仅是简单三餐，而是一种新的社交生活。

宋朝也有外卖

也许你没想到，原来外卖并非我们现代人的快乐源泉。古往今来，宅人们将"宅家进行到底"的观念都是高度一致的。宋朝也流行外卖服务，那时虽然无法通过手机APP下单，但他们可以派遣仆从去酒楼直接点单，这是不是足够"凡尔赛"呢？"逐时旋行索唤"①，店家自会送上门来，餐到付款。

宋朝没有外卖骑手，送餐的服务往往是由酒楼的小二或学徒承担的。《清明上河图》中就绘有送外卖的店小二：他们有的一手捧着两碗菜肴，一手拿着餐具；另一些则索性用上了专门用来送菜的餐匣，菜品被一层层盛放在匣子里。匣子本身就是精美的漆器，充满了仪式感，也比现代的塑料餐盒更加环保。所以，我们可以想象士大夫们在某个炎热的午后，约二三好友在家中院落里或谈论时事，或赏玩书画，聊得兴起，不觉天色已暮，不想中断话题，遂吩咐家僮去喜欢的馆子叫上几样好菜，斟上自家珍藏的美酒，继续畅聊。

---

① 出自宋代孟元老所著《东京梦华录·饮食果子》："炒蟹、煠蟹、洗手蟹之类，逐时旋行索唤，不许一味有阙。"孟元老. 饮食果子. 东京梦华录[M]. 侯印国，译注. 西安：三秦出版社，2021:60.

外卖在宋朝不是果腹之选，酒家接单后当场准备，精心烹制，甚至为了不让菜肴在运送过程中凉掉，更是对食盒进行了改造，专门有保温夹层，可以注入热水保温。食盒的材质更是讲究到可以用紫檀之类的名贵木材。这种专门去酒店叫几个菜招待客人的做法一直是富裕之家的待客礼遇，从宋朝延续到近代。民国时期，想改善伙食或家里来客，去有名的馆子点外卖的情节，现在还能从文学作品或回忆录中读到。

2018 年，阿里巴巴点了一份价值 95 亿美元的"外卖"——联合蚂蚁金服收购了饿了么平台。[1] 95 亿美元的背后是外卖服务在中国人生活中的深度参与，也是工作生产与生活争夺时间分配的外在体现。职场人吃外卖赶工作，商家用预制菜快速制作外卖，骑手们赶着时间送外卖……社会成了一个巨大的加速器，外卖也逐渐脱离了原本中高端服务的定位成为大众的依赖，既有工作时段的米面快餐，也有下班回家后麻辣烫、小龙虾的小小放纵。不知道宋朝人会不会羡慕我们？

一路逛吃

1998 年，美国的《生活》杂志曾评选出 1000 年来影响人类生活最深远的 100件大事，宋朝的饭馆和小吃入选第 56 位。逛吃逛吃这件事对于城市生活和社区经济有着深远的影响。一个城市的烟火气是由无数个有趣可逛的街头组成的。2019年，国际公益环保组织自然资源保护协会（NRDC）与清华大学建筑学院联合发布了《中国城市步行友好性评价——城市活力中心的步行性研究》报告指出：步行友好（walkability）是宜居城市的重要指标之一。[2] 步行友好的街道不仅应有平整的铺装和遮阴的行道树，让市民行走时感到安全舒适，沿街两侧还应有商店和餐馆，让走路的过程能够因为这些店铺而充满乐趣。

2020 年 7 月，商务部根据中共中央、国务院《关于完善促进消费体制机制 进

---

①　人民网. 阿里巴巴 95 亿美元全资收购饿了么[EB/OL]. (2018-04-02)[2024-04-20]. http://finance. people.com.cn/n1/2018/0402/c1004-29902948.html.
②　自然资源保护协会（NRDC）、清华大学建筑学院. 中国城市步行友好性评价——城市活力中心的 步行性研究[EB/OL]. (2019-05-15)[2023-02-12]. http://www.nrdc.cn/Public/uploads/2019-05- 15/5cdba9f4ed419.pdf.

一步激发居民消费潜力的若干意见》进行了《全国首批示范步行街名单》的认定工作。将南京夫子庙步行街、杭州湖滨步行街、重庆解放碑步行街、成都宽窄巷子步行街和西安大唐不夜城步行街这 5 条步行街认定为示范步行街。[①] 在步行街上逛吃逛吃已经成为中国许多城市生活的一部分。而居住社区周围 1 公里范围内是否有便利店、咖啡馆、早餐店、烘焙店，也已经成为衡量居住幸福指数的重要参考。很多人爱在上海的静安区"轧马路"，因为那里的街区规划对步行非常友好，三步一个独立咖啡馆，五步一个异国风味Bistro（小酒馆），还有穿插其间的本帮菜馆、面店、服装店、书店，两条车道宽的马路都会让你忍不住地不停地穿过马路去探寻对面某家美好小店，而头顶则是浓绿色的梧桐树"顶棚"。这样游荡的经历相比只在手机上滑动屏幕要有意思得多。

宋代的城市，也特别适合逛吃。一路走去，各式的挑担小吃、临街店铺都在招呼你吃喝点什么。《清明上河图》里的一大观赏趣味就是你不时会捕捉到街道拐角处的一个卖香饮子（一种用菜肴熬制的时令饮料）的饮料摊，或是一个卖麦糕、炊饼的饼铺。看着画中的汴梁居民或坐或立于摊前吃吃喝喝，既不赶时间也不担心卡路里问题，像极了在奶茶店门口等待叫号的我们。爆米花也是宋朝街头的网红零食。北宋时期，市面上有一种名为"勃娄"的爆米花零食，这应该是中国最早的膨化食品了。爆米花在当时不仅用来吃，它还是一种占卜工具，人们用爆米花来卜知一年的凶吉，而女孩子们则更喜欢用它来占卜自己的终身大事。既能吃，又能玩，这简直是完美的产品营销策略。宋朝讲究器物仪式的茶道是文人雅士的游戏，而茶文化的形成却要归功于地摊经济里无处不在的茶摊。城市大了，赶路的人多，街头巷尾 24 小时都有供应大碗茶的货郎担，随便停下来就能喝上一杯。因为茶摊太多了，于是也逃不过内卷的命运，摊主们纷纷比拼茶叶的品质和冲茶的技术，称之曰"斗茶"（见图 2.2）。再回头看看当下的茶饮行业，各大茶饮店铆足了劲月月开发新品，也算是现代的"斗茶"吧。

[①]　商务部流通业发展司. 商务部关于公布首批全国示范步行街名单的通知[EB/OL]. (2020-07-22) [2020-12-12]. http://www.mofcom.gov.cn/article/h/redht/202007/20200702985323.shtml.

图 2.2   元代·赵孟頫《斗茶图》

颜值经济·宋代食品包装学

消费升级是一个潜移默化的过程，它体现在你身边周遭许多事物和细节的微小改变中。当吃饱成为日常，吃好就开始变得重要，接下来如何吃得有美感也开始被强调。每当一种饮食在坊间开始流行起来，总结它的成功，除了口味这个基本要素外，颜值也是制胜的关键。如果我们仔细观察那些被纷纷打卡的网红店，便不难发现无论是其单品的设计还是店内的陈设都非常注重美感、新奇感和仪式感的表达。最美书店、最美咖啡馆频频登上热搜，一杯拿铁咖啡不仅拉花要好看，如果杯子是饼干做的，是不是会让人觉得别致新奇、值得发一个朋友圈呢？Tiffany（蒂凡尼）的小蓝盒很多女生都舍不得丢弃。因为这个盒子无论是长宽高的比例还是已经注册了色彩专利的青蓝色都已经是包装美学的经典之作。

在宋朝，即便只是街头的餐车，也会被装点得范儿十足。这种餐车被叫作"镂装花盘架车儿"——车身上雕刻着各种图案，四壁镶嵌着锃亮的黄铜，外面再用彩色的绸缎和彩线细致地包裹起来。这样充满波普风的小车立在街头，在斜阳浅照下闪闪发光，让吃货们顿时目标明确地奔将而去。无论营生大小，哪怕只是个肩扛的担子生意，那也依然不敢怠慢半分。比如卖汤圆的担子，前担里装着汤圆，后担挑着炭炉，但扁担上偏要再插上一支初绽的红梅。给几文铜钱，顷刻间递过来一碗热气四溢的甜汤，乳清色的汤中漂浮着雪白的汤圆，还给丢入了几颗绛红色的樱桃。白色和红色在氤氲热气中浮浮沉沉，汤圆有不同的馅儿，把樱桃在嘴里咬开，酸甜的汁液是完美的收尾。把汤也喝干净，碗递回给小贩，发现碗上还刻着王摩诘的山水画……此刻月已升上柳梢，是该慢慢走回家去了……

第四节　人人都是器物控

　　人的欲念有几层，有口腹之欲，有情爱之欲，有物质金钱之欲，有权力之欲。在一生中，绝大多数人都需要与自己的欲望纠缠，控制与反控制。而消费社会里，商业在很大程度上培育着人们对"物"的爱、执和痴。其中，器物之美总让人难以抗拒。

　　在现代的商业产品设计中，设计师们用毕生的技艺和精力去追求美感与功能间的平衡。苹果手机一经诞生就举世瞩目，因为它做到了设计美学和科技的完美结合。当全世界99%的手机都在使用物理键盘进行输入的时候，iPhone却用一块触摸大屏幕颠覆了所有其他品牌手机的发展计划。好的产品设计能够将消费者从价值的理性计算中剥离出来，让人与物之间不只是货币交换的关系，而是成为"粉"、成为"控"，甚至自愿申请加入"拜物教"。人们对美的事物的追求是与生俱来的，即便是在原始的洪荒年代，在烧制一个陶罐时，也会以树枝为笔，画上自己猎鹿的身姿。

　　当代审美背景下，北欧设计和日本设计最受中国消费者的欢迎。而其中，日本工业的卓越设计力也为世人所认可。日本的产品设计几乎可以横跨从古典到未来的所有风格——无论是Play Station 5（索尼游戏机）这类的数码产品，还是在淘宝上卖得风生水起的日式器皿，无论是被广泛应用在商业空间，为极简主义者所钟爱的清水混凝土，还是精雕细琢、极尽繁复的寄木细工①技艺，日本设计师对物的"执"和"痴"，长久以来收获了全世界大批喜爱日式设计的恋物者们。

我们该羡慕日本吗？也许有人说不该，因为在日本的审美文化中，无论是建筑还是器物的设计理念都深受宋朝美学的影响，是小心翼翼的继承。但相对于后世中国设计与宋代美学的渐行渐远，美学文化在全球化影响下面目模糊，日本人却慢慢发展出了自己的侘寂美学。他们从追求至雅到追求至简，再到欣赏寂寥与斑驳。

今天，宋代的器物是各大博物馆的镇馆之宝。人们对它们的珍爱，固然有物以稀为贵的心态，但更多的是我们能够从这些被以最高技术手段小心呵护的器物中看到那个曾经的士的黄金时代，那里有士的精神世界。我们惊讶于千年前的人对于什么是美、什么是雅的定义充满了高瞻远瞩的先锋性。如果我们仔细审视宋朝的美学精神，那种温润如玉而又深入骨髓的设计之力，以及与之相随的生活格调却是当今这个高速纷繁的世界难以复刻的。

从贵族生活美学到全民生活美学

从工艺角度来说，器物的进化是需要时间加持的。但从美学的角度来说，时间仿佛并不是那么重要。明清时期中国的器物工艺已经达到了巅峰，但是若以器物之美来评判，拍卖市场上的价格已经足以说明问题。在当代的设计专业通识课程中，美学是一门基础课程。我们试图通过"书本教育+考试"的方式以求未来的设计师们能够具备专业的美学素养。且不论这种教育方式是否有效，对设计艺术专业以外的其他专业来说，接触美学教育的机会则更为缺失。绝大多数的普罗大众是通过社交媒体、影视节目和商业广告来完成自己的美学素养教育的。

近些年来，我们身处于一个娱乐至上的媒体时代，当媒介占据了广泛的注意力，无论是音乐、文学、戏剧，还是诗歌，这些原本在文化中各自占据重要一隅的事物，如今都必须在娱乐的舞台上以同一种自我解构后浅表化的方式去完成大

---

① 寄木细工是起源于日本神奈川县箱根町的传统木作工艺，通过对数十种不同色彩的天然木料拼接来呈现规律性的花纹，对工艺要求非常高。

众的美学启蒙。我们通过综艺去了解音乐、舞蹈和表演艺术，通过偶像的旅行去逛博物馆，通过点赞去欣赏绘画、摄影作品，在小程序上购买已经设计好的花束和被碾磨成粉末冲泡即可的茶叶胶囊。一些原本需要通过慢慢感受才能体悟的生活美学瞬间被压缩、快进、速食化。当然，这样的美学传播从启蒙意义上说能够获得效率最大化的结果，但从效果来说却会打上不小的折扣。当APP产出大量通用的滤镜，KOL给出各种教程，网红商品由工业流水线制造、在直播间中被秒杀，我们对"物"的念已经被纷乱的消费游戏和传播规则冲击得四分五裂。

花、香、画、茶、器，这5件常出现在宋代的雅事代表着中式美学在生活中的投射，虽然并非自宋朝起源，却只有宋人将它们真正践行于生活中，变成如呼吸般存在的日常，并为后世奠定了风雅的基调。

在诸多朝代中，宋朝成为大众美学教育的范本。一是因为这个朝代虽然谢幕得惨烈屈辱，但它相对而言依然足够"长寿"。影响整个西方美学的欧洲文艺复兴长度大约为300年，宋朝与之相当。一个伟大美学文化的孕育需要相对稳定和谐的社会环境，也需要大量精英人士的推动：欧洲有贵族阶层，宋朝则有士大夫阶层。

二是因为宋朝成就了中国瓷器的美学巅峰。与其他朝代不同的是，宋代一直存续着官窑和民窑两大审美体系。官窑清雅、温厚、克制，是内心的投射；民窑粗犷、浓烈、生机勃勃，是世俗社会中的野生力量。官窑器物为宫廷和上流阶层的生活方式和仪式感服务，民窑的器物则更倾向实用主义，迎合消费社会的需求。宋代的器物之美，是精英审美和世俗审美的并驾齐驱，共生共存共荣。如果这种美学态度能在当代实现，那么很多关于美丑的争论与矛盾也许就能平息化解。在今天的公开语境中，雅与俗总在无休止地争夺话语权，然而我们不该简单粗暴地用一种美学风格去消灭另一种美学风格，也不该用一套标准去规训千姿百态的野生之美。美，应是自由的。

宋朝以前，中国的文化和艺术几乎都只属于精英阶层，世俗大众很难有机会和能力参与创作。宋朝因为科举制度打破了平民头上的阶级天花板，让民众有了获得教育并参与国家治理的机会。正是因为这些士大夫们参与了文化建设，世俗文化才登上了历史的舞台。宋代对文人的宽容、理解、尊重使得社会整体的文学、美学和哲学风气达到了难以想象的高度。宋瓷则是这些精神艺术投射的对象，它承载了宋人的理想和生活，也将宋朝就此凝固在时间的长河里，让后世得以窥探、心神往之。

雨过天青色，极简主义在宋代

宋代官窑之首——汝窑总被传说成诞生于宋徽宗的一场梦，梦中大雨倾盆，雨停后，他望向天空的尽头，天际云间露出一抹神秘的青色。他为这抹青色所着迷，便令工匠几番测试，终于让他们烧制出了梦中的那抹色彩。宋徽宗对中国美学做出了巨大的贡献，这个贡献不局限于他本人的艺术造诣，而是他在位期间凭借自己卓越的美学理念，推动了中国美学艺术的极大发展。正如英国艺术史家英国迈克尔·苏利文（Michael Sullivan）所说："这些知识精英分子比中国历史上任何时代的知识分子都更有修养，为他们制造的陶瓷业反映了他们的品味。某些唐代陶瓷可能更强壮，清代陶瓷可能更精良，但宋代陶瓷则具有形式上的古典纯洁感，釉色上展示了早期陶瓷的活力和晚期陶瓷的精良之间的完美平衡。"[1]

许多人第一次在博物馆中观赏宋代的器物，可能并没有想象中那么惊喜。因为乍看之下，宋代官窑的瓷器外观有一种质朴感，没有精雕细琢的花纹，也没有奇特的造型工艺，连色彩都非常单一，几乎都是青色和白色。这种在艺术上的克制反映了宋代中上阶层的精神价值观。匠人们摒弃了唐代的浓墨重彩，以极简美学的方式来赋予器皿不一样的哲学语言。这种哲学语言也同样体现在宋代的文人画里——大片的留白，讲求意境、意象而非精妙的笔触，在简淡意趣中承载了超出画面本身的延伸空间和思想。"少即是多"这个到 20 世纪 30 年代才由建筑师路德维希·密斯·凡德罗（Ludwing Mies van der Rohe）总结出的极简主义的中心思想，千年前的宋人已经在生活中付诸实践了。日本对中国文化的学习，在硬件方面学习了唐朝（他们复刻了一整个长安城）；但从精神价值观的角度来说，他们更多沿

---

① 苏利文. 中国艺术史[M]. 孙坚，译，上海：上海人民出版社，2022:219.

袭的是宋。宋的"平淡"哲学和自南宋传入日本的禅宗和茶道，对日本文化的影响一直绵延至今。因此我们也并不奇怪倡导无标签主义的无印良品来自日本，而中国（而非欧美）已经成为无印良品未来最重要的消费市场的原因。

第五节　汴京如梦夜未眠

如果将宋朝仅仅定义为风雅的、精英主义的朝代，不免有失偏颇。因为它明明又是喧嚣世俗的，也是平民娱乐大大发展的时代。它的喧嚣是真实的、物理性的——因为宋人真切地拥有了 24 时的时间支配权。

中国古代的宵禁制度，自周朝起绵延至唐朝。宵禁制度的设立是出于对皇权安危的考量，方便治安管理。即便繁华如长安这样的国际大都市，到了掌灯时分，也是一副"六街鼓歇行人绝，九衢茫茫室有月"的冷寂情景。北宋初年，宵禁制度终于被更改，从一更（晚上 7 点）宵禁变成了三更（凌晨 1 点）宵禁。到了宋仁宗时期，汴梁索性彻底取消了宵禁，所有的商户都可以 24 小时营业。宵禁制度的取消，其背后一方面是出于鼓励工商业发展的目的，另一方面也体现了统治阶级对自身治理能力的自信。

当城市居民有了如此多的时间可以出门玩耍，夜间的娱乐休闲产业就此发展起来。为了方便商贩的夜间生意，汴梁的城门关得都很晚，而城内更是没有时间限制。汴梁就如同我们现在任何一座大都市一样 24 小时都充斥着人群和消费的欲望——沿街开满了挤挤挨挨的店铺，街边也都挤满了摊贩，一层两层堆叠起来、延伸开去，起伏不绝。华灯初起，白日的街变成了夜晚的市，夜生活开始了。在家吃晚饭不是必需的，因为出门到处都是好吃的地儿，光是随便吃吃的街边小摊就能一路吃到午夜时分。《东京梦华录》中记载道："出朱雀门，直至龙津桥。自州桥南去，当街水饭、燺肉、干脯。王楼前獾儿、野狐、肉脯、鸡……至朱雀门，旋煎羊、白肠、鲊脯……野鸭肉、滴酥水晶鲙、煎夹子、猪脏之类，直至龙津桥须脑子肉止。谓之杂嚼，直至三更。"[①]这样热闹非凡的夜市，恐怕连著名的台北士林夜市都只能望其项背。

不夜城里的经济账

宋人令人羡慕的夜生活还得益于城市格局的规划。作为一个百万人口的大都市，要维持24小时的持续运转，需要考验城市治理者的智慧。汴梁改变了唐代坊与市的区分制度，取消了将居民区与商业区划而分治的"坊市制"（如果你读过《长安十二时辰》，就会了解唐代人要去逛街买个东西是件多么辛苦的事）。到了夜间，坊市区隔更加提高了人们出行的门槛。所以，宋朝非常具有创新性地提出了社区经济的规划理念，取消了坊市制，不再单独划定居民区和商业区，而是商住混合，门前皆街市。

坊市制取消的意义是重大的，它意味着城市居民生活的丰富性和便利性获得了提高，商业和居民生活融为一体。百万人口规模的城市，市民对娱乐休闲的消费需求也是巨量的。如果说白天大家还需要干活工作，晚上的时间则是百分百属于娱乐休闲的。因此，夜生活推动了宋朝消费指数的增长、消费物资的增长，以及国民GDP的增长。即便到了南宋，临安的夜生活依然鼎沸。史料记载，当时运往临安的米船"纷纷而来，早夜不绝耳也"[②]。临安城大街，买卖昼夜不绝，酒店茶肆基本都通宵营业，任何时候走进去都能吃到热汤热饭。

此外，夜间经济也让文化产业蓬勃发展。对于宋人来说，无论是士大夫们还是普通市民，最重要的文化娱乐活动之一就是去瓦舍勾栏看戏（见图2.3）。消费社会中的精神文化消费在宋朝体现在民间百伎和曲艺的发展。勾栏是宋朝专门的演出场所，在这里不分昼夜地上演着各种演出：说书、杂剧、平话、讲史、影

---

① 孟元老. 东京梦华录 [M]. 候印国，译. 西安：三秦出版社，2021:156.
② 吴自牧. 梦梁录 [M]. 张社国，等译注. 西安：三秦出版社，2004:186.

戏、魔术、杂技、傀儡戏等等，勾栏门口会挂着旗牌装饰，相当于广告海报，来
告知观众今日剧目。你可以从一个勾栏逛到另一个勾栏，想看什么就看什么。中
国舞蹈的历史很短，两宋时期的勾栏演出是在神庙舞台的基础上发展起来的商业
性剧场，标志着中国舞蹈开始走向商业化运作。勾栏瓦舍这样的娱乐形态在现代
只有美国的百老汇和爱丁堡戏剧节（可惜只在每年 8 月举办）才能与之媲美（见图
2.4）。在我国，已有 10 年历史的乌镇戏剧节也颇有些勾栏瓦舍的遗风，许多热爱
戏剧的年轻人会特别请假前往，踏着青石板在古镇的戏院间穿梭往来，看戏、吃
面、饮酒、与导演偶遇，将自己抽离出来体验几日浮生若梦。而这样的经历，千
年前的开封市民每天都能拥有。

　　然而可惜的是，繁荣和安逸所带来的是松懈和沉沦，宋最终灭亡了。后世的
统治者认为是这样的生活方式导致了宋的灭亡。此后的朝代对城市娱乐业进行了
严格的限制，勾栏瓦舍再也没有出现过，宵禁也重新回到了人们的生活中，直到
辛亥革命后才真正被取消。

图 2.3 《清明上河图》中的剧场　　　　　　图 2.4 莎士比亚时期的剧场

社区经济，消失的街头

　　如果宋朝没有取消坊市制，那么就不会诞生《清明上河图》，后人也就只能凭
空想象汴梁之美。更进一步来说，如果没有取消坊市制、取消宵禁制，那么就不
会有"月上柳梢头，人约黄昏后""东风夜放花千树，更吹落，星如雨""笙歌归
院落，灯火下楼台"这些千古传唱的诗句。夜生活让人与人之间的交流变得更加

亲密，让人们能够在夜晚的娱乐中尽情释放白日劳作的疲累和压力。在美酒美食美乐中，思想得到碰撞，才华得以喷涌，由此成就了文化最丰沛的时代。

汴梁是千年前的第一大都市。巨大的面积使得传统的城市规划不再适用于日常的需求。花木兰"东市买骏马，西市买鞍鞯，南市买辔头，北市买长鞭"的购物计划如果放在汴梁这样的城市面积里，恐怕要一周才能凑齐。因此，发展居住区内的商业服务成为驱动城市经济的重要战略。"社区经济"这一概念近几年来频频在许多省市的发展战略规划中被提及。特别是在经历了疫情期的被动封闭和经济流速放缓之后，现代的城市治理者们越来越认识到社区经济的重要性。它以社区为中心，充分覆盖社区内居民的生活消费需求，通过提供各项服务，发展小型商业，从而扩大再就业，以提高社区内居民生活的幸福度。但中国现代的许多城市规划在某种程度上却更像唐代的坊市格局——巨大的被围墙封闭的居民区，大型购物中心取代了街头小店，街头不再是适合漫步停留的地方，夜市在消失，夜排档转为外卖服务，偶尔约个消夜也需要各自从住处打车前往……

2021年，超级文和友在深圳开业，开业第一天有超过5万名顾客拿着号码单排队等待进入。而此前广州的文和友开幕也引发了万人长龙。广州的天河区商圈——珠江新城，是这个城市最时髦的CBD中心，象征着奢华现代的太古汇就在这里，而文和友却将一个80年代的巨大市井放置在了这个繁华街区，与周围的高楼大厦形成了时空穿越般的魔幻对比。这个市井空间的设计将广州从前的老街和老店重新复刻还原——装着生锈防盗保笼的筒子楼、斑驳且字体毫不统一的招牌、简陋的塑料凳子在促狭的楼间空地中供客人就餐……杂乱、陈旧、粗糙——文和友是一组"现代、时尚、精致"的反义词。

然而，为什么年轻人们这么爱它？

也许，从某种意义上说，大家对超级文和友的追捧，是在哀悼在旧城改造运动中消逝的城市街头，是在追思童年那个不那么高大上但是可以听见妈妈在楼上喊你回家吃饭的社区，是在向往那个趿着夹脚拖下楼，在随便哪棵大树下就能点个热炒就着冰啤酒开喝的夏天。在文和友，那些已经随着拆迁远去的事物和生活被重新包裹在玻璃幕墙后，伴着五条人的音乐，伴着 2021 年的物价，与人们短暂重逢。

有人说超级文和友的场景设计是对现代综合体的嘲讽，也有人说这是一次高明的营销，通过制造一种沉浸式、超现实的空间来让 80 后和 90 后们集体怀旧，并为回忆买单。大众点评上，对超级文和友里店铺口味的评价好坏参半，毕竟这样的复刻只是外观上的复刻，那些时间和人的印记永远都无法重现。但文和友让"失落的街头"现象引发了一次热烈的公共领域的讨论。当居住的街区日益失去除居住以外的功能，当电商经济通过降维式打击去压缩社区实体经济的生存空间，当城市只能依靠灯光秀去表现它夜间的盛景，我们理想中的美好城市似乎塌陷成了一个扁平化的样貌。

超级文和友最终变成了一个短暂的现象级产品。虽然它将自身定位为"让人短暂逃离现实，获得放松一刻"，但当食客们排了 4 小时以上的长队进入一个浓缩的商业体内，并最终收获了一顿饭和几张照片时，所有的热情已如泡沫般蒸腾殆尽。当市井街巷被折叠，当市井气息被概念化和资本化，当文化被速食，当烟火气被连锁复刻，那些往昔的记忆和情怀已经永远消失、无法找回了。

第六节　谁还不是个铲屎官？古今皆是爱宠人

宠物在经济学中被视为消费升级的特征之一。虽然说，猫狗的驯化可以追溯到原始社会，但真正冠之以宠物的身份可能要到唐代。在宠物出现之前，首先出现的是有闲阶级。当有了物质、居住空间和时间上的游刃有余，精神上也需要有情感价值的填充。

在我国历史上，民间很早就有养狗养猫的记载，当然民间更注重猫狗们看家护院、捕鼠的功能性，只有富贵人家才会将猫狗视为陪伴型的宠物。但宋朝人对猫狗的态度发生了变化，他们不仅养宠物，还养出了宠物经济。宋朝的城市中甚至出现了专门的宠物市场，不仅有猫狗，还有其他珍禽异兽以供家养。《东京梦华录》记载：开封府的大相国寺，"每月五次开放万姓交易，大三门上皆是飞禽猫犬之类，珍禽奇兽，无所不有"①。宠物经济发展到后来，猫粮狗粮也出现了，猫狗不再只是吃家里的剩饭，它们有专属的定制餐："养犬则供饧糟。养猫则供猫食并小鱼"②。可见宠物主人对自己的宝贝喂得精心。

到了奢靡的南宋，临安（今杭州）城里甚至出现了宠物周边和宠物服务。南宋周密《武林旧事》的"小经纪"条罗列了临安城的各种宠物商品与宠物服务，有"猫窝、猫鱼、卖猫儿、改猫犬"，猫窝、猫鱼、猫儿的含义好理解，"改猫犬"很

---

① 孟元老. 东京梦华录 [M]. 侯印国，译注. 西安：三秦出版社，2021:162.

② 孟元老. 东京梦华录 [M]. 侯印国，译注. 西安：三秦出版社，2021:216.

可能是给宠物猫、宠物犬做美容。①想象一下，在一个熙熙攘攘的宠物市集上，铲屎官们撸猫撸狗，买粮选窝，不亦乐乎，跟现在的宠物展会一样。古今铲屎官对自家宠物的爱都是相似的。如今社交媒体上疯狂晒自家宠物绝对不会招来反感，大家一起云吸猫狗。宋代没有朋友圈，但不妨碍铲屎官们炫耀自己的宝贝——他们把无尽的宠溺都写进了诗里，绘进了画中。

如写给狗子的诗句。

药栏花暖小猧眠，雪白晴云水碧天。
猧儿弄暖缘阶走，花气薰人浓似酒。
猧子解迎门外客，狸奴知护案间书。
昼下珠帘猧子睡，红蕉窠下对芭蕉。

写给猫咪的诗句。

睡猫

（南宋）胡仲弓

瓶吕斗粟鼠窃尽，

床上狸奴睡不知。

无奈家人犹爱护，

买鱼和饭养如儿。

陆游放到今天就是个妥妥的猫奴，他家中养了很多猫，每一只猫都有名字。他为猫写的诗多达几十首，其中《赠猫》就记录了他为猫起名的前因结果："盐裹聘狸奴，常看戏座隅。时时醉薄荷，夜夜占氍毹。鼠穴功方列，鱼餐赏岂无。仍当立名字，唤作小於菟。"从诗句的字里行间便能看出他对猫主子的无限宠溺，一腔柔情都倾注在小猫身上。

---

① 吴钩. 宋朝人的宠物[EB/OE]. (2018-10-20)[2020-02-12]. https://epaper.gmw.cn/wzb/html/2018-10/20/nw.D110000wzb_20181020_4-07.htm.

　　宋朝人将猫统称为"狸奴"。"狸奴"不是现代人指的猫奴，"狸奴"单单指猫，是对猫的爱称。现在到处可见的狸花猫又称虎斑猫，它在宋朝前可是名贵的品种，只有达官显贵家里才会有它。但因为宋朝的宠物行业如此发达，便有人开始专门培育狸花品种，经过几代的繁衍，终于使得狸花猫成为在中国广为分布的猫咪品种。而"狸奴"这个词，也是因为大家对狸花猫的喜爱，而将它作为所有猫咪的统称。

　　宋朝猫的地位似乎要稍高于狗，也更接近宠物的角色。也许是清楚猫主子的傲娇，宋朝人买猫不叫买，叫聘猫。单一个"聘"字就彰显出猫咪们的高贵地位以及铲屎官的郑重其事。聘猫有一套专有的程序，如果缔结良缘一般需要选吉日、给彩礼、下聘书，堂堂正正地把猫咪迎进家来。通常听说街坊邻居家有新生的小猫，准铲屎官就要给主人家送盐（也有送糖或茶叶）以作彩礼，再递上一份聘书，聘书上细细绘出小猫的样貌、聘猫的日期，以及新主人对猫咪的期许（比如要乖、要抓老鼠、不要乱跑）。如果是野猫，聘书则免，但聘礼还是不能少，通常需要给猫妈送上一串小鱼干，感谢它喂养小猫（果然古今的猫咪都无法拒绝小鱼干）。

　　许多的诗句里都记录下了主人聘得意中猫的欢喜："裹盐觅得乌圆小"，聘的是一只圆溜溜的小黑猫；"穿鱼新聘一衔蝉，人说狸花最直钱"，聘的是野猫妈妈的小狸花。北宋黄庭坚也将自己聘猫的过程记录在诗中："秋来鼠辈欺猫死，窥瓮翻盘搅夜眠。闻道狸奴将数子，买鱼穿柳聘衔蝉。"饱受老鼠折磨以至夜不能寐的他听说街头的猫妈妈马上要生小猫了，赶紧买上小鱼串上柳条，等着将小猫聘进门来。

　　当代的宠物经济是伴随着中产阶级的崛起而进入生活视野的。现代宠物的培育史可以从工业革命时期开始计算，远离乡村自然的人们发现城市生活不仅带来生存的压力，更产生了一种单一物种的孤独感，而小动物的陪伴能够带来无法替代的轻松与快乐。于是，在自工业革命起的百年间，市场需求加上生物学的进步，促使人类繁育出许多适合城市生活的陪伴型猫狗。而在我国，伴随着改革开放、经济发展及城市化进程的加深，对一些都市人来说，宠物带来的情绪价值已经高于人类伴侣。

根据艾媒咨询对宠物行业的数据统计，2022 年我国宠物经济产业规模达到了 4936 亿元。[1]在宠物经济的这个赛道里已经发展出宠物交易、宠物食品、宠物用品，宠物医疗、宠物美容、宠物培训、宠物保险等 7 个类别，有上万个创业项目在其中找寻着机会，也吸引着越来越多的资本参与进来。当代的铲屎官主要以 80 后、90 后为主，作为中国的独生子女世代，宠物是与他们关系平等的家人、伙伴。他们虽然可能恐婚恐育，却愿意与毛孩子们缔结一生的缘分，从宠物这里获得情感的满足。

现代铲屎官在宠物消费方面是慷慨大方的，甚至他们在大喊消费降级的时候，却让主子们吃得更好了。以养猫的必需品——猫砂为例，仅从材质上就分成膨润土、松木、纸质和比较受欢迎的豆腐砂，《2023 宠物用品场景趋势白皮书》中的数据显示，单只宠物狗的年均消费金额为 2882 元，单只宠物猫的年均消费金额为 1883 元。[2]此外，宠物经济也在走向智能化的时代。对于年轻铲屎官们来说，具有科技含量的宠物用品格外具有吸引力。自动化的养宠设备能够帮助他们节约许多养育精力，提升养宠体验，各种智能养宠小家电，如自动喂食器、自动饮水机、自动猫砂盆、智能牵引绳、智能摄像头等都受到了铲屎官的欢迎。养宠、云吸猫云吸狗、刷宠物短视频同时下单宠物用品、在猫咖撸猫、带狗子去参加市集，已经成为现下年轻人的时髦生活方式。

关于宋朝的话题还有很多，当代的社会学者和经济学者们都喜欢将宋朝作为现代社会研究的比照对象。它是中国历史长河中一面特别的镜子，每个人都能从镜子的映射中窥探出自己的内心所向。

---

[1] 艾媒咨询. 2023–2024 年中国宠物行业运行状况及消费市场监测报告[EB/OL]. (2023–11–14)[2024–01–21]. https://www.iimedia.cn/c400/96795.html.

[2] 世界宠物协会. 2023 宠物用品场景趋势白皮书[EB/OL]. (2023–10–23)[2024–01–21]. http://www.world-pet.org/newsinfo/876620.html.

第三章

从包豪斯到安迪·沃霍尔: 生活美学
驱动下的消费社会

2010 年有过一个新闻，杭州市政府出资 5500 万欧元购买了 7000 多件"以包豪斯（Bauhaus）为核心"的西方近现代设计品，捐赠给了中国美术学院。[①]当时引发了广泛的讨论，大家纷纷搜索"包豪斯是什么"，这也是"包豪斯"这个名词第一次从设计界走进大众视野。2018 年，位于中国美术学院象山校区的中国国际设计博物馆开馆，所有藏品正式向公众开放，并为此成立了包豪斯研究院，先后举办了"生活世界——馆藏西方现代设计展""迁徙的包豪斯：设计生活"等多个主题展览。

2016 年淘宝推出了造物节活动，第一届的主题叫作"每个人都是造物主"。造物节将淘宝的"tao"分拆为三个主题元素：T（technology 科技）、A（art 艺术）、O（originality 原创力），并将淘宝上的原创"神店"搬到线下，让大家能够亲身体验那些在淘宝上热卖的原创设计神物。从第一届的 72 家神店，到 2021 年第六届的数百家神店，淘宝造物节不仅成为每年夏天年轻人的市集狂欢，更是年轻的产品设计师们（平均年龄 27 岁）展现创造力和科技力的舞台。造物节对淘宝来说，既是一场平台优秀商户的线下集体汇报演出，也是它向所有的品牌、设计师以及消费者们释放出的强烈讯息：中国的消费社会需要具有创新力、科技力以及美感的商品。淘宝从创立至今的 20 年，不仅让中国人的购物习惯发生了巨大改变，同时它也是一部消费产品的进化史——从早期的山寨横行，到如今数以万计的本土品牌在这个平台上孵化成功，国货复兴，国潮汹涌，越来越多的消费者开始认同本土的产品设计和制造。

2019 年 9 月，淘宝造物节连续第三年在杭州举办，有 400 多家淘宝品牌参

---

① 浙江工人日报. 埋单 5500 万欧元　杭州大手笔引进 7010 件"包豪斯" [EB/OL]. (2011-05-10)[2024-01-21]. http://www.zjgrrb.com/zjzgol/system/2011/05/10/013718747.shtml.

加，在造物节上人们可以尝到茅台与冰淇淋的跨界组合、人造肉汉堡，体验未来出行的水下航行器，试穿 3D 打印的球鞋，需求—设计—科技之间的碰撞展示了消费世界的无限可能。在同一个 9 月，中国美术学院宣布举办"包豪斯的四个问题"特展以庆祝包豪斯学校创立 100 周年纪念。策展人杭间认为："包豪斯已经成为'现代设计思想和教育'的伟大创始者载入历史，虽然百年间科技与社会生活的发展日新月异，但包豪斯的复杂精神却一直有常读常新之感。"①这两件事发生在同一个城市，而这个曾经在千年以前见证过宋的文艺繁荣的城市，在千年之后又一次成为商业和生活方式的实验场。而这一次，是西方现代设计与中国高速发展的社会生活之间的试验与碰撞。

现代设计是工业革命的产物。如今我们所生活的世界，从城市到交通，到饮食，甚至小到一根牙签，都是在工业革命设定的社会协作规则之下发展起来的。现代设计是在消费社会发展之下产生的一种服务于商业产品的专业。我们日常所使用的每一件物品都离不开设计师的工作。而设计师这个职业在工业革命前其实并不存在，手工艺时代的工匠既设计物品同时也负责将它们制作出来。工业革命让工业化生产方式彻底地改变了人类世界运作的节奏，工业流水线的出现要求有专门负责产品设计的职业人员，并让手工艺时代融为一体的设计与制造流程分离开来，由机器来代替人工进行批量生产，而设计师们则只需要专注于"纸面工作"，交付设计图纸即可。批量化的生产带来了批量化的消费。因此，从某种意义上来说，设计师们是现代世界的"造物主"，我们的生活环境、生活方式都是由他们的设计来建构的。现代化的背后是标准化、效率化、平民化以及全球化。设计在现代社会面渗透到了生产、销售、消费和使用的每一个环节，并介入普通人日

---

① 中国国际设计博物馆CDM. 包豪斯学校创立 100 周年纪念特展 包豪斯的四个问题："总体艺术"影响及不同的选择[EB/OL]. (2019-12-05)[2020-03-18]. https://mp.weixin.qq.com/s/kNbLZHK2M9y9NiaFgu-UbA.

常生活的方方面面，构成了现代的"景观社会"。^①西方现代设计对中国社会和文化也产生了深远的影响。不可否认，我们今天生活在一个被其改造了的世界中。因此，"现代设计史"不仅仅是西方人的历史，也是世界的文化遗产。只有当我们体认了现代化生活的源头，才能真正理解当地文化在全球化时代的境遇，透过"镜像"，才能让当下的生活世界在日常的漠视与偏见中"复现"，从而反观"世界"中的"生活"。^②

---

① 中国国际设计博物馆CDM."先锋博览"：中国国际设计博物馆开馆系列展览介绍（一）：生活的世界——馆藏西方现代设计（长期陈列）[EB/OL]. (2018-03-31)[2020-05-18]. https://mp.weixin.qq.com/s/F8AoPSgSyLhLOK5V8pOLtw.

② 乐艺会. 生活世界：馆藏西方现代设计展[EB/OL]. (2019-10-31)[2022-08-17]. https://www.sohu.com/a/350461966_772510.

第一节　从小众到大众，从艺术到设计

人类的生活美学在现代设计出现前并非不存在，但它只是小部分人——贵族与上流社会的"奢侈品"，与普通民众距离甚远。即便是在之前谈到的宋朝，士大夫阶层的生活方式与宋朝百姓的生活方式也有着明显的不同，各大官窑的淡雅器物在实用性和耐用性方面也与民间窑的器物有很大差异。在封建时代，无论是古代中国还是古代欧洲，生活美学是有着阶级分化的。艺术被用来为上层阶级服务。上层阶级的生活是奢华精美的，劳动阶级的生活是简单粗鄙的。

凡尔赛，风从哪里来？

封建时代的审美是由宫廷贵族阶级和宗教组织主导的。近来，在社交媒体上流行着一种文体："凡尔赛"体。它被用于"明贬暗褒、先抑后扬"的自我炫耀行为，以一种看似不经意甚至自嘲的口吻来进行有反差效果的自夸。而回归"凡尔赛"这个词的本源，它其实是指以位于法国巴黎近郊的以凡尔赛宫为代表的古典主义巴洛克风格。

1624年，法国国王路易十三购置了一片荒地，修建了一座只有26个房间的小型行宫供他打猎时短暂停留。1660年，路易十四为躲避巴黎市民暴动扩建了这座狩猎行宫。耗费近半个世纪的工期，历经园林家安德烈·勒诺特尔（André Le Nôtre）、建筑家路易·勒沃（Louis Le Vau）和儒勒·哈杜安·孟萨尔（Jules Hardouin

Mansart）等人的接力建造，凡尔赛宫从最初的 26 个房间扩展到 2300 个房间，成为欧洲最大、最雄伟、最奢华的宫殿，也是法国王室和欧洲贵族的活动中心。凡尔赛宫的壮丽奢华代表着欧洲古典艺术的巅峰。除了宏伟的外部建筑和花园，更瞩目的是它内部的巴洛克风格和洛可可装潢。巴洛克艺术早期多应用在宗教主题的创作中，因此大量使用了金色和浮雕来展现天堂的庄严和肃穆、华丽与内敛。而自凡尔赛宫起，巴洛克风格被贵族所青睐，自此深深地根植于宫廷装饰中。巴洛克风格注重表达的是宏大、豪华、权威和胜利，能够将拥有者的财富和权力充分地传达出去，因此并不特别在意实用性和舒适性：凡尔赛宫尽管有 2300 个房间，但只设计了 29 个公共厕所，这对几万名凡尔赛宫工作人员来说，便溺卫生是一个非常棘手头痛的问题。这也导致了大家为了方便而随处"方便"，许多地方臭气熏天。巴洛克风格直到现在都深受部分富豪们的欢迎，一些高档会所的装饰风格——被绘画覆盖的穹顶，被皮质包裹、造型复杂的沙发，浮雕描金的柱子——让人能恍若置身于一个迷你凡尔赛宫。

这种注重外部的表达而不注重实用性的设计也许在今天看来难以理解，但实际上对贵族来说，实用性并非他们生活中的重点考量。毕竟，一个贵族家庭的生活通常是由几十个甚至上百个仆人全权打理的，卫生问题、收纳问题、效率问题这些在现代生活中我们经常面对的家居难题都不是贵族们需要忧虑的。也正是因为如此，古典主义的艺术只能为特权阶层所享用，它无法传播到广大的劳动大众中去。德国的维尔纳·桑巴特在他的著作《奢侈与资本主义》中，对古典主义、贵族和奢侈这三者之间的关系做了论述，他认为在工业革命之前的封建时期，为何不存在真正意义上的消费和奢侈，是因为贵族通过阶层固化将他们的生活方式与平民大众隔离开来，艺术是特权阶层所专享的，审美也是少数人的特权，它们都无法扩散到广大平民中去。"奢侈的贵族性体现在那种奢侈的内容里，而且沿着明确的道路扩展。这一特征不仅仅指奢侈的否定方面，即它不能扩展到广大平民中而局限于很少一部分人，而且可以说还指其他肯定方面，这是由于这种贵族特征甚至迫使最粗俗的暴发户也遵从在本质上仅为少数人所具有的保持良好举止的观念。这种总是关注审美原则和时尚风格的奢侈，在本质上是上流社会的奢侈；区分整个时期的四种风格——哥特风格、文艺复兴风格、巴洛克风格、洛可可风格——是表达统治集团愿望的风格。在这方面，他们与我们的时代的风格形成了对照，我们的时代的风格缺乏任何明确的表达模式，而且打上了平民烙印。"①

奢侈，从专享到共享

贵族的生活是繁复且难以广泛复制的，而上流社会也在刻意维持着这份难以仿效的特殊性和复杂性以构建起阶层的天花板。在维多利亚时代，英国的底层劳动人民一天的大部分时间都在辛苦工作，这样才能勉强温饱，而上层阶级则几乎不需要工作。一个贵族夫人一天当中最主要的职责就是拟定当日的菜单。英式下午茶也诞生于那个时期，因为晚餐举行的时间很晚，贵族们需要在下午四点享用一套装在三层银制托盘中的精致点心和红茶来打发百无聊赖的下午时光。而晚餐是最为隆重的：无论当日吃饭的有几个家庭成员，厨子们都需要准备十几道餐点供主人享用。用餐前，无论男性还是女性都需要换掉在下午茶时才刚换上的衣服，重新穿戴正装去用晚餐，哪怕晚餐没有任何客人到访。一个典型的维多利亚时代上层阶级家庭的晚餐②包括：

★咸味浓汤

★烤火鸡加配菜，或烤猪肉配香料土豆，或烤鸡

★浓肉汁配米饭

★两道蔬菜

★柑橘果冰

★新鲜白面包卷配甜奶油

★果酱、果冻和糖渍水果

★花式蛋糕和果脯

---

① 桑巴特. 奢侈与资本主义 [M]. 王燕平，等译. 上海：上海人民出版社，2000:117.

② BEETON I M. Mrs. Beeton's Cookery Book and Household Guide[M]. Cosimo Classics, 2007:35.

★咖啡、热潘趣酒、冰水

撇开宗教不谈，当时的音乐、文学、绘画等艺术创作都与宫廷贵族密切相关，古典音乐及古典绘画大部分是因为贵族的消遣而产生的作品。工匠们也几乎都在为贵族们服务——无论是钟表、瓷器还是珠宝服饰。经由丝绸之路贸易而来的茶叶和香料是贵族们竞相采购的商品。而以上这些与平民的生活没有什么关系。从凡·高早期的著名作品《吃土豆的人》中，就可以了解到普通农户当时的伙食水准。在20世纪30年代以前，即便是如德国这样已经转型完成的发达工业国家，普通老百姓家的餐桌也是单调匮乏的——土豆、酸黄瓜和黑面包是每日正餐的标配，肉、蛋、奶制品只有在节假日改善伙食的时候才会出现。

狄更斯曾经评价工业革命前后的那个时期："这是最好的时代，也是最坏的时代。"一方面封建制度在开始崩坏前达到了最黑暗的模样，另一方面制造业和商业的崛起开始让长久以来阶级固化的社会出现了阶层流动。新兴的中产阶级和暴发户们从生活消费层面打破了贵族们对奢侈品的垄断。人们将迅速累积的财富绝大部分用于生活的经营和改造——大量消费奢侈品。而贵族们在这一时期的迅速没落，使得阶层格局产生了巨大的变化。追求奢侈是获得纯粹的物质快乐的最快捷径。桑巴特认为：这是因为一方面是蒙昧无知的人除了从生活中得到诸如大量享乐品提供的那种纯粹的物质快乐外，别无所能；另一方面是急切想跻身于有教养社会的愿望。野心和享乐，这两个因素一起推动着新贵的奢侈需求。因此，历史上财富的增长和奢侈的扩展有着一样多的发展阶段；二者都始于"新人"的出现。[①]

人们将迅速获取的财富用于奢侈品的消费在现代社会中是非常普遍的事。如果从马斯洛需求金字塔的角度去解读奢侈消费，当人们的经济能力已经能够充分地支持日常所需，为了进一步满足社会的角色地位归属，以及精神上的自我实现，人们就会通过消费的方式追求有美学价值的物品、有精神内涵的文化物品和艺术物品。对奢侈的追求反过来也在推动着工业制造、产品设计和对外贸易的发展。长久以来，因为阶层的固化，贵族（old money）的数量不会有巨大的波动。然而，

---

① 桑巴特. 奢侈与资本主义 [M]. 王燕平，等译. 上海：上海人民出版社，2000:104.

当大量的暴发户（new money）、中产阶级出现，大家对美好生活的向往，对高级物品的渴望，使得市场出现了供需的真空。

17 世纪以后，家庭内的奢侈需求开始由女性主导，下午茶文化的出现也正迎合了女性的社交需求。英式下午茶一直被视为奢侈的消费——时间消费的奢侈，味觉的奢侈——直到今天这样的现代社会也依然如此（人均百元以上的消费，需要几个小时的空闲时间）。甜食消费以及在餐桌上出现的甜点、咖啡与茶饮料中糖的需求，这些都是消费升级之下的奢侈品，也是更受女性消费者青睐的奢侈品。此外，女性对于居所的要求也在推动着空间奢侈地向下合并。装饰艺术以前是教会和宫廷贵族的专享。米开朗琪罗和拉斐尔终其一生为梵蒂冈的教堂穹顶奉献出了伟大的壁画作品，其他的艺术家、园艺家、建筑家也为贵族们巨大的庄园提供了艺术设计。一个教堂建筑或宫廷建筑往往需耗费几代工匠的心血，这是平民阶层所不可企及的。然而，当大城市兴起，各类公寓被大批量建造，中产阶级拥有了自己空间足够的居所时，女主人开始希望通过风格化的装饰来对家进行个人化的定义。洛可可风格的出现就是女性推动之下的结果。它被认为是为了反巴洛克这样的宫廷风而产生的，在绘画中不再强调宗教和圣人题材，而更多关注享乐主义，在家居装饰中强调舒适、私密、柔美与梦幻感。在小仲马的《茶花女》里，女主角身为巴黎交际花，她的寓所就是典型的洛可可风格。洛可可艺术将古典艺术从宗教和宫廷题材中解脱出来，将创作服务的对象扩大成有闲阶级，是艺术进一步向平民阶级靠近的过渡阶段。

虽然说洛可可艺术并不是平民化的艺术，也不再是现代审美的主流，但是在今天我们却在洛可可艺术几乎从未真正流行过的中国看到一个有趣的现象：洛丽塔风尚的流行。洛丽塔风尚是从 20 世纪 90 年代开始在日本流行起来的时尚风格和亚文化。[①]洛丽塔风尚受到维多利亚时代服装和洛可可时期风格的影响，服装设计上会大量使用蕾丝、刺绣、荷叶边、缎带、蝴蝶结等装饰。近几年来，你也许经常会在街头看到穿着华丽蓬蓬裙、头上扎着蝴蝶结的女孩子，她们称自己为 Lo

---

① 植田裕子. ロリータ 衣装道楽[M]. marbletron株式会社，2005:2.

娘（Classical Lolita）。一套洛丽塔服饰的定价在上千至上万元不等。出于手工和个性化定制的需求，这类服饰很难实现量产，因此并不便宜，但它却能够让生于全球化和工业流水化商品社会的穿着者们通过服饰的穿戴短暂穿越回那个洛可可的华丽时代。

工艺美术运动：艺术的平民化

工业革命产生了批量的生产，而批量的生产带来的则是批量的消费。卡尔布赫尔的理论认为，手工业为消费者提供产品，资本主义则是为一群未知的消费者提供产品，手工业需要地方市场，资本主义则需要地区间的市场。对于制造商来说，商品销售的压力和制造成本开始产生，大规模制造下的商品需要有足够的竞争力和说服力才能让顾客愿意从商店的货架上带走它们。因此，商品外观开始出现以迎合消费者为目的的审美趣味。然而，在19世纪早期，制造业主们对于工业产品设计的理解是粗浅的，他们认为产品的外观设计只是功能外的附属装饰，并没有将艺术和技术有机结合起来去进行工业设计。产品的外观只是单纯为了满足中产阶级和新富们炫耀的需求。这种错误理解就直接体现在1851年在伦敦举办的万国工业产品博览会上。这是世界上第一次国际工业博览会，原本是希望向世人展示工业革命以来各国工业发展的成就以及现代科技和设计的新型潮流，但是有很多的思想家和设计们却从中忧虑地看到工业极速扩张之下机械化生产的丑陋、被扭曲和破坏的生活美学，以及设计与功能的分离。

工艺美术运动认为是机器导致了对工艺美学的破坏，因此反对机械生产，倡导美术与技术、实用与审美的结合。虽然"反对机械化生产"的理念在工业革命这一历史洪流面前无异于螳臂当车，但是艺术家在商品被不负责任地粗制滥造以及工业发展对自然环境的破坏之下所被催生出的"良心危机"，却从结果层面上推动了现代设计主义的诞生。英国著名的社会活动家威廉·莫里斯（William Morris）是工艺美术运动的倡导者，他提出"美术家与工匠结合才能设计制造出有美学质量的为群众享用的工艺品""真正的艺术是为人民所创造，又为人民服务的，对于创造者和使用者来说都是一种乐趣"等观点，[1]同时反对艺术家的创作只停留在纸面上。而后，英国出现了许多类似的工艺品生产机构，秉持着"既然无法对抗潮流，那就改变潮流的方向"理念，主张"诚实的设计"，反对没有功能价值的过度装饰。而另一位文艺理论家约翰·拉金斯则进一步将设计定义为"小艺术"（相对于造型艺术是"大艺术"），他也认为设计应该是为社会大众服务的，而不只是上流阶层的专属。

工艺美术运动掀起了一股返璞归真的浪潮。崇尚自然、回归田园成为从物质世界到精神世界的一致趋势。在设计制造方面，以莫里斯为代表的田园印花图案成为流行；设计师们更注重材料的选择，并关注商品设计的合适性和自然性。田园主义的观念被广泛认同，小型实用的郊野别墅开始出现，室内装饰呈现出清新自然的风格。他们认为通过艺术和设计来改造社会是艺术在工业革命时代的神圣使命。工艺美术运动的特征最终可以归纳为以下几点：

第一，反对机械化生产，认为机器会对工艺制造带来负面的影响；

第二，在装饰上反对浮夸的维多利亚风格和其他各种古典主义；

第三，提倡简单、朴实无华、良好的功能；

第四，主张设计的诚实、诚恳，反对设计上华而不实的趋向；

第五，在装饰上还推崇自然主义、东方装饰和东方艺术特点。

工艺美术运动虽然在部分观点上存在瑕疵，但它为现代工业设计和现代消费主义开启了探索之门。运动中所倡导的"美术与技术相结合"的观点，以及"工艺的道德感""材料与结构的诚实"等原则，也都在此后的包豪斯和现代设计运动中得到了继承。

值得一提的是，工艺美术运动的推广者们在当时并不是孤军作战。工业浪潮之下的负面影响正在显现出来：普通人是不是有资格追求更有质量的生活？日常的大众消费是否必须建立于"廉价＝丑陋"这个公式上？美好生活的本质究竟是什么？工业是否在将人类与自然隔离开来？在哲学、艺术等各方面，面对人类历史

---

① 莫里斯.艺术与社会主义[M].//程代熙.程代熙文集（第九卷）北京：长征出版社，1999:419.

上的第一次现代化开端，大家都在思索这个文明进程的利与弊问题。现代化的优点和缺点都是明显的，现代化与自然之间的关系是矛盾的，这些问题，200 年前的人类在苦苦追寻着答案，并试图提出各种解决方案。200 年后的今天，人类依然面对着同样的问题，而其中的症结似乎变得更加错综复杂。现代化生活是建立在批量生活和批量消费的基础之上的，而批量生产基于成本和商业道德这两个变量，不可避免地会出现大量的粗制滥造。在电商网站上以极低价格倾销的商品，点开评论区可以看到成百上千的差评投诉。而另外，只注重华丽外观而忽视实际功能的设计频频出现，一些奇葩建筑在网络走红。近几年来，大家对"匠人"和"匠心"概念的提倡，可以看作是工艺美术运动穿越了 150 年时光后的回响。

第二节　现代艺术中的商业镜像

　　这个世界上有许多令人赞叹的都市，它们有着千百种不同的吸引人前往探索的魅力。而如若从生活爱好者的角度，那么巴黎可以说是人类对日常美好生活的最高想象。巴黎既不是最现代的，也不是最古典的，但它却是最日常、最生动的城市。也正因为这样的日常与生动，我们觉得只有它才能装载那些浪漫故事，并让人信服。巴黎的魅力，除了它本身的城市规划和建筑以外，在某种程度上还需要感谢一位印象派画家：雷诺阿。这位大名鼎鼎的印象派画家以巴黎的街景为素材，记录下了一个个美好的巴黎人的日常：塞纳河水的粼粼波光、阳光下的舞会、草地上的野餐，还有喧闹拥挤的咖啡馆……中产阶级出身的雷诺阿仿佛一位小红书重度用户，事无巨细地将消费主义在巴黎盛行的场景描绘、记录下来。

　　印象派是当代人最为熟知的一个画派。这不仅因为其中有着如凡·高、莫奈、雷诺阿等这些伟大的艺术家，更重要的在于，印象派的画作让观赏者们有着一种亲切感——几乎很少有人说自己看不懂印象派的画作。他们喜欢画教堂的尖顶、火车的蒸汽、疯狂的草垛、纷乱的街道，相比旁边古典绘画展厅中正襟危坐的公爵夫人和以高度完美的油彩涂了一层又一层的宗教故事，印象派的画家们仿佛在用画笔与我们闲拉家常："今天的天气真好，看那阳光映在树叶上……我刚从咖啡馆回来，遇到了一个有趣的人……"

　　印象派在今天给我们带来的是亲切感，但在当时给主流的学院画派带来的却是惊吓。在此之前，将日常生活作为绘画的主题被认为是不入流的。毕竟，艺术一直以来都是为教会和上流社会服务的。然而在莫奈、雷诺阿们的眼中，城市的一切都是那么生动，普通大众的生活远比矫揉造作的贵族们更值得用画笔去记录。而户外的大自然难道不比室内的静物更勃勃生机吗？"出门去吧！"这些年轻的画家们说："到街头去，到公园去，到铁轨的尽头去！"

与此同时，一位法国诗人、作家和评论家夏尔·皮埃尔·波德莱尔（Charles Pierre Baudelaire）为印象派们写下了一篇被后者引为核心精神的文章：《现代生活的画家》。这篇文章的许多观点被不断收录为印象派的基本原则，譬如"对于行为的速写，对资产阶级生活的刻画……存在一个变化速度极快的问题，这要求艺术家们以同样的速度去完成创作"。他激励艺术家们于现代生活中"从短暂中发现永恒"，他认为这才是艺术的根本意义——在日常之中抓住普遍的法则，日常就是他们的此时此地：当下。

于是，在这个原则的指引下，将自己深度沉浸于大都市的日常生活，成为一个生活的践行者，并从中"观察、思考、感受、记录"，成为印象画派的行动纲领。印象派的画家们将视线投射给了一切日常事物。在他们眼中，这个生机勃勃、因工业革命而在发生着翻天覆地变化的新世界有着无尽的吸引力。那些在学院派看来不值得一提的凡俗事物：街道、咖啡馆、货架、工人、户外的光影……都在昭示着动态的美丽，让他们迫不及待地捕捉下来。印象派的成功，也是消费主义的成功。它终于通过画作将人们的欲望和行动直观地展现在世人眼前，并宣告着一个消费主义美丽新世界的到来。

今天，人们在小红书、抖音上分享的日常生活（美妆试色、好物开箱、旅行Vlog）有可能会被诟病浅薄或过度消费主义，但是这些对"当下"的记录与追求又何尝不是一场当代的"印象派"尝试呢？

从市场的角度来说，印象派大获成功的背后也是中产阶级审美的胜利。长久以来，艺术家们都需要依赖特权阶层的资助生存，印象派因为对官方沙龙的背叛不仅受到主流的攻击，作品也无人问津。将此局面扭转的是一位巴黎艺术经纪人保罗·杜兰德–鲁埃尔（Paul Durand-Ruel，1831—1922），是他看出现代艺术市场正在改变，而那些正在崛起的中产阶级新富们需要欣赏到的是能够脱离旧世界审美趣味的、反传统的艺术。保罗·杜兰德–鲁埃尔最为成功的决策就是将印象派的作品带到了美国这个新兴市场。在这片掘金者的新大陆上，英雄不问出处，当下的一切事物对他们来说都是值得改造且充满机会的。因此，这个因现代化而生的新阶级希望能够看到与他们有关的艺术表达，而不是那些沉闷的宗教题材。"保罗·杜兰德–鲁埃尔预见到这些投机者们愿意购买的是描绘与他们类似的、享受着城市美妙生活的人群的作品。他甚至鼓励两位年轻的艺术家绘制较小的画作，让不那么富有的收藏者可以悬挂在小型公寓的墙上。"[1] 芝加哥美术馆的镇馆之宝是印象派画家乔治·修拉（Georges Seurat）的《大碗岛的星期天下午》（A Sunday Afternoon on the Ile de la Grande Jatte）。这幅作品描绘了在一个悠闲的星期天下午，普通巴黎市民在塞纳河上的大碗岛享受休闲时光的场景：他们划着船、逗着狗，并肩眺望远处的风景；影子投射在草地上，被拉得长长的。这样的周末是属于劳动大众的，没有华丽的矫饰，没有戏剧性的张力，没有需要影射的典故，只有温情和恬然——这就是现代社会所需要艺术家们记录的内涵。

19世纪的商业世界在绘画中留下的镜像不只是在印象派的作品里。为消费主义而生的浮世绘更是向大家充分示范了广告与艺术结合的可能，这也可以看作是早期的商业艺术化。浮世绘是起源于明治维新时期的一种风俗绘画，与其他绘画门类不同的是它从一开始就是为大众而生的。18、19世纪的日本江户正处于鼎盛的商业繁荣时期，浮世绘的主题主要聚焦人们的日常生活、风景和戏剧。因为它是雕版印刷的版画，所以发行量极高，真正做到了审美的世俗化和艺术的平民化。可以说，浮世绘就是19世纪日本的商业海报，供民众消遣和传播。而它生动又大胆的绘画风格也对凡·高、高更等印象派大师有非常大的启发。葛饰北斋的《富岳三十六景》已经成为日本代表性的象征元素，《神奈川冲浪里》里的巨浪甚至

---

① 贡培滋. 现代艺术150：一个未完成的故事[M]. 王烁，王同乐，译. 桂林：广西师范大学出版社，2017:64.

在emoji表情包里都有着一席之地。而后世的日本广告也频频向浮世绘致敬（见图3.1）。

图 3.1　松下电器的浮世绘系列平面海报

第三节　包豪斯与极简主义

　　1982 年的一个夜晚，史蒂夫·乔布斯（Steve Jobs，苹果公司已故创始人）在美国加州库比提诺空荡荡的家中地板上席地禅修，摄影师黛安娜·沃克（Diana Walker）悄悄在旁按下了快门。那年乔布斯 27 岁，刚刚登上了《时代》杂志封面。他给这张照片写了题词："这是一个经典时刻。我独自一人，所需要的不过是一杯茶、一盏灯和一台音响。你知道，这就是我的全部。"（This was a very typical time. I was single. All you needed was a cup of tea, a light, and your stereo, you know, and that's what I had.—Steve Jobs）而这一年，苹果公司的营业额已经达到了 20 亿美元，成为美国的 500 强公司。

　　2022 年，距离照片拍下的日子满 40 年，乔布斯也已经离开这个世界 10 年，苹果公司已经是全世界市值最高的公司（在 2023 年已突破 3 万亿美元）。当人们谈论乔布斯时，会被他卓越的创新思维和天才的商业洞见所折服，同时，作为善于洞察但有些"固执"的产品经理，他对于产品设计要以用户需求为出发点的理念让苹果旗下的多个产品成为 21 世纪商业产品设计的经典案例。设计与实用的完美结合已经深入苹果产品的灵魂，足够简单，足够美观，但又足够好用，这是乔布斯赋予苹果公司的产品价值观。如果仔细解读这张看似随手拍下的照片，你会发现这个被乔布斯评价为经典的时刻的确充满深意：空荡荡的房间并非出于贫困，而是刻意为之。乔布斯是包豪斯的核心设计价值以及极简主义的践行者。房间中剩下的几件物品都是乔布斯的心选之物，包括：一盏 1910 年前后生产的 Tiffany 古董落地灯（2005 年同款拍卖价为 203 万美元）、一组 B&O 音响（用于播放他身后的一叠唱片）以及一块用于打坐的垫子。乔布斯对于物品的要求是苛刻的，必须高度符合审美和功能性才有资格进入他的生活空间（Tiffany 和 B&O 都是各自领域的佼佼者），而这种要求也被充分贯彻到苹果产品的创新和设计中去。尽管《乔布斯传》中披露了许多他对于产品设计师们所下达的不近人情、近乎偏执的命令，但不得不承认 21 世纪许多关于产品和创新的伟大瞬间都是由苹果产品所带来的，它重新定义了手机的外观，以及人们使用手机的方式、人们听音乐的方式（iPod 系列）、看视频以及办公的方式（iPad 系列）。苹果公司的产品设计逻辑是干净且简约的，这也是乔布斯留下的美学精神。在 iPod 和 iPhone 问世前，数码世界里的主流是索尼的黑色工业风格，充满了按键和装饰线条。而《乔布斯传》记述了乔布斯对此的看法，他说："我们会把产品做得光亮又纯净，能展现高科技感，而不是一味使用黑色、黑色、黑色，满是沉重的工业感，就像索尼那样。我们的设计思想就是极致的简约，我们追求的是能让产品达到在现代艺术博物馆展出的品质。我们管理公司、设计产品、广告宣传的理念就是一句话——让我们做得简单一点，真正的简单。"[①]

　　乔布斯深受包豪斯运动和禅宗的影响。包豪斯所拥护的现代主义国际风格告诉人们，设计应该追求简约，同时具有表现精神。它通过运用干净的线条和形式来强调合理性和功能性。包豪斯运动起源于二战前的德国。德国设计和德国制造过去 100 年来对世界的工业设计领域产生了深远的影响。1907 年成立于慕尼黑的德意志制造同盟，是德国第一个设计组织。在英国民众和知识分子抵触工业革命，发起了想要回归人工工匠的工艺美术运动时，当时相对落后的德国却已经明白工业革命的弊端未尝不是一种解决方案。真正的有人文关怀的设计是提升所有人的生活品质，而不是只为精英阶层服务。赫尔曼·穆特修斯（Adam Gottlieb Hermann Muthesius）将英国的经验带回德国，成立了德意志制造同盟。该同盟由一群艺术

---

① 艾萨克森. 史蒂夫·乔布斯传[M]. 魏群，译. 北京：中信出版社，2014:101.

家、建筑师、设计师、企业家和政治家组成，是一个推进工业设计的舆论集团，在其成立宣言中更提出了"通过艺术、工业与手工艺的合作，用教育宣传及对有关问题采取联合行动的方式来提高工业劳动的地位"这一目标。其提倡的标准化下的批量生产，以及对产品科学性与功能性的评价原则，奠定了德国现代设计发展的基石，并催生了国际现代主义设计风格。

包豪斯的产品逻辑

德国小城魏玛，曾经是魏玛共和国的政治中心，也是包豪斯的摇篮。如今来魏玛旅游的人群中有相当大的比例是包豪斯的朝圣者。尽管包豪斯学校在魏玛仅仅存在了 7 年（1919—1925 年魏玛时期），但是对于它的研究和追念在它消失后的 90 多年时间里无时无刻不在继续。包豪斯"Bauhaus"由德文"Bau"和"Haus"组成（"bau"为"建筑"之意，动词"bauen"为建造之意；"haus"为名词，"房屋"之意）。包豪斯的最初影响主要是在建筑学领域，但随着消费工业的发展，包豪斯所倡导的设计美学与实用主义的有机结合受到了以美国为代表的现代化国家欢迎。特别是在二战之后，现代化成为全球大部分国家的发展方向，这使得包豪斯精神无论是在建筑设计、室内设计还是工业设计，甚至现代艺术等方面都得到了秉承和发展。艺术与技术的交织、理性与感性的交融、理想与现实的碰撞，令包豪斯精神既丰富精彩又复杂多样，这是迄今为止世界上任何一所设计院校都不具备的特质。[1]

包豪斯运动的伟大，不仅在于自它而起的现代主义设计，而且在于在包豪斯的影响下，设计师和艺术家们开始思考什么是日常的设计，什么是我们日常的生活。包豪斯诞生于两次世界大战的夹缝之间，战争是对日常生活秩序和生活方式的彻底摧毁。旧世界的版图在变动，欧洲中心论在消亡，人们对过去、当下与未来的认知在产生变化，东方与西方在融合，艺术家们希望找到一种重新定义世界、定义文化的方式，以及具有国际主义精神的设计。

---

① 王雯雯，尚彩云．重读包豪斯：划时代的设计宣言 [EB/OL]．(2016-11-25)[2023-08-17]. http://www.zgmsbweb.com/Home/index/detail/relaId/10641.

法兰克福厨房

20 世纪初期的法兰克福是德国最大的城市，也是工业化水平最高的城市。城市中居住着大量的工人阶级，但老旧的城市街区的原有住宅已经无法满足快速增长的城市人口的需要（见图 3.2、图 3.3）。1925—1930 年，一项名为"新法兰克福计划"的城市规划被批准实施，这个计划包括在 6 年的时间里为法兰克福新增 24 个经济型住宅小区。快速增长的平民阶层需要大量经济型住宅，但旧城中心的街巷却狭窄昏暗，卫生环境恶劣。这些住宅区是经典现代主义和功能主义的重要代表。自"新法兰克福计划"之后，人类正式开启了居住在现代公寓中的城市生活，这也是我们熟悉的有客厅、有厨房、有卫生间以及卧室的经济型结构，可以满足城市生活所需。在新法兰克福计划的住宅里，设计者将现代主义对生活的渴望引入大众住房。这样的住宅关注特殊建筑技术的发展，配有强调功能主义的家居用品。这些住宅关注的是在小空间内高效又舒适的生活方式。[①]这些现代住宅需要考量现代工薪阶层的生活方式——居住空间有限，没有管家仆人，夫妇需要自己照看小孩，每天长时间地在外工作需要高效率地处理家务……于是，一位名叫玛格丽特·舒特–里奥茨基（Margarete Schütte-Lihotzky）的奥地利女性建筑师设计出了造福千家万户的现代厨房样本之作：法兰克福厨房。

图 3.2　工业革命前的厨房　　图 3.3　对于 20 世纪初的美国工人阶级家庭
来说，独立的厨房是奢侈品

---

① 伍德姆. 20 世纪的设计 [M]. 周博，等译. 上海：上海人民出版社，2012:64.

　　在杭州的中国国际设计博物馆中有一套完整的法兰克福厨房（见图 3.4），厨房很小，但不妨碍你能够走进去并细细观察。这是一个在当年的法兰克福工人社区中被广泛使用的厨房，可能会让你感到一丝失望——因为它并没有如它的名气那样给你带来观赏的喜悦，反而有一种司空见惯的平淡感。可能你还会忍不住抱怨："这不就和我家的厨房差不多嘛！"的确，现代厨房的结构设计基本都以法兰克福厨房为蓝本，在全世界各地的公寓厨房中，你都能看到它的影子。法兰克福厨房的面积大约为 1.9 米 × 3.4 米，包括了 15 种厨房所需的物品，如锅碗碟、铝制储物屉、煤气炉、橱柜、碗柜、沥水板、垃圾桶等等，这是舒特–里奥茨基在走访了许多工人阶级女性后，根据她们的日常需求设计出来的。相对《唐顿庄园》中永不停歇供应上百道菜的大厨房，现代公寓的餐饮要求是适合家庭的、快捷高效的，它是现代主妇的流水线车间，L 形的操作台和橱柜布局至今都是宜家厨房样板间的经典款式。法兰克福厨房的意义不仅是建筑上的，更重要的是它将做饭这件从原始人时代就开始的家务劳动变成了一项直观的工作，它以一个独立专业的设备操作间向世人量化了厨房工作的重要性、家庭主妇/夫的地位，以及效率提升的可能性。也是在法兰克福厨房的启发之下，围绕现代厨房的基本结构，许多现代化的厨房用具被研发出来，厨房经济成为现代消费社会中的重要产品类别。

图 3.4　法兰克福厨房，现藏于中国国际设计博物馆

玛丽安娜·勃兰特（Marianne Brandt）是包豪斯培养出来的杰出女设计师之一，她设计出的产品真正实现了将包豪斯的设计理念融入批量化生产的大众用具中。她于 1924 年设计的一把过滤茶壶，是所有现代过滤茶壶的鼻祖。这把过滤茶壶仅有 7 厘米高，内置茶漏，可过滤茶叶。茶壶外形是几何元素的组合，极具雕塑感。对于英国工人阶级家庭来说，喝茶不需要复杂的仪式感，它应该是一件能够让人下班回到家，在几分钟内就喝上并舒服放松下来的事。金属的材质也不怕在频繁的使用中因为磕磕碰碰而被损坏。

提升家务效率、提高舒适度是现代居家生活中的重要课题，而其中厨房的升级是消费升级中的重要领域。在天猫厨房小家电的排行中，空气炸锅、养生壶、豆浆机等厨房小家电备受消费者热捧。厨电产品流行的背后是厨房生产力的解放，也是生活品质的提高。其中空气炸锅是最具代表性也最具创新力的产品。它彻底解决了油炸这件操作复杂且又有健康隐忧的事，这是设计与科技的完美结合。在现代的厨房中，空间是经过合理规划的，厨房用品是经过合理设计的。做饭可以是一件高效同时又充满探索和发现的事，甚至可以是一件解压的事；我们在厨房中烹饪料理、手冲咖啡、享受家庭社交时光……去芜存菁，用设计给生活做减法，这就是包豪斯运动所提倡的设计精神。

少即是多？极简主义生活观

"Less is more."（少即是多）是由德国建筑师密斯·凡·德·罗（Ludwig Mies Van der Rohe）提出的，他是当今著名的现代主义建筑大师之一；同时，他也是包豪斯学校第一任校长沃尔特·格罗皮乌斯（Walter Gropius）的理念继承者。"少即是多"有可能会被误解为"节约"，但其实它更强调的是外在形式和内在功能的平衡，从而避免在设计上过于芜杂的表达。"少即是多"提出后，在艺术领域和设计领域获得了广泛的认同，并最终形成了极简主义风格。

极简主义风格（minimalism）是第二次世界大战之后 20 世纪 60 年代所兴起的一个艺术派系，以最原初的物自身或形式展示于观者面前为其表现方式。极简主义并不局限于艺术或设计，它是极简主义者（minimalist）奉行的一种哲学思想、价值观以及生活方式——"极简主义"生活方式。

极简主义的出现反映了社会大众在消费价值观念上出现了不同的思考。20世纪五六十年代是以美国为代表的资本主义西方国家社会经济空前繁荣的时代，美国经济学家约翰·肯尼斯·加尔布雷思（John Kenneth Galbraith）在此背景下出版了他的著名著作《丰裕社会》。他认为当一个社会越来越丰裕时，欲望越来越多地被它们获得满足的过程所创造。[1]以经济学家的视角来看，消费主义与社会生产密不可分，为了保持生产引擎的运行，需要通过消费变现资本以投入再生产，因此鼓励消费有助于生产的扩大、生产资料的流动以及社会的稳定发展。德国社会学者弗兰克·特伦特曼（Frank Trentmann）在《商品帝国：一部消费主义全球史》一书中提出，虽然现在过剩的商品不会让我们更幸福，但没有这些商品的话，我们会很悲惨。[2]支持消费主义的另一个理由是，购买某种东西对一个人来说是消费主义，对另一个人来说可能是提高其福利的必需品。对于资本主义来说，社会运行的引擎在于消费对经济所产生的推动，这也是重商主义一直被西方政府所推崇的部分原因。然而，重商主义本身是一把双刃剑，一旦缺乏道德和法律的约束，它对公众价值观及环境的负面影响就会开始显现出来。因此，有许多学者认为当一个人占有大量物资，被消费至上的观念所支配时，他会容易被物质和金钱严重裹挟而难以感到真正的快乐。

消费主义在全球的扩散伴随着跨国商业的连锁业务而推进，西方消费主义开始深入影响全球消费者。在一部分人被消费主义俘获心智的同时，另一部分人开始明确反对消费主义。反消费主义的抵抗一方面体现在文化方面，嬉皮士运动中的年轻人自发建立公社，目的在于避免商业化，同时还强调一种简单的生活标准，即将人际关系而非物品放在头等地位[3]；另一方面，反消费主义体现在对环境的关

① 加尔布雷斯. 丰裕社会 [M]. 徐世平，译. 上海：上海人民出版社，1965:134.
② 特伦特曼. 商品帝国：一部消费主义全球史 [M]. 马灿林，等译. 北京：九州出版社，2022:323.
③ 斯特恩斯. 世界历史上的消费主义 [M]. 邓超，译. 上海：商务印书馆，2015:167.

注上。无度的大规模生产带来的是环境问题和能源衰竭。

在美国马萨诸塞州康科德城的郊外，有一个幽静的湖泊，名叫瓦尔登湖。湖的四周被山峦环绕，山上树木葱郁，秋季的时候满山红叶，景色宜人。在1845年7月到1847年9月，一个名叫亨利·戴维·梭罗（Henry Darid Thoreau）的28岁青年独自来到湖区。他伐木开荒，徒手盖屋，与动物为邻，耕植果蔬。闲暇时，他读书、思考、写作，或只是凝视着明亮又深绿色的湖水……他表面简单清贫，但内心丰沛充盈。瓦尔登湖畔两年的经历是梭罗的一场生活方式实验，在实验中他通过让生活回归简单的方式，重新探讨物质与生活的关系。100多年来，有无数人来到瓦尔登湖畔寻找梭罗生活的痕迹，他的那本传世之作《瓦尔登湖》被无数人不断研读。梭罗的这场极简主义生活实验并没有终结于瓦尔登湖，而是如蒲公英的种子一般飘散到全世界各地，萌发出思考的新芽。

梭罗的时代是美国工业和商业高速发展的时代，是机器轰鸣、疯狂消耗资源的时代，这也是梭罗在瓦尔登湖畔收获的最重要的思考：人与自然的关系是什么？生活与消费社会的关系是什么？什么样的生活能够称之为"真正的生活"？他也许没有想到的是，他的生活实验在21世纪被一些人延续着，并更立体地经由社交媒体向公众呈现，其中最著名的就是李子柒。李子柒向世人展示了一种我们熟悉又完全陌生的田园生活，一种被去除了所有现代化特征的生活，一种摆脱了现代物质欲望的生活示范。在她的系列视频中，极简主义并非表象上的简陋和简单。相反，她没有家徒四壁，她的花园和菜园是繁茂的，她的一套衣裙也许需要花费几个月时间才能用手工缝制出来，她使用的器物花色繁多，但各尽其用。一日三餐，她事必躬亲，每餐饭食都从种子植入土壤的那刻开始计算，每一个晴日和雨日都决定着日后的收获。相对于在APP上下单等待30分钟的外卖快餐，李子柒的生活是"复杂"的，也是充满仪式感的，她向观看者们提供了一场又一场视觉上的盛宴，而所有种种最终指向的却是极简主义的生活价值观——在剥离了现代化的各种消费欲望和枷锁之后，回归田园是一种对现代人来说的精神疗愈。李子柒的微博账号有着2700多万粉丝，海外粉丝也突破千万。在她的YouTube频道的评论区，你能够看到 5 种以上不同语言的留言——人类的悲喜在这一刻忽然相通，尽管她的视频没有字幕翻译，但不妨碍位于地球各个时区的人身处在相似的混凝土公寓中，用着相似的网络设备，使用着大部分是 "made in China" 的工业化产品，感谢一个远在四川绵阳深山中的女孩示范了生活的 B 面。

然而，终究每个人很难真正践行这样的隐世索居，我们只能在看完李子柒的视频后打开某个电商 APP 去她的同名旗舰店里下单一份经工业流水线生产的贴牌产品，聊作安慰。在某智库发布的《2021 最具成长性的中国新消费品牌》中，李子柒官方旗舰店 2020 年的销售额为 16 亿元，同比增长 300%。[①]以李子柒冠名的螺蛳粉更是达到了 3 亿袋的惊人销量。虽然她的田园生活是不可复制的，但是田园生活所传递出来的生活价值观却可以变现。买单者们也认同，他们购买的虽然是工业化商品，但同时也买下了对李子柒内容的认可。生活方式的消费已成为当下最为重要的消费方式。

"现代化—自然—生活"这三者之间的关系是微妙的，人们通过各种方式在寻求这三者间的平衡。现代化的社会给生活带来了便利，它将"生活物资"变得廉价且易取得，然而这份"廉价"的背后却是以牺牲自然为昂贵代价的。因此，极简主义在当代被进一步与绿色可持续生活结合起来，在不牺牲现代生活的舒适度和便利性的前提下，通过对物资的减少占用和重复利用来达到"少即是多"的目的。对品牌来说，单纯地鼓励消费者不断消费也许会引起他们的反感，而如果以"长久的持有性""不占有""可循环"为议题进行对话，则能够带来更大的创新空间。无印良品于 2009 年成立了一个名为"生活良品研究所"的内部机构，以"循环的原点，循环的未来"为口号，以"检验过去，思考未来生活"为目标，与消费者进行对话，从需求中推导出产品洞察。它聚焦于生活中最为频繁触及的议题：清洁、收纳、旅行、减压……将环保主义者视为洪水猛兽的塑料制品被赋予美学价值和设计创新，让塑料发挥它坚固耐用的最大价值（而非廉价即弃），没有不必要的

---

① 东哥解读电商. 海豚社发布：2021 最具成长性的中国新消费新国货品牌−beta10 版本 [EB/OL]. (2021−02−27)[2024−01−22]. https://new.qq.com/rain/a/20210227A0AEEM00.

装饰，只讲求百搭耐用，这是极简主义理念的最佳践行。在无印良品所倡导的无标签主义的背后是对资源占有的重新思考。无印良品的现任社长金井政明这样解释他对"拥有"的理解："如果有人问我'你富有吗'，我一定毫不犹豫地回答'富有'。当然，从高价物品或者名牌的拥有数量来衡量，我可能算不上富有。不过从另一个角度来看的话，我是富有的。因为我能够挑选符合自己审美观的物品来过舒适的生活，即便我选的东西既不昂贵也不是名牌。而让我意识到'富有'的另一层含义的，正是无印良品。"[①]

他的这番话与作家三毛另一段写于 20 世纪 70 年代却广泛流传于当代互联网的话有着相似的含义："我不吃油腻的东西，我不过饱，这使我的身体清洁。我不做不可及的梦，这使我的睡眠安恬。我不穿高跟鞋折磨我的脚，这使我的步子更加悠闲安稳。我不跟潮流走，这使我的衣服永远长新。我不耻于活动四肢，这使我健康敏捷。我避开无事时过分热络的友谊，这使我少些负担和承诺。我不多说无谓的闲言，这使我觉得清畅。我尽可能不去缅怀往事，因为来时的路不可能回头。我当心地去爱别人，因为比较不会泛滥。我爱哭的时候便哭，想笑的时候便笑，只要这一切出于自然。"[②]

物质泛滥，社交过度，这是当代社会的流行病症。极简主义在建筑和设计上的应用正在演变为大众风潮。2015 年前后开始的小白鞋大流行，即是极简主义审美和女性主义综合作用下的结果——当代女性不想再迎合男性的凝视——把脚束缚在高跟鞋中了，她们希望获得双脚的解放。这不也正是极简主义所强调的"去除不必要的负累，从而获得身心的自由"吗？建筑中的极简主义思考体现在清水混凝土这一材质上，它展现了混凝土成型后的自然质感，没有额外的色彩，只在表面涂一层透明的保护剂。从前被其他涂料百般遮盖的水泥色，如今却成了工业极简风的代名词。

这个世界上有一些著名的蓝色，如被注册为商标元素的 Tiffany 蓝，它与

---

① 无印良品. 无印良品生活研究所 [M]. 张钰，译. 南宁：广西师范大学出版社. 2013:3.

② 三毛. 送你一匹马 [M]. 北京：北京十月文艺出版社. 2009:112.

Tiffany的珠宝紧密绑定，是物质主义中商品拜物教的象征。在电影《蒂凡尼的早餐》中，奥黛丽·赫本每天穿着小黑裙在橱窗前一边欣赏着珠宝，一边吃早餐。我国台湾作家朱天心在同名散文中形容自己已成为资本主义的女奴时也写道："我需要一颗钻石，使我重获自由。"①而有另一种蓝色却致简致净，它就是克莱因蓝。克莱因蓝以艺术家伊夫·克莱因（Yves Klein）的名字命名。他在1957年创造出了这种独特的令人深深着迷的蓝色。"克莱因蓝"的 RGB 比值是 0 ：47 ：147，但是明确的数据并不能减少人们面对它时的那种震惊——"蓝色是天空，是水，是空气，是深度和无限，是自由和生命。蓝色是宇宙最本质的颜色。"克莱因蓝象征着没有界限，又因为它太过纯净，以至于很难找到可与之搭配的颜色，因此它的冲击力格外强烈。这种蓝被誉为一种理想之蓝、绝对之蓝，其明净空旷往往使人迷失其中。②克莱因在1960年将这种蓝色注册了商标，命名为IKB，即国际克莱因蓝（International Klein Blue）。他对用这种蓝色创作单色画产生了旷日持久的迷恋，身体力行单色美学，从自己的作品中删除了所有富有表现力和代表性的元素，以单色探讨虚空。对艺术家本人而言，克莱因蓝代表着"非物质性"的意义，这种"去个性"的表达却成了最大的个性，以极致的蓝色让其他所有的斑斓都黯然。③克莱因蓝的魅力从艺术界席卷至潮流设计界，在淘宝上输入"克莱因蓝"关键词可以搜索到数以万计的产品。有时候当生活和周遭变得过于纷繁复杂，而人们又对此无能为力时，会需要用这片纯净的蓝色来求得疗愈吧。

---

① 朱天心. 第凡内的早餐 // 王德威. 第凡内早餐 [M]. 上海：上海文艺出版社. 2001:3.
② 泓如. 克莱因的虚无之蓝 [J]. 环境经济，2018(21):70-72.
③ 上海当代艺术博物馆. "克莱因蓝"就要来上海了：一半是天真，一半是执着 [EB/OL]. (2019-04-23) [2022-08-13]. https://www.thepaper.cn/newsDetail_forward_3331476.

第四节　波普运动、广告与消费浪潮

　　1947 年，一个生长于苏格兰的意大利裔男孩爱德华多·包洛齐（Eduardo Paolozzi）来到了巴黎。与当年的莫奈、凡·高们不同，这个男孩没有带着颜料和画笔，他的创作更像是场随性的玩闹。他从一本别人给他的旧杂志上剪裁下一些图像，包括一个衣着性感的女郎、可口可乐的瓶子和 Logo、一架螺旋桨飞机、一个樱桃派以及一只拿着手枪的手。他把这些剪纸拼贴在一张破旧的卡纸上，女郎卖弄着风情，手枪指着女郎，发射出英文单词"POP"（流行），并用大号的字体写着"我坦白"，飞机代表着科技的迷恋，右下角的可口可乐则隐喻着美国大众文化的扩张。包洛齐将这幅拼贴画命名为《我是一个有钱人的玩物》（I was a Rich Man's Plaything）（见图 3.5），并声称这是一件艺术作品。"POP"这个词也第一次出现在艺术创作的语境中。这件作品问世之后在艺术领域引发了强烈的关注和争议，争议焦点围绕在这种直接取材自广告海报材料的创作是否能够被视为艺术作品。而包洛齐则认为：艺术创作应当来源于大众，取材自大众，而高雅艺术长久以来只被少数人享有，基于大众文化所进行的艺术创作才应该成为主流审美。这幅作品充满了消费主义意味，因此也被认为是波普艺术的第一个样本。即便它的诞生距离波普运动为时尚早，但是这件作品向后来的波普艺术家们指出了方向——当代的艺术创作将不再回避世俗生活，它将与年轻时尚一代、流行文化、草率性行为和大众媒体深度绑定。

图 3.5　我是一个有钱人的玩物

　　与包洛齐持相似观点的艺术家们变得越来越多，他们开始重新思考美学的价值。20 世纪初，印刷业带着报业起飞，人们的日常生活中开始充斥着印刷品信息。而报纸和印刷传单的普及让商业广告开始兴盛，并对消费社会在战后的发展起到了积极的作用。广告是消费社会的产物，它与现代商业媒介有着相互依存的关系。商家通过广告将市场和商品的信息进行广泛传播，而传播介质依靠广告获得营收，这是现代商业媒体的生存逻辑。消费者被大众媒体上的广告信息灌输刺激，从而产生了消费需求和消费行为，进一步推动了商业和传媒的发展。因此，也就形成了"商业—广告—大众传播—大众消费者"这四者的传播生态系统。消费社会的兴起，广告作为一种成功的营销战略被广泛使用。在 18 世纪中期报纸大量发行前，使用传单、贸易卡片、布告作为营销策略就已经成为商家惯用的招揽生意的办法。二战后，除了报业的发达，电视也进入了家庭生活，成为 20 世纪最主流的媒体。人们从报纸、电视上获取几乎一切信息，当然这也意味着接收了海量的广告信息。

　　然而，即便广告招贴和电视广告占据了人们日常的绝大部分注意力，并且广告创意是通过精心的创意和设计来输出的，但是似乎人们从未认为广告是艺术作品。大家更倾向于觉得那些挂在博物馆中用围栏和玻璃阻隔起来的才是真正的艺术品，而我们瘫坐在沙发上观看的几秒钟影像，或是街边那些高耸的广告牌上的画面因为带着商业的铜臭和消费的欲望，所以是廉价且不上台面的东西。这样的观点其实时至今日也存在于许多人的观念中，我们一方面大排长龙地去美术馆看多媒体艺术，另一方面又购买各种会员以便跳过任何与多媒体广告狭路相逢的机会。即便借助商业资金的强大驱动力，广告在媒体实验和创意表达方面一直以来都处于前沿的领域，可人们依然觉得被冠以商业的创作是缺乏价值的，不值得被记住。安迪·沃霍尔说："有多少人可以说，他们对《蒙娜丽莎》作为一幅绘画的体验，比他们把它作为一张明信片的记忆更生动？"

在艺术领域，广告图像对人们视觉和生活的大肆入侵使得艺术家们在一开始是慌张无措的。如果将报纸电视之前的时代看作是美学信息有序传播的时代，那么几乎 24 小时都在放送的电视则建立了一个"失序"的信息爆炸的时代。有许多艺术家痛恨电视，他们认为电视制造了粗俗无聊的快餐式文化，让人对美失去了判断力，让真正的高雅艺术变得曲高和寡。但其中的一些人却产生了不同的看法。就如同当年的印象派一样，这些艺术家们决定再度回归到日常生活中去，这一回要比印象派的艺术家们更为彻底。他们以消费社会的"产物"作为油彩和帆布，在大众文化这块肥厚的土壤上尽情探索。他们在商店货架、垃圾场、街头间徘徊……捡拾起最不起眼的材料创作出最具挑衅性的图像，以呼唤一种全新的根植于大众的艺术表达。

波普运动诞生了。

"诱惑是不能抵抗的，你有责任消费和放纵"

这是波普艺术家理查德·汉密尔顿（Richard Hamilton）的名言。在 20 世纪 50 年代，随着战后重建浪潮兴起和经济的复苏，以美国为代表的老牌资本主义国家开始生发出消费主义的幻梦。无论是对商业还是对消费者来说，在经历了前半个世纪的战争和极度匮乏后，在一个相对稳定的社会环境中，对于物质的渴望如同杰克的魔豆荚一般无限生长。厂房中机器轰鸣、高速公路里程数迅速攀升、城市中心是霓虹灯牌的海洋、大型的购物中心成为主流、各种各样的产品被创造出来……对于民众来说，工作稳定、生活富足……各国都在迎来婴儿潮，而伴随着婴儿潮一代的降生，大众对消费品的需求和文化的需求也被极大地激发出来。

可以说，二战后的大众流行文化与消费社会是密不可分的。它不再如从前那般由精英阶层主导，而是与社会大众的生活融为一体。以波普运动为代表，艺术家们与民众生活在一起，以大众文化为主题进行创作。波普运动是审美民主化的实践，它的反叛对象是在当时艺术界占据主流地位的抽象表现主义。艺术家们希望通过各种方式告诉社会大众，艺术不再是封闭的，而是与周遭的事物息息相关。由理查德·汉密尔顿于 1956 年创作的拼贴画《是什么让今天的家庭如此不同，如此富有魅力？》展示了亚当与夏娃的完美未来生活。在画中呈现的是一个几乎所有人都熟悉无比的现代家庭客厅场景：各种时下流行的消费符号被拼贴在画面中，包括一个巨大的印着 POP 的棒棒糖，罐头火腿，电视机、高级收音机和吸尘器，拥有健美身材的男主人，以及在包豪斯风格的沙发中裸露身体的女主人……汉密尔顿发掘了社会对高科技未来持有的乐观主义精神。要知道这是一幅半个多世纪前的作品，但是却清晰地预言了现在大部分人的生活。汉密尔顿又以非凡的远见为"波普（POP）"这个词给出了定义：流行的（面向大众而设计的），转瞬即逝的（短期方案），可随意消耗的（易忘的），廉价的，批量生产的，年轻人的（以青年为目标），诙谐风趣的，性感的，恶搞的，魅惑人的，以及大事件。[①]

波普运动就这样从英国发端，但最终在美国纽约这块消费主义的沃土上发展，到了 20 世纪 60 年代中期，波普艺术已经代替了抽象主义而成为当代艺术的主流。波普派艺术家们更像是一群社会学者，他们通过作品来研究并思考消费社会和大众生活之间的关系，而其中最具有代表性的人物就是安迪·沃霍尔。

---

① 贡培滋. 现代艺术 150 年：一个未完成的故事 [M]. 王烁，王同乐，译. 桂林：广西师范大学出版社，2017:366.

全球化下的生活图景

在讲述安迪·沃霍尔前，我们不妨先来了解一下他的创作背景。二战之后许多国家对战争的破坏性进行了反思，这种反思带来了一个积极的结果，就是各国之间开始进行经济领域的合作。全球化是迄今为止人类最为广泛的跨种族、跨国界合作。它是以商业贸易为中心的各国间互相依存的人类社会发展模式，试图在经济贸易领域通过分工协作的模式带动各国经济的发展，加强地区间的融合与依赖，降低再度发生冲突的风险。这种全球范围内的合作产生的效果是有目共睹的，跨国公司和连锁品牌如同毛细血管一般将全世界连接起来。而其中最为受益的是处于供需金字塔顶端的发达国家。借助各类贸易协定，欧美文化伴随着它们的品牌被输出到世界各地。今天，即便是在海拔4000米的青藏高原或是亚马孙雨林的一家小杂货店里，你都能毫不费力地买到可口可乐。技术的流动、人才的流动以及文化的流动变得更加快速，特别是在冷战结束后，政治间的对立被部分消解，地球的大部分地区都迎来了前所未有的和平与发展。这对于在全球化背景下出生成长的人来说，无论你的国籍归属哪里，大家都共享着同一个消费社会之下的流行文化。

但是全球化也有着它明显的负面影响。它从各个方面改变了不同国家间的生活和生产方式以及文化形态。全球化的背后是标准化和效率化，品牌影响力就是在标准化生产之下信誉累积的结果，一个响亮的名字和图形标识（logo）能够突破语言和文化的屏障进行广泛的传播，并有助于全世界的消费者识别。制造业向低劳动力成本的地区聚集，发达的航运业和航空业将商品从制造地重新回输给高消费的地区。农业结构也在发生着彻底的改变，一方土地上的产物不再只养育着这一方的人们。同样，在以农业为第一产业的地区，农田和林地被改造为经济作物的种植地。一些原本不属于这个地区的作物登堂入室，成为主要农作物。我国的云南和海南省是全球咖啡豆的重要产地，虽然品质与巴西等精品阿拉比卡咖啡豆尚有距离，但其稳定的产量和品质能够满足星巴克这样的巨型咖啡连锁品牌的需求。而咖啡也在影响着当地人的生活方式，喝咖啡甚至已经取代饮茶成为日常习惯。在西双版纳或是兴隆这样的小城中，你能够看到各色如茶水摊般的咖啡店，本地人穿着夹脚拖在喝用新鲜烘焙的豆子煮的咖啡。

在"全球化"口号的背后是地方性自我思考的消失。这种消失既是被动的，也是主动的。信息时代下的消费社会变得扁平化。对地区民众来说，在无差别的信息获取环境下，追求生活水平的一致性变得可行。这种一致性的最终体现是麦当劳在全球开设了超过 3.8 万家门店（截至 2019 年），瑞幸咖啡自 2017 年成立以来开设了超过 8000 家门店（星巴克在中国的门店数量超过 6000 家），万达从一线城市覆盖到五线城市，每到周末全世界城镇居民的休闲生活基本都围绕着喝咖啡、逛超市、买快时尚、看电影展开……人们从各类社交媒体上接收消费信息，又从各个品牌连锁终端（上线或线下）购买。李佳琦的直播间平均单场有超过千万量级的人收看，这就意味着当他在示范一支口红的色号的时候，身处全国任何一个角落的女生都可能接收到了一致的消费信息，并将这个热门色号实施在自己的嘴唇上。因此，现代的流行文化是无差别传播的。如果说从前的民族是因为地区和习俗而紧密相连，那么在当代的文化背景之下，当所有民众都共享同一种消费文化和生活方式时，从某种意义上来说，传统民族/种族的边界线就已经被消隐了。

全球化让世界变成了平的。生活方式也不再呈现地域性的特征，如果说在消费方面我们消除了地域的壁垒，那么区域性的生活方式也在未来有消逝的危险。全球化从经济角度所推崇的"标准化"与"可复制"，不仅作用在商业上，也作用在公共治理领域中。当城市的建设目标变成单一的"国际化大都市"，那么其原有的本土性特征是注定会被抹除的。而城市的虹吸效应，又会进一步抹去周边乡村的文化个性。当城市江河的夜晚统一被灯光秀点亮，乡村的田野变成了花田、开启了一模一样的小火车观光，我们最终得到的是"千城一面"与"千村一面"。

本地文化生发于本地生活，与当地的风物、民俗、传统和习惯紧密关联。在地性是一个地方的气质，它是专一的，也是独一的。它在地域的土壤中向下生长出根系，从语言、建筑、饮食、风俗中汲取养料从而生发出生动繁茂的文化枝叶。

在地性的转向是全球化浪潮涌动多年后社会的重新反思。强势文化对弱势文化的兼并、规模化与个性化的冲突、城市对农村的蚕食，这些都在唤起我们对全球化的再审视。

　　人类文明繁荣的重要因素来自于群体的多样性。而一旦失去了文化和生活方式的多样化，那么人类社会将变得相似而乏味。正因如此，如今在全球各地关于在地商业和在地艺术的运动正在兴起。"本地文化"之于地区民众和地区生活的意义正在日益凸显，归属感也正在被强调。这也是全球化之于反全球化思潮之下寻求的平衡之法。

广告是一种欺骗？

　　全球化经济浪潮对个人生活的改变是史无前例的。这也是波普艺术被催生和发展起来的重要原因。安迪·沃霍尔在成为波普艺术的代表人物前，曾经是一个广告人。无论是广告人的经历成就了他的艺术创作生涯还是他的艺术创作让他成为了一个优秀的广告人，总之他比任何一个艺术家都更深入地思考了广告信息和流行消费文化对人的影响。他认为当今世界上最伟大、最深刻的艺术作品也许不再是卢浮宫里的《蒙娜丽莎》，而是在人们生活中无所不在的麦当劳和可口可乐。他曾这样说道："你在电视上看到可口可乐时，你可以知道总统喝可口可乐，利兹·泰勒①喝可口可乐，你也可以喝可口可乐。你喝的可口可乐和别人喝的一样，没有钱能使你买到比街头流浪汉喝的更好的可口可乐。所有的可口可乐都是一样的，所有的可口可乐都是好的。"

　　那么，为什么可口可乐不能成为艺术品？ 2013 年 11 月 12 日，在佳士得拍卖行举办的"战后及当代艺术"夜场拍卖中，安迪·沃霍尔创作于 1962 年的作品《可口可乐（3）》以 5728.5 万美元的价格拍出。拍卖前，佳士得战后及当代艺术部国际区总裁布里特·高威（Brett Gorvy）就自信地说："如果你想要定义波普艺术，看这

---

① 美国影星伊丽莎白·泰勒（Elizabeth Taylor）的昵称，安迪·沃霍尔以她在电影《巴特菲尔德八号》中的剧照创作了作品《十位利兹》。

幅画就够了，因为它含有两个最具代表性的元素：可口可乐和安迪·沃霍尔。"^①这幅作品意味着美国的通俗文化终于摆脱了欧洲精英文化的阴影。在获得了全球第一经济体的地位后，美国品牌和美国文化被整体打包席卷全球。而当你在纽约的现代艺术美术馆（MOMA）亲眼欣赏这幅作品时，可能会产生出一种恍惚感：你到底是在欣赏一幅艺术作品，还是在看一个可口可乐的平面广告呢？

安迪·沃霍尔另一个钟爱的创作对象是金宝罐头汤。1962年7月，沃霍尔以32幅《金宝汤罐头》系列画作举办了自己的首个波普艺术展，至今这32个罐头仍在世界现当代美术史上占据一席之地。这是一幅版画（版画的属性也是在挑战艺术的不可复制性），上面整齐排列着32幅金宝汤罐头，每一个罐头都有不同的口味，它们被整齐而又机械地排列着，硕大的logo宣告着它们的商品身份。它们几乎不存在一丝来自艺术家自身的印记，就如同广告海报那样展示着罐头自身，观者仿佛站在一个杂货店的货架前挑选自己想要的罐头汤。这种重复的特点也在隐喻着现代广告可以无限复制的特性——消费者每天的日常就是接受广告的狂轰滥炸。安迪·沃霍尔利用着这种"重复性的单调"来挑战"艺术创作应当是独一无二的"这条金科玉律。《金宝汤罐头》让安迪·沃霍尔成为波普艺术中最受瞩目的艺术家，而他的创作风格也成为波普艺术的特征：对大规模生产和消费文化的极度痴迷。如果你是安迪·沃霍尔的粉丝，对他的致敬不一定要通过他的展览或是去纽约的MOMA观赏"真迹"，只要去超市下单一个金宝汤罐头即可，安迪·沃霍尔当年设计的包装直到今天还在被使用。当你将这个罐头吃掉并垃圾分类的这一刻，也许才是安迪·沃霍尔最愿意看到的波普时刻吧。

如果将波普艺术家的作品和之前的艺术作品放在一起，你会体会到波普艺术的惊世骇俗。印象派的绘画也根植于生活，但是艺术家们更关注自然环境与生活的关系，他们注重刻画生活的美学印象，淡化了商业的痕迹。而波普艺术则进一步地将精英主义从艺术创作中抹除，赤裸裸地聚焦了生活中的柴米油盐。将可口可乐、罐头甚至美元、明星等商业对象置于画布中央，在当时这是巨大的创意，

---

① 沃霍尔. 安迪沃霍尔的哲学：波普启示录[M]卢慈颖，译. 南宁：广西师范大学出版社. 2011:168.

完全打破了高雅与通俗的界限。安迪·沃霍尔还尝试以胶片制版和丝网印刷，将艺术纳入"复制""量产"程序。他将自己位于纽约东区47大道的银色工作室称为"工厂"，在这里，艺术和商业彻底融合在了一起，流水线上批量印刷着他的作品，艺术中一直所强调的技巧和原创性被彻底地摒弃。他的作品没有"原作"可言，全是复制品，他就是要用无数的复制品来取代原作的地位。只要别人付钱，他就愿意帮助其生产版画、海报或者广告。更惊世骇俗的是，很多作品甚至根本就是他的助手完成的，名字则是他的母亲代签的。安迪·沃霍尔痴迷于这种现代工业之下的重复性，他认为不断的重复是消费社会的本质。

沃霍尔对于大众传媒的传播能量也有着强烈的探求欲，当一件普通的事物经由报纸、电视传播，能够达到人尽皆知的效果，这样的能力和能量是惊人的。电视机彻底改变了人类接收信息的方式和生活方式，我们的客厅被摆放成围绕电视为中心的格局（直到智能手机将这一格局打破），人们每日坐在电视机前等着被灌输信息，而这些信息被设计成滚动播出的形式以确保你不会错过。滚动的新闻让即便像"9·11"这样的事件都能让人最终感觉麻木，滚动的广告让人无比厌烦但又记住了产品名称。电视工业将人类社会推入了娱乐至死的时代，小小的屏幕仿佛一个巨大的黑洞，千千万万的人向往着被吸入并出现在屏幕的世界中。虽然过渡到了移动上网时代，电视机的大屏被替换成了手机的小屏，但人类反而花了更多的时间如饥似渴地盯着这块小小的屏幕。安迪·沃霍尔是这个时代的最佳预言者。他在半个多世纪前就做出过预言："在未来，每个人都能成名15分钟，每个人都能在15分钟内出名。"当我们刷着抖音、快手，每每双击点下的赞，都有可能让一个人一举成名。

安迪·沃霍尔所预言的未来，是我们的当下。电视工业并没有消亡，它进一步地进化为更适应网络的模样——几乎所有的明星都在参加真人秀，几乎所有的偶像都无法摆脱流量。普通人想成为网红，拥有1万的粉丝就可以成为KOC，拥有100万的粉丝就能被大家称为大V。而无论是KOL演员、歌手还是企业家、脱口秀艺人以及任何普通人都在带货或卖货，通过直播、Vlog，从十几秒到每天几个小时……消费者们（曾经也被叫作观众）躺在同一张沙发上不断地滑动大拇指观看手机视频并点击下单……每天都有人上热搜，每天都有无数的人在制造热搜，无数的品牌排队等着上直播间，主播一场直播可以推荐300多件商品，还有1亿多的消费者蹲守到深夜争抢下单。人的传播力在网络媒体下被放大到极致，品牌极度依赖广告制造出消费欲望的幻象。人们越来越难以辨别："我真的需要它吗？"对于社会身份的焦虑被折射到了对于"拥有"的焦虑，我们通过不断地消费和拥有，来换取对自身劳动价值的证明。那些"996"工作中的压力和焦虑，被释放到消费中去，释放到不断刷新手机屏幕而获取超出自身需求的资讯中去。

这是一个安迪·沃霍尔未曾经历的大众娱乐时代。人人都在自娱，人人都想成名，人人都大量消费，现代艺术和现代消费真正融合成了一体。

第四章

"买买买"与断舍离：消费主义的加法与减法

一个典型的德国人拥有 1 万件物品。2013 年，英国人总共拥有 60 亿件衣服，平均每个成年人 100 件，其中四分之一从未被穿过。

——弗兰克·特伦特曼《物品帝国》①

　　人类的历史经历了相当漫长的匮乏时期，匮乏的记忆从未离我们远去。农耕时代，物资的多寡仰仗着天气，许多的神明被塑造出来庇佑一方土地。而纷繁的战争又会将一切摧毁，一切都朝不保夕。人类文明就在战争与和平间交相更替，战争推动着技术的跃进，而和平滋养着文化的繁盛。追求富足安定已经被刻进人类的 DNA，自原始社会起，拥有资源的多寡就决定你是否能够在恶劣的条件中存活下来。而战争更是对于生产资源的争夺。根据《中国历代战争年表》的统计，从公元前 3000 年起一直到 1911 年清朝灭亡，成规模且有史料佐证的战争一共有 3806 场，平均下来，每年 0.7 场。②战争对社会经济和个人财富的积累有着巨大的负面影响，颠沛流离、朝不保夕的生活让马斯洛需求层级的最底部都尚不能满足，更谈不上追求生活的舒适和娱乐。因而，二战之后的几十年可以说是人类社会大部分地区最安宁稳定的休养生息期，中国人自 50 后算起都不再拥有本土战争的经历。对于欧美大陆来说，高福利制度下的社会治理也仰赖于长期和平环境中的生产资料能够以较低的成本实现流动，商业和工业能够稳定开展，从而积聚起大量社会财富。

　　消费社会的基础就是和平稳定。在经济学中有一个词语叫：消费者信心指数。

①　特伦特曼. 商品帝国：一部消费主义全球史[M]. 马灿林，等译. 北京：九州出版社，2022:3.
②　中国军事史编写组. 中国历代战争年表[M]. 北京：中国人民解放军出版社，2013:99.

消费者信心指数是反映消费者信心强弱的指标，是综合反映并量化消费者对当前经济形势评价和对经济前景、收入水平、收入预期以及消费心理状态的主观感受，是预测经济走势和消费趋向的一个先行指标。其由消费者满意指数和消费者预期指数构成。前者指消费者对当前经济生活的评价，它们分别由一些二级指标构成——对收入、生活质量、宏观经济、消费支出、就业状况、购买耐用消费品和储蓄的满意程度。后者指消费者对未来经济生活发生变化的预期，包括对未来一年的预期以及未来两年在购买住房和装修、购买汽车和未来 6 个月股市变化的预期。指数数值越高，表明消费者信心越强。[①]

当社会和谐稳定，大家对未来充满信心时，消费者指数会升高；而当大家对未来的生活状况缺乏信心时，指数则会下降。这一点从新冠疫情上就能看出端倪。疫情持续的三年多来，涌现了几个新词：恐慌性囤货、宅家经济、报复性消费、报复性存钱、疫情次生灾害……这些都基于大家对未来的不确定感。当疫情突发，出于未知的恐惧，人们涌进超市疯狂抢购生活必需品，清空货架。2020 年的春节，全国人民度过了一个忐忑不安的农历新年，大部分人生平第一次经历居家隔离生活。伴随着不安的情绪，精神娱乐的需求增加了，在线的娱乐性消费出现了大幅攀升。视频网站的会员充值、播客、直播、游戏类消费成为宅家经济中的主力消费品。当疫情风险降低，生活秩序开始慢慢恢复，报复性消费出现，大家通过购买非必需品来试图自我慰藉。在 2003 年非典疫情结束后就曾经出现过一根报复性消费反弹曲线；但是到了新冠疫情，报复性消费却并未如商家期望般的猛烈。当新冠疫情在全球范围内肆虐时，疫情的次生灾害开始出现，宽松的货币政策下房价与物价齐飞，航运和原油指数攀升到历史高峰，旅游业和餐饮业受到重创，大量失业人口涌现。人们在疫情中认识到了两件事：一是一份稳定的工作非常重要，二是一个固定的住所非常重要。原本是月光族的年轻人开始报复性存钱，消费支出趋向集中在以安全为目的的消费——全球各地的房产中介突然发现房源变得抢手了。在浙江杭州这样的限价摇号的房地产市场，自 2020 年起楼盘万人摇号的盛

---

① 陆雄文. 管理学大辞典[M]. 上海：上海辞书出版社，2013:58.

况几乎每月都会发生。而到了 2023 年，装修的热潮又起，经过 3 年的居家生活，大家认识到一个舒适的居家环境非常重要。

因此，从某种意义上我们可以这样去理解"消费—消费者—经济社会"这三者之间的关系：在富裕世界以及越来越多的发展中国家中，身份、政治、经济和环境都受到我们消费内容和方式的重要影响。[①]英语中"consume"这个词最初来自拉丁语"consumere"，后者第一次进入法语语系是在公元 12 世纪，并经由法语进入英语和其他欧洲语言中。在那个时代，它意味着物资的消耗和耗竭。亚当·斯密（Adam Smith）在《国富论》中提出："生产的唯一目的无疑是消费。一国居民每周或每年的收入，虽然都是用货币支付的，但总是跟他们用货币所能购买的消费品量有关。这么一来，他们的全部收入等于消费品的价值。"[②]马克思在《资本论》中也阐述了消费与社会的关系："一个社会不能停止消费，也不能停止生产。社会所消费的生产资料，只有被数量相等的新物品所替换的时候，社会才能在原有的规模上再生产或保持自己的财富。"[③]再来回顾疫情期间的经济激励计划，除了宽松的货币政策、减免税收外，世界上许多国家都通过不同程度的消费激励计划——直接发放现金或是代金券，鼓励民众"买买买"。这些手段其实是从政府角度对提升消费者信心指数的积极干预，因为只有通过刺激消费，让消费者把钱花出去而不是存起来，实现货币的正常流通，才能让社会各产业尽快复苏，恢复市场供需平衡，从而实现经济正常化。

所以，当我们问为什么电商直播和社区团购的元年被普遍认定为 2020 年时，其实不难发现，作为宅家经济中的代表性服务，直播和社区团购正是通过技术手段解决了疫情期间的消费障碍。新冠疫情减少了冲动性购物，非计划性购物行为开始转变为预先计划行为。消费者必须学习预先规划大多数日常活动——逛商店、进行社交活动和外出就餐等，而这些活动曾经都是随性而至的。消费者渴望找回

① TRENTMANN F. Empire of Things[M]. Harper House, 2016:473.

② 斯密. 国富论[M]. 唐日松，等译. 北京：华夏出版社. 2005:432.

③ 马克思. 资本论[M]. 郭大力，等译. 上海：上海三联书店出版社. 2013:314.

这种便捷性，并依赖数字渠道来获得同等程度的灵活性。当经济出现低迷，消费支出会本能收窄，因此便捷性将在购买决策中发挥重要的作用。消费者倾向于选择便捷性的服务，并寻找那些最重视安全，同时最大限度地减少原有偏好和购物改变的商业模式。电商和社区团购通过宅家期间消费者将更多注意力投入互联网内容并将注意力转化为消费力，从而达成了爆发式的增长。

第一节　我们为什么而买

"品位、外表和生活方式定义了我们是谁，想成为什么样的人，以及他人眼中的我们。"

——弗兰克·特伦特曼《商品帝国》①

食物、水和空气，这三件事物让我们能够活着。在文明出现前的几十万年中，人类与其他大部分动物一样，只需要这三件事物便能活着。在相当漫长的历史中，仅仅为了食物和水源，人类就需要拼尽全力。作为高智能生物，人类开创了文明纪元，智慧的头脑让人类从此走上一条与所有生物都不同的道路。智慧的头脑生发出超越本能欲望的需求。人类发明了货币，实现了物物交换，于是农夫换来了猎户的兽肉，猎户换来了渔夫的鱼，渔夫有了织娘的衣服，物资在流转，需求在滋生。工业革命的重要意义在于它用技术改变了人类社会几千年的生产效率。它的本质是复制，帮助生产者高速复制出大量的吃穿用物。对于完成工业革命的地区来说，马斯洛的底层需求从此被满足，人们不再为生存而消费。而之后呢？无数新的需求又滋长出来，提升生活品质或是改变生活方式，永不满足。可以说，很多人一生中的大部分消费都不是生存消费。

以主食摄入为例，新中国成立后中国人经历了从粗粮到精细粮再到全民主张

---

① 特伦特曼. 商品帝国：一部消费主义全球史 [M]. 马灿林，等译. 北京：九州出版社，2022:3.

吃粗粮的一个过程。这是历史的倒退吗？并非如此，这其实是一个消费理念的升级过程。新中国成立前的战争时期，粗粮是国民主食的主流，精米面和富含油脂的肉食只有重大节日和富裕家庭才有，这从传统的年夜饭菜单就能看出；改革开放以后，物质逐渐丰裕，温饱问题解决，吃饭不再只是为了吃饱，而是变成了可以愉悦身心的娱乐化行为……得益于工业化革命的我们很快学会了复制出一系列好吃的、好看的、吸引人的餐饮——火锅可以外卖到家，炸鸡啤酒可以变成日常消夜，五星酒店自助餐是聚餐团建的好去处。在快乐放纵的饮食无原则习惯下，肥胖、高血压、高血糖开始威胁到各年龄段的人群。于是，这几年，绿色饮食的风潮开始兴起，粗粮又开始回到了许多人的餐桌上。吃糙米、食粗粮，应季而食成为流行。

藜麦，21 世纪的超级食物

藜麦，古代印加帝国的主食，但伴随着帝国的覆灭，它被打入冷宫，只在少数部落聚居地种植。然而，随着NASA（美国航天航空局）将其列入太空移民食物，以及联合国粮农组织盖章认定其为"最适宜人类的全营养食品"，藜麦顿时成为21世纪最流行的网红主食。它的高膳食纤维、优质蛋白含量，以及低GI（升糖指数）完美迎合了现代社会对健康摄入的要求。当低碳水饮食、撸铁增肌成为健康共识，在超级猩猩健身后与健身小伙伴一起点藜麦沙拉才是当代城市青年的时髦生活方式。沙拉也因为加入了这种味道寡淡但又颇具口感的材料而身价倍增。在下厨房APP中，藜麦的食谱超过上千种。这种本生长于南美高原的植物，曾经被殖民者带来的小麦打败而出让了耕种土地，又因为现代战争而失去了它哺育的古老文明。如今它却因为自身的营养学价值而被大众追捧，迅速融入了各个国家的烹饪方式，出现在了四方的餐桌上，并经由社交网络成为网红食品。不知道这算不算是神秘的印加文化与21世纪现代人类的隔空握手呢？

现代社会的消费往往带着社交标签。食物需要完成的路程不仅仅是从餐桌到胃，如今它已被连上长长的网线，出现在朋友圈、Vlog里。成为网红食物，不能只有美味这一样要素，故事性、话题性、颜值缺一不可。藜麦的流行，正是这些要素共谋的结果。与此同时，消费的符号化是当今消费社会中的一大现象。在消费社会中，商品不仅具有使用价值，还具有符号价值，个体与个体之间往往会以符号消费为纽带建立起一定的联系，从而形成圈层。而这种纽带的实质往往是在符号消费上所体现出的内部成员所共同的行动经验与审美情趣，且群体之间的不同也源自这种符号消费上的差异。①

吃藜麦的背后是对时髦生活方式的追求，是对时下流行话题的加入，也与美式黑咖啡以及 BMI 一样是健身圈层的社交准入门槛。它是食物，也是消费符号。一份原本只卖 50 元的蔬菜沙拉，因为藜麦的加入升值为 70 元，其中 20 元的溢价是我们购买的生活方式入场券。

所以，你是真的爱藜麦吗？

种草，拔草

近几年来，广告行业的形态发生了剧烈的改变。广告已不再是品牌用来吸引消费者的唯一途径。社交媒体成为商品信息交换的巨大土壤，消费者的身份也不再是单纯意义上的"顾客"，他们同时又是网络媒介中的信息生产和传播者。网络媒介出现前，营销界在研究消费者行为时使用的是由美国广告学家 E.S. 刘易斯在 1898 年提出的 AIDMA 模型（attention 引起注意、interest 引起兴趣、desire 唤起欲望、memory 留下记忆、action 购买行为）（见图 4.1）。广告主通过在大众媒体（广播、电视、报纸和户外广告）上的投放，让消费者完成从引发注意到最终购买的过程。由于传统媒介的信息流动是一种从媒体端到受众端的单向式推送，因此第一步激发注意力变得尤为重要，这也是为什么在很长一段时期内营销预算都集中在铺天盖地的多渠道投放和黄金时间段争夺上。虽然一句连播三轮的复读机式广告"今年过节不收礼，收礼只收脑白金"未必受消费者的喜爱，但不可否认的是它不仅

---

① 王树良，谌椿. 自我认同与符号消费：网络自制节目中的符号建构研究——以《奇葩说》为例[J]. 国际新闻界，2016,38(10):42-53.

吸引了注意力，也强化了记忆力——当我们在超市挑选礼品无从下手时，脑白金竟成了下意识的选择。

图 4.1　AIDMA 模型

　　然而，当消费进入互联网时代，逃避广告信息成为品牌与消费者之间的一场猫鼠游戏。一方面是弹窗广告、贴片广告、RTB广告等各种手段被发明出来捕捉消费者，另一方面是网民们通过购买会员等方式极力逃避观看广告。同时，社交媒体这种去中心化的内容传播模式，使得对消费者进行大面积广告轰炸这种围猎式的方式已经逐渐失去效用。因此，2005年日本电通传媒集团在AIDMA模型上增加了两个具有互联网属性的"S"，提出了AISAS模型（见图4.2）。这两个"S"是几乎每个网民最常见的网络行为：search（搜索）和share（分享），这也是Web2.0互联网玩法的底层逻辑。信息在搜索和分享之间传递，网民被分为了两大类：影响者和追随者。拥有更多追随者的影响者创作的信息能够被更广泛地分享出去，从而获得更多的追随者。意见领袖的影响也远远超过了传统媒体。这使得传统媒体丧失了原本优越的广告分发地位。当消费者不再看电视、读报纸、听广播，这也意味着他们不会再接收到这几类媒体上的广告信息。而微博、微信这类社交内容平台对于传统广告是不友好的——广告主通过购买注意力的时间而让受众强制观看这件事在社交媒体不再奏效。所以，你几乎很难看到用户会主动转发无聊的广告信息。此时，一个拥有话语权的意见领袖显然比媒体更具有说服力和影响力。口口相传这种古老的传播方式又回到了舞台的中心，它拥有了一个更现代的称呼：

口碑传播。如今，当我们搜索任何一件商品几乎都能找到上万条相关的信息，这些信息大部分来自消费者评价。各大平台都致力于建立起一个复杂且力图公正透明的评价体系，并通过各种奖励手段激励用户留下自己的评价。一个大众点评的V8用户，每月可以获得数次霸王餐的机会，因为他的评价对餐厅来说意味着评分和客流。

图 4.2 AISAS 模型

网民的身份也发生了转变，他们既是互联网信息的生产者，同时也是互联网信息的消费者。这种在同一媒介上形成的消费行为闭环也被网民们戏称为"种草"和"拔草"的过程。商品信息不再通过叫卖式的广告进行编码，而是变成了由用户自发生成的评价、评测和评分。病毒裂变式的传播也让品牌发现，一次成功的口碑营销效果，如同用一根杠杆撬动地球，可以远远超越以往广告的辐射范围。于是，口碑效应如春风化雨般让消费欲念的草芽萌发—生长—燎原。李佳琦的一次口红试色可以一夜之间让某个色号全球断货。当然，一场手机跌落评测也能够让彼时还是锤子手机CEO的罗永浩愤怒约战评测大V王自如，从而引发全网围观。

成为网红是当下这个营销时代的成功密钥。餐厅要成为网红，主播要成为网红，景点也要成为网红。网络将消费者的从众效应放大到了极致，手机摄像头成为不能缺席的体验工具。正如我们在第一章中所谈到的星巴克猫爪杯和惠灵顿牛排，它们充分给予了消费者记录与分享的红利（bonus）。此时的消费不再是个体获得的商品体验，更重要的是它所赋予的分享乐趣及后续影响力。因此，我们也不难理解为什么品牌联名和IP限量发售是当下营销中流行的手段。品牌让分享成为消费的动机。新店的排队玩法让消费者心甘情愿地贡献出自己的朋友圈和小红书。新品发售时赠予KOL的体验礼盒是一种高性价比的双赢合作——KOL们能够赶在第一时间发布体验报告从而积累更多的影响力。

第二节　谁在让这个世界无节制消费

不知道从什么时候开始，

在每个东西上面都有一个日期，

秋刀鱼会过期，肉酱会过期，连保鲜纸都会过期。

我开始怀疑，

在这个世界上，还有什么东西是不会过期的。

——《重庆森林》

"计划报废"与无节制消费

2020 年，英国广播公司 BBC 制作了一部关于消费的纪录片《无节制消费的元凶》。在这部纪录片的开头，导演通过揭示灯泡的秘密向观众们普及了一个被制造商们隐藏的词语——"计划报废"：在 20 世纪 20 年代，灯泡的制造商们签订了《福波斯协议》。以当时的生产技术可以让灯泡的平均使用寿命达到 2500 小时，但为了卖出更多的灯泡以及控制成本，制造商约定将市售灯泡的照明寿命上限设定在 1000 小时，如果有公司违反协议生产了超过 1000 小时使用寿命的灯泡，就会被视为不当竞业，受到处罚。这种人为缩短产品的使用寿命的行为，也被称作"计划报废"。同时，他们拍摄了相关的广告片，通过在电视上反复播放来告知民众灯泡的最佳寿命就是 1000 小时，时间用得越长，灯光将越暗淡。于是，白炽灯泡从一件耐用品变成了易耗品，家家户户都会囤上一些以便定时更换。而事实上，目前最长寿的灯泡已经连续点亮超过了 120 年，网民们专门为其建立了一个直播网页，围观这盏 120 年来未曾熄灭的灯。①

计划报废是工业上的一种策略，即有意为产品设计有限的使用寿命，令产品在一定时间后报废。有计划地使产品报废实际上是一种商业技巧，从长期来看可以给厂商带来好处，因为消费者在产品报废后如果还有继续使用的需求，会再次购买同类产品。②

仔细想一想：是不是有很多电子产品用久了就会变卡、变迟钝，虽然没有到不能使用的地步，但还是会有一种想要换新的想法？这样，商家的目的就达到了。随着时间的推移，产品的使用体验感会因为性能的下降而逐渐变差。但这种人为的变差又被控制在安全范围内，以确保顾客不会转投其他竞品。

通俗来讲，商家会想方设法使你复购和回购的频率增大，大到电子设备，小到超市的牙膏。牙膏商家们会把牙膏的开口做大一点点，使原本的日常消耗品变成"非常消耗品"。不知不觉中，大家用完一支牙膏的速度变快了，就会自然而自觉地去超市去买新的牙膏。

计划性报废已经渗透到许多日用品中。无论是用了几年就越来越卡的手机系统，还是电池容量会不断下降的各类电子设备，消费者已经逐渐形成了"主动报废"的心理习惯。这种换代型的消费并不是等商品无法使用时才更换，而是当发现性能下降时就会暗示自己需要用新一代产品来更替它。数码类产品一年一次的迭代已经成为行规，硬件升级被厂商做成"挤牙膏"模式，确保每年都有新的卖点；电池的损耗度也能够被设定，当充电达到一定次数后电池电容量会变小，从一天一充变成了一天几充；有意提高商品的维修成本，迫使消费者以买代修；将原本的耐用品变成一次性用品，如洗脸巾和拖地湿巾；等等。此外，商家还会通过广告和聘请专业人士来强调新产品比旧产品好用（即便这些新的功能顾客未必用

---

① 百年灯泡的直播网站：http://centennialbulb.org。
② 梁亚，张冲，王元礼."计划报废"现象背后的法律思考[J]. 法制博览，2017(14):244.

得到）。宜家这几年开始重视二手循环这件事，但它也在过去的许多广告中鼓励消费"旧的不去，新的不来"，家居用品应该常换常新。很多人诟病快时尚品牌服装的布料过于单薄，一件T恤往往穿几次就会变形，而这其实正是服装品牌所希望看到的，这样消费者才能够季季都采买新衣服。

计划报废策略带来了企业产能的活跃和技术的发展，但负面效应也是明显的——造成了巨大的浪费和环境破坏——电子垃圾堆积如山，工厂流水线工人为了新品发布日夜赶工，用过即弃的商品与可持续发展背道而驰……但最糟糕的是，这种不断淘汰旧产品、鼓励消费新产品的模式让消费者更容易无节制消费。

消费与浪费，临期产品的大生意

如果在支付宝的搜索栏中键入"临期食品"，你会发现一个叫作"好食期"的频道，里面各种食品和日用品一应俱全，而价格只有正常零售价的一半左右甚至更低，同时在醒目位置会标注出这件商品最后剩余的短暂保质期。"临期产品"，就是临近保质期但未超过保质期的产品（以食品为主），这些商品多是实体零售商卖不完退给供应商的尾货，或是电商平台囤积的余货。

正如电影《重庆森林》台词中说的那样："不知道从什么时候开始，在每个东西上面都有一个日期。"在工业化社会中习得生存之道的我们也许无法确认一个发芽的土豆是否能够食用，但对于任何一件包装食品，我们都知道如何在10秒钟内找出保质期标记。商品不仅有保质期，还会更进一步进化出"最佳赏味期"来提醒消费者尽快食用，以获得最新鲜的风味。面包房每晚8点会打折出售当日的面包，麦当劳的汉堡薯条在制作完成后40分钟内还没有被销售出去则需要按规定丢弃。许多人会痛斥这样的浪费，但其实相对于快餐行业这些看得见的浪费，那些不被看见的在库存中慢慢临近保质期的产品所产生的浪费也是非常惊人的。

在对食品安全有着严格监管的日本，一件食品包装上印着两个日期：赏味期限和消费期限。消费期限就是保质期，是食品可以安全食用的最后期限。而赏味期限是商家推荐的能够保持食物最佳风味的时限，通常比保质期短1/3的时间。

然而正是因为赏味期限的出现，使得日本产生了大量的食物浪费——对于零售商来说，即便商品还未临近保质期，但是为了追求食材的新鲜度和口感，一旦过了最佳赏味期，就不会再向消费者出售了。

数据显示，在 2021 年，临期食品的市场规模达到了 318 亿元，预计在 2025 年将突破 400 亿元。[①]临期食品的主要消费群体集中在 22~40 岁的中青年顾客。这意味着有相当数量的年轻消费者正在学会精打细算。一件临期食品的剩余保质期往往在几周到几月不等，而价格通常在正价的 3 折左右。对于零售商来说，临期食品市场的增长能够加速冗余商品的流通；对于消费者来说，如果确保自己能够在保质期前吃完，购买临期食品无疑是件划算的事。

在餐饮市场，每天也在产生大量的临期食物。许多国家的食品卫生法规定当日烹饪的食物不能隔夜销售，更多的餐饮企业为了保证足够的新鲜度，进一步规定食物只有几个小时的赏味期，超过则需要下架销毁。可以想象，每天会有多少没有变质的食物被丢弃掉。"Too good to go"是一个专为当日临期食品流通所创建的手机应用，它源自丹麦，在欧洲大陆被广泛使用。在"Too good to go"平台上，本地的餐饮商户包括面包房和咖啡厅可以将当天没卖完的食物打包出售，也许是当天剩余的面包，也许是厨房的剩余食材和餐品。其中最受欢迎的是一个食物盲盒功能——Magic Box，盲盒里通常会提供 2~3 道随机餐品，消费者往往只需要花费一道菜的价格就能尝到三道菜，甚至可能来自城中最受欢迎的餐厅。这种食物的销售方式，充满了趣味和惊喜，不仅避免了食物浪费，同时也是餐厅获取潜在消费者的新渠道。自 2016 年上线以来"Too good to go"累计节省了 1055.3 万顿饭，同时减少排放了 2.1 万吨二氧化碳。

无门槛支付的钝感陷阱

还记得上一次使用现金是什么时候吗？第一次使用电子支付是哪一年？从什

---

① 艾媒餐饮研究院. 2021-2022 年中国临期食品行业发展及标杆案例研究报告 [EB/OL]. (2022-03-07) [2023-06-08]. https://www.iimedia.cn/c400/83833.html.

么时候开始发红包、抢红包成了重要的日常社交活动？以及，每次点开支付宝年度账单时是怎样的沉重心情？

每年 11 月的后半月，大家开始"节衣缩食"，一边拆包裹，一边深刻反省自己在"双十一"的购物狂欢，并由此诞生了两个只有电商时代才有的词语："剁手"和"吃土"。前者用来形容在线上购物时那种似乎无法自控的购物行为，而后者则用来表达前者对个人经济状况和生活质量所带来的影响。在电商平台上，任何一件商品都有着详细的说明，也有着完善的售后服务，这种让消费者享受极大掌控权的买卖方式似乎可以让购物过程变得更为透明且理性。然而，为什么我们反而买得更多呢？

在电子支付发明前，让人们落入钝感陷阱的是信用卡。一张塑料制的卡片加一个根据银行谨慎评估给出的透支额度，开启了提前消费的时代。信用卡以透支消费、分期付款、最低还款的方式，一方面让银行能够通过高昂的利息收入获得利润，另一方面让原本量入为出的消费观念被"提前消费，提前享受"的新型价值观所取代。资本主义离不开消费力的驱动，借贷消费是经济社会刺激内需的手段，然而借贷消费又有着较高的心理接受门槛，而通过无现金的实付和循环月账单模式能够在很大程度上减轻这种借贷的心理压力。国外学者也做了实验来验证这一结论：对一场篮球比赛门票进行拍卖，将来参加实验的人随机分成两组，一组参与者使用现金付款，另一组参与者用信用卡付款，实验结果显示，信用卡支付小组平均出价为 45 美元，而现金支付小组平均出价为 25 美元。此外，还有学者提出了信用卡效应，研究结论显示当人们已经习惯用信用卡进行消费时，消费者再看到信用卡的标志后就会被激起购物的欲望。①

在提前消费的影响下，原本被压制的消费欲望被释放出来，在刺激经济的同时，某种程度上又进一步推动了消费主义的传播。而电子支付手段的发明则是在无现金支付方式的基础上进一步打破了实物消费的心理门槛。对于早期的网购来

---

① FEINBERG R M. The Interaction of Foreign Exchange and Market Power Effects on Erman Domestic Prices[J]. Jounal of Industrial Economics, 1986, 35(1):61–70.

说，消费者们尚没有适应先付钱后拿货的交易方式，而支付宝开创的将交易的金额暂时锁住，在买家收到商品确认无误后再打款给卖家的这种保护消费安全的服务提升了消费者在线购物的信心和热情，也极大推动了电商产业在中国的高速发展。更重要的是，无论是电子支付还是信用卡支付，它们都有一个共同的特点——在支付过程中因为没有实体金钱的支出，所以我们并没有特别的流失感。"透支花费＋无现金支付"这一套组合拳带来的是低感知成本状态，也就是俗称的"感觉花的不是自己的钱"。

而小额免密支付和刷脸支付功能的开发则进一步降低了成本感知状态：无需找零、无需密码，支付这个动作在现在的数字时代已被简化到了极致。当支付这件事从心理层面和行为层面都被消解，"买买买"就成了自然而然的事。当支出感知被降低，价格感知也相应变得模糊。

购物欲在使用数字支付方式的时候会被莫名其妙地释放，顾客也会更容易接受高价。当我们拿出钱包进行现金支付时，能够清晰地感受到那些钱不再是我的了。如果重新尝试一个星期只用现金支付，让支付的心理阻力变大，实际支出也许就会明显减少。

消费的心理门槛降低，商家们和支付平台联合将我们的支付行为变得就像呼吸一般自然而然，渐渐地，我们就踏入了"买买买"却不自知的时代。

第三节　电商造节：一场消费的幻梦

中国人有多热爱网购？在这地球上，如果我们称自己第二，那么就没有人敢称第一。网购的优点是明显的，它突破了地理的边界，消融了时间限制，解决了价格不透明问题。它让消费实现了 5W[①]——任何人只要在接入互联网的情况下，就能够在任何时间、任何地点购买任何你想要的商品或服务。

2008 年对中国人来说有许多深刻的记忆点，无论是北京奥运会、汶川地震还是"三聚氰胺"事件，都经由网络社区的传播和话题的共建让网民们感受到互联网信息扩散的速度和力量。而这一年对于电商行业来说也是具有里程碑意义的一年，淘宝在这一年的交易额超过了线下零售商，成为中国最大的"购物中心"。不仅是淘宝，中国电商行业在过去的 20 年间经历了难以置信的高速发展，从综合类电商京东、有赞、拼多多到垂直类电商唯品会、蘑菇街，从卖纸质书的卓越网[②]到连奶茶代喝都能买到的闲鱼。

网购成为主流消费行为的背后是一套经济学逻辑。线下购物环境的发展强烈依赖城市硬件。一座城市要构建繁荣的购物环境需要达到几项条件：去中心化的城市商业、多元包容的文化环境、大量有较强购买力的城市中产、足够的第三产业服务者以及适合步行的城市街区。在 20 年前，能够满足以上条件的城市屈指可数。这也是为什么上海和香港能够比肩东京、纽约成为国际性的大都市，同时也

---

① 　5W，即 what，where，when，why，who 的缩写。
② 　由小米创始人雷军创办，中国较早的电商网站之一，2004 年被亚马逊收购后被改名为亚马逊中国。

被选为各大品牌进驻中国开店的第一站。

逛街若要逛得愉快还需要满足两个条件：效率性和体验性。效率意味着逛街的可收获性要高于消费预期，店铺不只集中在购物中心里，而是连绵不断地沿街伸展开去，让你不知不觉逛上一整天。而中国大部分城市虽然已经发展到去中心化，但依然使用的是"购物中心＋住宅集群"的模式，这种模式的特点就是将周围的人群驱赶到一个地方进行集中消费，万达、大悦城这类的连锁购物中心在招商时也往往是复制粘贴。虽然说能够满足日常采买，但购物体验的丰富度和愉悦性难以与街区型商业的模式比肩。从千城千面到千城一面，这是地产商从开发的经济性与利润角度做出的规划决策。中国的许多城市不仅丧失了城市的个性，也丧失了对探索街区的渴望，这不是刻意规划一条步行街所能解决的。

当城市的街道两边是连绵的住宅区围墙，不断上涨的商铺租金驱离了许多实体店，逛街这件事的乐趣开始急速下降。而与此同时，电商产业将网民们与日俱增的上网时间与消费欲望连接起来，实现了线上零售业对线下零售业的弯道超车。21世纪的中国消费社会是电子化的，全世界几乎没有任何一个国家的政府能像中国政府这样为数字经济和数字化消费创造极为宽松的政策环境。因此当商品经济被接入了网线，国人直接越过了线下商业的繁荣期进入了线上新时代。网络购物让尚未来得及体验线下商业繁荣的国人发现原来只要动动手指，那些日常的、非日常的、本地的、外地的、便宜的、难买的、前所未见的、穷尽消费欲望的商品24小时都待在电商平台的货架上等待着你下单。

"双十一"简史

2009年，淘宝天猫第一次开启了"双十一"活动。"双十一"是一场从光棍节到购物节的转变，天猫希望借助光棍节在国内年轻人群体中已有的热度开启一场购物营销。那些单身的"光棍"们，有脱单的渴望，而"脱单"就需要向心仪的人告白，告白就需要各式各样的商品来作为礼物，而天猫正好就成为提供礼物的平台。[①]

---

① 刘可心."双十一"十一年：光棍节向网络购物狂欢节的变迁研究[J].营销界，2021(3):9-11.

　　第一年尝试的规模不大，却意外地让天猫尝到了甜头，当日的销售量竟突破了 5000 万。而到了 2010 年，淘宝将"双十一"作为大型购物节全面推出，规模扩大，创造出了 9.26 亿元的销售纪录。至此，每年 11 月这个没有传统节日的月份成为中国商家和消费者最重视的月份。相较于这几年"双十一"复杂如高考的满减公式和漫长如马拉松的预售期，早年的"双十一"大促可谓简单粗暴。2011 年的"双十一"，天猫宣布"双十一"当天 24 小时内所有活动产品 5 折包邮，有 2200 家店铺参与了大促，零点过后仅 8 分钟平台成交额就破了 1 亿元，单日总成交额达到了 52 亿元。彼时，大部分网民尚对在线支付心存疑虑，但 5 折的诱惑让大家纷纷开通了网银账户。然而银行与商家仍低估了消费的热情，以致四大行网银服务器在零点抢购开始后宣告宕机。优衣库第一年参加"双十一"由于备货不足，3 分钟内商品全部售罄甚至超售，品牌不得不事后在微博道歉。早期的"双十一"弥漫着群雄逐鹿的硝烟，为了争夺消费者流量，各大平台打起价格战甚至不惜亏本促销。而一天之内急速积聚的订单量也让物流系统不堪重负，"爆仓"的新闻也频现于报端。对消费者来说在一天之内买上几十单，过度释放的消费欲望带来的是"吃土"的自嘲和对无节制消费的反思。

　　"剁手也要买，买完就后悔"，这是很多人在经历了"双十一"之后的感受。但即便如此，"双十一"依然让人难以割舍。"凑满减""不买就亏""一键清空购物车"这些极具爽感的购物行为都经由"双十一"的狂欢而诞生。"过节前省钱，过节后吃土"，消费者在欲望与理智之间摇摆，那么"双十一"的魔力从何而来？"双十一"为中国的消费社会创造了许多空前的纪录，几乎打破了大家对于消费的所有认知。2009 年是中国改革开放的第 32 年，GDP 高速增长，社会整体上行，金融改革成效初显，中产阶级的形成让消费信心逐步增强。大部分 80 后、90 后未曾经历过节衣缩食的年代，工作后又恰逢互联网行业大爆发，不仅工作稳定，收入也不断攀升。与如今的 Z 世代热衷于存钱获得安全感不同，80 后、90 后中的许多人都曾是月光族，月光族不仅有着超前消费的理念，更有着"钱花完了，我的工作依然能够为生活兜底"的底气。这一份普遍的消费底气成就了互联网"买买买"

的文化。

在这个完全属于消费的节日里，所有人对物质的欲望不再加以掩饰。明星们出现在了直播间里，无论是演员还是歌手，如今只需要展示一种才艺——卖货的技能。许多大明星第一次在镜头前不免显得茫然和无所适从，甚至需要依赖一旁的主播示范才能完成卖货人设的演绎。加购、预售、满减、凑单、尾款……这些被平台发明的新词在不断重新定义着消费的游戏规则。以至于在 11 月 10 日这样一个从来不是节日，且平淡又普通的日子里，大家居然会守着电视看一台含"星"量超过春晚的购物晚会，并在零点倒数计时后不是互相祝福而是把购物车中的商品全选付款。

随着"双十一"和"618"的影响力快速扩大，电商平台促销成为各品牌出货的主要渠道，几乎所有品牌都加入了"双十一"和"618"的节日大战。备战期往往提前两个月就开始进行，商家们抱怨只有 24 小时的抢购期让他们很难估算备货量，以至于出现超卖、发货周期长、库存压力大等问题。于是，平台决定从 5 月下旬和 10 月下旬开启预售期，消费者们先行支付定金锁定商品，并在之后支付尾款。从预售到支付尾款再到"618"和"双十一"当日，促销周期被大大拉长到一个月，品牌赢得了更多的促销和备货时间，平台也能够通过预售期的数据分析更灵活地对大促规则进行优化，直播间主播们更得以开设更多的垂直品类专场。然而，消费者们却被这个超长的促销周期搞得精疲力竭。早年简单干脆的"全场 5 折"变成了"满减"，凑单变成了常规操作。商家们试图重新建立起一种新的量化方式，商品价格平摊到了按日支出，以奶茶为计量单位——一台戴森吹风机相当于 178 杯奶茶，6 个月每天仅需支出一杯奶茶钱你就能拥有它。美妆品牌则搞起了买正装送赠品，主播们拿着大号的计算器帮你计算最优价格，精确到 1ml 的单价。超大包装和套装成为商家的主推款，要想享受优惠就必须得买下超过实际需求量几倍的商品，消费变成了囤货，个人买家成了批发商，家中的储物空间被塞得满满当当。当大部分家庭还在忙着消耗存货，转眼间下一次的购物狂欢又在眼前。

大数据技术让原本藏在消费者黑箱中的决策过程透明且可控。睡前玩一下手机已经成为大多数人的习惯，而研究表明人在临睡前大脑额叶活动力减缓，导致理性思维力下降，更容易做出冲动消费决策。亚马逊也在后台数据中发现每天晚上 11 点会迎来一个下单的小高峰。因此，许多商家开始重视睡前营销，直播间的深夜直播也越来越频繁。2021 年的"双十一"，李佳琦在直播间一面提醒要"理性消费"，一面又敲着铜锣把困意重重的打工人喊醒付尾款，一时间冲上了热搜。

然而，电商购物的热闹景象也许接下来很难再看到。2022 年"双十一"，各大电商不再公布平台业绩。2023 年的"618"更可谓冰火两重天——各大平台和商家为了促进交易，祭出了各种招数，内卷达到了白热化，而消费者端却显得静悄悄，几乎无动于衷。大家似乎想明白了一件事：无论你买与不买，商品就在那里。囤货不仅占用了家中的储物空间，消耗不完不仅不划算更是一种浪费。前几年升职加薪带来的消费升级，也在就业寒潮中逐渐回归冷静。想要、需要还是必要，成为许多人在购物前反复问自己的问题。

网购，是放纵还是精打细算

对于电商的造节行为，我们要承认其在经济与社会层面上带来的好处：消费者逐渐形成了"线上消费，价格实惠"的消费意识，电商行业的繁荣也促进了就业和品牌崛起；购物节大促推动物流等行业的产业升级，集体性消费不得不说让参与者感受到了一起"剁手"的快乐，上亿量级的消费者在短时间内制造出的消费能量和多巴胺快乐，也的确展现了一个经济上升社会的乐观景象。

"买买买"这件事是另一种对自我的探索与确认。互联网信息的交融，让人们得以窥探到广阔世界中丰富多元的生活方式。经济的发展带来物质的充盈，旅行的流行拓展了认知的边界，消费升级体现了我们对生活方式的选择与掌控。当我们有能力过上自己想要的生活，消费品就成就了这种生活的外显。尤其是当人们在社交媒体上希望向外界展示自己的生活状态时，消费品似乎是最有力的"外挂"。做一个时髦的城市中产你也许需要 Lululemon 瑜伽裤、%Arabica 的咖啡、马歇尔的蓝牙音响、大卫·霍克尼的画册以及 le labo 香水……如果说对生活方式的追

127

求如同慢慢拼凑一张拼图，那么一件件消费品就是组成拼图的碎片。

购物节的多巴胺效应制造了让人快乐又失去理智的购物行为。尽管商家在促销信息上似乎展示了最为精打细算的消费公式，但当多巴胺的快乐在脑部退潮，一场关于需要还是不需要、必要还是不必要的"哲学"思辨在灵魂深处发生。而电商直播则更是推动了多巴胺式购物的反复无常，一场直播既能创造令人咋舌的买单纪录，也能在直播结束后引发海啸式的退货潮。离开直播间的消费者们逐渐找回了自己的理智，在对自己的需求和本月账单进行二次评估后，毫不犹疑地选择退货退款。而这对于电商来说，直播带来的高销售量和高退货率，也让客服的工作量成倍增长。

走出消费主义陷阱

在一部分年轻人热衷于"买买买"体验的时候，另一部分年轻人开始警惕"消费主义陷阱"。从经济层面来说，一个具有活力的社会是建立在消费的流动性上的，大量购买带动大量生产，因此无论是从企业层面还是政府层面，都希望人们在领取工资后，转身去追求基本生存需求以外的东西，这也是资本主义的底层逻辑。

在让·鲍德里亚（Jean Baudrillard）之前，消费主义被普遍认为是鼓励对物的占有和享受。而鲍德里亚在其重要著作《消费社会》中提出，消费应当被看作是对符号的消费，符号价值是消费文化的核心。人们通过符号化的消费去接近向往的自我。影视作品里的暴发户们经常被赋予皮草、雪茄、金链子等符号以便识别；在新富阶层太太们的聚会中，拿什么样的包可以被看作社交的入场券。2015年，土豪金被视为土豪文化的代表色，土豪金商品受到追捧，其背后是消费拜金主义在网络中的流行。装备党的阵营也在扩大，出门野营并不只是带个帐篷那么简单，从天幕、露营椅到车载冰箱和户外手冲套装，圈层文化与消费符号紧密捆绑。成为什么样的人，有什么样的爱好，归属哪个阶层或圈层，似乎都取决于"你有能力消费什么"。星巴克和瑞幸的竞争也不只是哪家咖啡性价比更高的问题，而在于前者是中产阶级的身份符号，而后者则代表了辛劳的打工人。对于品牌来说，不断制造"只有这件商品才能配得上现在的你"的错觉是让消费者需求不断递增的有力方式。塑造消费价值认同成为广告内容传播的重要任务，"需要"和"想要"之间的边界被刻意模糊。当消费与"成为更好的自己"画上等号，这种被商家营造出来的价值认同会驱使人们心甘情愿地买单。

然而，随着"消费资历"的增长，一些人开始意识到将消费符号贴满生活似乎是一件无止境的事。不断踏入消费主义陷阱会很容易让人陷落到一种"精致穷"的境况。"精致穷"的网络释义是一种生活态度，指的是即便收入不高，但依然向往美好的生活。相对于传统的存钱观，秉持"精致穷"生活观的人更倾向于将生活质量的好坏与消费水平的高低绑定在一起，通过消费换取生活的愉悦度。综艺《奇葩说》曾经就"年轻人追求精致穷，错了吗"为题辩论过。有人认为任何人都有追求更好生活的资格，也有人认为对消费欲望的不加节制只会徒增压力。消费升级的背后，我们的工作时长和工作量也在同时增长。消费主义制造出了一大批新型穷人，为了维系生活的质量，我们害怕辞职，害怕工作变动带来的收入波动，害怕不知道什么时候到来的"消费降级"。

现代社会是建立在工业革命以来的工作伦理之上的，即给予所有人工作，让所有人去工作。通过工作换取劳动报酬，用劳动报酬换取生活所需。工作和生活方式决定了人在社会中的角色与地位，社会的评价体系也依从于职业头衔和生活状态（吃穿住行）。这种社会秩序的形成保证了现代社会底层逻辑的稳定运行。因此，如果将这个逻辑反推，当你企图追求"更多"的生活时，就势必需要投入更多。长期以来，我们的媒体也通过展示"更多更大更好"的生活方式样本来鼓励人们投入工作，固化自己的社会身份，服从社会秩序。进入主流生活意味着放弃部分自由，如说走就走去旅行的自由、频繁更换城市或国家居住的自由、从事跟兴趣有关的工作的自由，当然同时也获得了许多权利——拥有更好的居住空间、拥有带薪假日、拥有医疗保险等。通过服从现代社会的运行机制来满足自身的消费欲望如同一架必须保证平衡的天平，因此当欲望超过自身付出，这种消费所带来的愉悦感就会转变为长期的压力。而许多人发现，如果想要减轻负荷，拿掉一些砝码获得更多的自由，那么最简单的做法就是识别消费主义陷阱，削减消费欲望。

经典的英国电影《猜火车》就对这种对抗社会工作伦理的行为进行了描述，电影主角是一个生活在苏格兰爱丁堡的底层青年，不确定自己要什么，但确定自己不想融入主流生活，他有一段后来被无数青年传颂的台词：

选择生活，选择一份工作，选择职业，选择家庭，选择可恶的大彩电，选择洗衣机、汽车、镭射碟机，选择保养身体、低脂饮食和牙医保险，选择房屋按揭，选择你的朋友，选择职业套装、便服和行李，选择分期付款和三件套西装，选择收看无聊的综艺节目，边看边吃零食……选择你的未来，选择生活……太多选择，你选择什么，我选择不选择。

《猜火车》出品于 1996 年，是 20 世纪的尾声。20 世纪的后半叶，人类开始跑步进入现代化社会，制定现代化社会的运行秩序。大量的家电被发明生产出来用以节省出更多的时间去工作。对于 20 岁出头的电影主角来说，选择这些现代化的商品就意味着选择被社会秩序规训，让渡出个人自由。

2018 年，《猜火车 2》公映，近 20 年后的主角们已经人到中年，并最终成为年轻时所鄙夷的中产阶级。影片给主角准备了一段新的独白：

选择设计师内衣，妄想着能让死气沉沉的关系焕发点生机。选择手提包，选择高跟鞋、羊绒和丝绸，把这些当作你的快乐之源。选择各种社交媒体软件，以及上千种向素不相识的人大倒苦水的方式。选择更新你的主页，向世界宣告你早饭吃了什么，并且希望某个地方某个人会真的关心这些。选择拜访旧爱，拼命相信你没有像她们看上去那样糟……选择播客直播，而人际交往减少到除了数据之外一无所有。选择随叫随到的临时工合同，还要花两小时通勤的工作。选择慢慢屈就于你能得到的，而不是你一直都渴望的东西……选择你的未来，选择人生。

对比这两段相隔了 20 年的电影独白，我们不难看出经由主角之口所描述的

"人生之痒"已经从对社会身份的认同矛盾转变到了对生活消费的认同矛盾。在这20年里，社会秩序发生了巨大的变化。英国社会学家鲍曼在他的著作《工作、消费主义与新穷人》中谈道：在现代性的工业阶段，一个事实不容置疑，那就是每个人在拥有其他身份之前，首先必须是一个生产者。在现代性的第二阶段，即消费者的时代，这个不容置疑的事实变成了：人首先要成为消费者，才能拥有其他特别的身份。[①]我们对物品的消费，对信息的消费之所以成瘾，与消费者身份成为第一社会身份有关。我们必须通过不停地消费才能维系在社会关系中的自我形象。因此，当人们想要进行消费的断舍离时，会发现特别困难，因为这不单是减少消费，同时也是更改自己的社会识别符号，意味着从之前的消费圈层中退出。这也是为什么在豆瓣上那些反消费主义者建立了小组抱团取暖，在断舍离之路上互相支持鼓励。

---

① 鲍曼. 工作、消费主义与新穷人[M]. 郭楠，译. 上海：上海社会科学院出版社，2021:33.

第四节　多巴胺消费，即时短暂的快乐

多巴胺的分泌哲学

"吃播"的概念，取自于韩语"mukbang"，意思是即兴的和无节制的。巨量的食物、大口进食以及放大的咀嚼声是吃播的标配，观众们根据各自的饮食偏好选择喜欢的播主。吃播的背后暗藏了食欲的虚拟释放，这种虚拟释放能带来短暂的大脑愉悦度，让人能够从大脑皮层模拟进食美食的快感。而这种快感来源则是在当下被视为珍贵且稀缺的大脑分泌物：多巴胺。

多巴胺是下丘脑和脑垂体腺中的一种关键神经递质，它直接影响人的情绪，可以消除恐惧与压力，让人感觉轻松愉悦。医学研究表明，恋爱、运动以及摄入食物都能够刺激多巴胺的分泌。在漫长的进化史中，食物被视为重要的快乐源而被写入人类的基因，因此咀嚼行为会刺激大脑分泌多巴胺。当压力过大时，为了调节压力水平，神经系统会自发生成食欲信号，诱导进食，这在心理学上被视为"压力性进食"——当你在赶作业或加班时总时不时想要吃些什么。一旦有了通向多巴胺大门的密码，我们就很难停下来。当获取了一点快乐以后，如何继续维持这种快乐的感觉呢？那自然是更多的快乐、更多的多巴胺。因此，即使不饿，想要摆脱压力的大脑也会制造出诱导信号："去吃一口零食吧，吃了你就快乐了。"而观看吃播则成为理智尚存之下对热量警告的替代疗法，当屏幕后的主播代替观众吃下超大份的食物，多巴胺的快乐被广泛地传播开来。

孤独与焦虑是现代生活的负面产物，当意志力在白天被用在工作和职场社交上，晚上下班回家后，"报复性"获取多巴胺就变成了一种普遍的流行——深夜撸铁、深夜外卖、无节制电商购物和刷短视频，压力越大越希望放纵。

对多巴胺的追捧在 2023 年的夏天演变成了一场多巴胺的色彩流行，高饱和度的色彩伴随着电影《芭比》的上映在年轻人中获得了欢迎。活力的橙色、明亮的蓝色、鲜翠的绿色在夏季新品里被频繁采用，相对于之前曾经流行的强调柔和中性的莫兰迪色系，多巴胺色更强调色彩的碰撞，不再回避与掩饰，让情绪伴随色彩充分释放。

技术加持的即时满足

互联网服务为消费行为按上了加速键。"快速被满足"成了当下消费的重要指标。多巴胺的分泌与大脑的奖励机制有关，而成瘾行为也在于激发快感让大脑不断得到满足而欲罢不能。即时满足是许多社交媒体让用户沉溺其中的底层逻辑，永远在刷新的内容、精准的大数据推荐让多巴胺的快乐停不下来。电商们也在尽力地通过"即时满足"的服务设计让我们能够永不停歇地"买买买"。

如果你在欧洲生活过，也许会对那里商店的服务时间留下印象。欧洲的商店一般早上 5 点开门，下午 5 点关门，很多地方周末也不营业，如果遇到节假日或新年，那更是闭门谢客。这是实体商业的典型特征——有被设定的营业时段。在非营业时间里，即便有购物需求也只能先压抑下来。购物在这种传统的模式中成为一种计划性行为，人们习惯根据商店的营业时间和距离预先规划购物活动。因此逛街也成为一个社交性的事件，和朋友在周末邀约着逛街聚餐或者超市大采购，把物欲集中释放在一个时段之内。而到了互联网商业的时代，"打烊"的概念消失了。购物更多时候成为一个人的狂欢，购物清单也变得不再必要——因为不再需要计划性购物，手机APP中的商城永不打烊，随时随地想买什么就买什么。即便是在凌晨时分，都有虚拟主播在直播间中热情百倍地解答你的各种问题，分发优惠券。如果说传统计划性消费行为带来的是延迟满足，那么电商让下单的快乐变成了嗑瓜子般的即时满足。这种打破了时间和地理区隔的消费革命不仅具有便捷和多样这些显性的优点，更是悄悄地对顾客进行了行为驯化。消费的链路被缩短了，我们不再考虑很多，随便浏览就被种草，下单了很快送到，不满意就7天无理由退换货，账单还可以分期。5W——任何时间、任何地点、任何人以任何方式消费任何东西，这就是互联网公司从各个技术层面去努力实现的即时购物场景

即时零售的运营逻辑是"人—货—场"，区别于过去零售的是，它把"人"放在了首位，在处理业务时，用户体验成为最首要的优先级，用户怎么方便怎么来。这些商家眼中的"用户"，正是现实社会中的消费者们。这种下单马上能够收货的消费无疑契合了广大人群追求快乐"多巴胺"的需求。一边汲汲地渴望并追求，一边源源不断地提供，消费者们越来越依赖于这种即时到家的快速消费，越来越享受这种快速得来的多巴胺，渐渐地对这种消费模式呈现出"上瘾"的态势。不仅在时间上可以实现"一天24小时无障碍"消费；在空间上，消费场景也不断延伸，朝多元化趋势方向发展。

据调研，将近一半比例的直播用户每天都收看直播，并且处于黏性稳定上升或保持不变的状态。由此可见，在技术不断迭代的互联网时代下，消费所得的多巴胺越来越容易获得，大家也越来越容易上瘾。

快乐成瘾

多巴胺作为一种神经传导物，是我们快乐的源泉，然而这种快乐是有代价的。神经学家发现，我们大脑产生快乐和痛苦的区域是重叠的，每一次多巴胺所产生的快感，身体就会自动用一定的痛感来平衡它。人类的大脑中就像有一个天平，当我们玩游戏、刷短视频、吃巧克力、购物时，天平会倾斜在快感这一边。但是，这只是暂时的，我们的身体一直处于一种自我调节的动态平衡状态，以维持稳定的体内环境，这在生理学上叫作体内平衡。甚至为了保证这种平衡，避免过于兴奋，身体还会主动产生一些痛感，此时我们会感觉到失落或沮丧（这就是为什么有时候在快乐之后心里空落落的）。而如果我们什么也不做，只要等上一段时间，

身体系统又会自然恢复到平衡的状态。当回归原点后，我们又会重新感知到平静与放松。

然而，假如我们在由痛感恢复到平衡的过程中，不断往快乐这边加砝码会发生什么？身体会产生更多痛感，来稳定这个天平，也就是我们会想要更多，变得更焦虑；然后会用更多的快感来掩盖这些情绪，身体由此产生更多的痛感。无限循环之后，这些焦虑、烦躁的负面情绪就会长时间在天平上滞留，这时我们不但体会不到这种快乐，而且只能通过不断重复行为来刺激多巴胺继续分泌。这就像是有烟瘾的人，并不会因为抽烟而感到开心，但是不抽烟绝对会让他非常难受；一旦进入不停"买买买"的状态，消费的即时满足感持续的时间会越来越短暂，但如果停下来，欲望的沟壑会带来巨大的空虚，让人坐立难安。

合理消耗多巴胺

不少人有过这种体验：在经历了重大节日、假期或者休假了很长一段时间以后，很难再回归到日常的学习和工作状态中了，这就是多巴胺用尽的状态。我们在做不同的事情时，大脑释放多巴胺的量是不同的；可以通过合理安排多巴胺的消耗时间，让我们的身体处于一个比较舒服的状态。比如：在早上多巴胺比较充足的状态下去做一些有挑战性的工作或者去学习一个新技能，往往效率会很高，甚至能够在枯燥的事情中获得快乐；而如果我们早上起来先刷了一个小时的短视频，那么再去做这些困难的事情时，则很难再提起兴致来。

在消费这件事情上，尽量避免在晚上入睡前打开购物软件，因为这个时段是意志力最薄弱的时段。同时尝试使用列购物清单购物，购物清单能够让你更理性地审视自己的需求，减少随机性和冲动性购物。

延迟消费

大家应该都有这样的经历，在特别无聊的时候，特别想吃东西，特别想买东西，可是一旦度过了十几分钟或者半个小时，好像又没有这种很强烈的欲望了。

有时候睡前会很想吃东西，但如果立刻去冰箱里找到零食并且吃掉了，吃完以后就会非常自责；这个时候我们可以试试，找个舒适的位置，坐下来深呼吸，专注自己的身体，几分钟后，强烈的食欲会削弱很多。在非常非常想剁手的时候，可以先把商品加入购物车，别付款，过一段时间再去看购物车，就会觉得"这些东西我并不需要啊"，此时也就能更好地辨别出哪些是真正需要的东西，哪些其实只是一时上头。

第五节　极简主义和断舍离：消费时代下的反省

　　消费调动的一整个社会的资源，是能量的大流动——大量生产、大量消费、大量消耗以及大量囤积……从经济角度来看，活跃的消费生态会制造大量的工作机会，带来产业的变革。可凡事皆有平衡，被消费品堆砌起来的生活从表面上来看是丰盛热闹的，但物质过剩的另一面却可能伴随着精神上的"短缺"。极简主义者佐佐木典士在她的书《我决定简单地生活》中说道："我们之所以拥有这么多物品，是想要通过物品来展现自我的价值。人是群居动物，需要他人的肯定和认同。可是我们的内在价值并不那么容易被看到，透过物品，一切便轻松许多。从衣食住行到文化消费，如果我们过度依赖这种方式，当这些自我化的物品增加到一定程度后，就会开始吞噬我们，成为一种负担。"[①]

　　获得和囤积近乎是人类的本能，我们用物质给自己筑造起具有安全感的堡垒，但也容易被困于堡垒之内。日本的杂物整理师山下英子提出了著名的"断舍离"概念，她认为在人与物的关系中，我们更应该重新审视物在生活中占据的位置，通过对物的断舍离来脱离那个冗余的自己。"断"是断开消费的欲望，"舍"是学会对过去的事物放手，而"离"则是消除对物的执念。这与老子《道德经》中所说"持

---

① 佐佐木典士. 我决定简单地生活　从断舍离到极简主义 [M]. 程礼礼，译. 南京：江苏凤凰科学技术出版社. 2017:3.

而盈之，不如其已"①，大致是一个意思。在人生的道路上，随时间堆积在每个人身上的重负，如同家中的杂物一般，需要定期清理审视，只有轻装上阵才能愉快地欣赏沿路的风景。

不要买，做消费主义的逆行者

豆瓣小组"不要买，消费主义的逆行者"拥有超过 30 万的组员。这是一个非常活跃的小组，每天都会产生大量的新帖子和评论。组员们在组内交流各种"不要买"的心得：不买不需要的，不买会闲置的；只买有意义的，只买真正有用的。比如有人写道：要警惕低价零食的诱惑，因为贪图便宜就会买上很多，最后摄入了不必要的热量。也有人给予忠告说：不要买自己不习惯用的东西，买回来后闲置率会很高。还有人吐槽说，在买衣服前先去处理闲置的衣物，然后你就会知道旧衣服是多么不值钱。

"断舍离"并非易事，这不仅是与周遭环境的对抗，也是与自己内心欲望的对抗。大学生小路就试图做过断舍离，她先尝试了记账，规划收支平衡，给不同门类的开支安排预算比例，然而收效甚微，似乎每一笔开支都有发生的理由。于是她决定采取更激烈的方式——卸载手机里的购物软件。"我想要戒掉没事就刷购物软件的习惯。接下来如果被种草了什么东西，我就会因为要重新下载软件而就此作罢。只有等到攒了一堆必需品的时候才会把它装回来，买完再立即卸载。"然而这种消费的逆行并没有坚持多久，原因不在于她无法离开购物软件，而是社会化电商已经渗透到了几乎所有常用的软件里，让她无从躲避。

商家几乎都会回避过度消费的问题，有一种陷阱是将简单的消费复杂化，给简单的需求做加法。比如在照明这件事上，一个小小的射灯就有着色温、显色度、光照角度、芯片等方面的讲究。而这种专业级的射灯一直以来是用于博物馆照明的，可以最大限度地还原文物或书画的真实色彩，居家照明本没有如此讲究。但灯具厂商将专业射灯引入家用领域，并向广大消费者普及相关知识，让他们了解

---

① 老子. 道德经 [M]. 北京：北京联合出版社，2015:115.

到好的灯光能够让家在视觉上变得更有质感。于是，价格高于家用射灯几倍的专业级射灯销量有了明显的提升。这些新增的知识提升了消费者对物的需求。

极简主义是一种艺术流派，但它同时也代表着生活态度。如果说断舍离是对生活的清理，那么极简主义生活态度则是从源头开始的克制。我们的很多烦恼来自于选择困难，早起面对满满的衣柜思考穿搭的问题，那假如衣服的色系只有黑白灰三种颜色选择呢？是不是闭着眼选都不会出错？买杯子碗碟让人快乐，但事实上一个人只需要一套餐具；电子产品通过换颜色和升级元件来宣布迭代，但其实从实际使用体验来说并没有很大的变化；化妆品有太多的成分对应不同的肤质和季节，但护肤需要的只是几个基础步骤……在集体无意识的品牌崇拜热潮中，原研哉创办了无印良品，主张摒弃一切标签、抛弃一切不必要的加工与包装，让商品回归到耐用的材料与功能本身。无印良品，顾名思义就是"没有品牌的好物"，其在产品策略上也遵循了"去品牌化"的理念——不对消费人群分类，只对消费场景分类。

断舍离是过度消费的良药吗？

日本"断舍离"女王近藤麻理惠曾被美国《时代》杂志评选为"世界最有影响力的100人"，她写的书《怦然心动的人生整理魔法》也被译为多国文字，畅销全球。然而在2023年的一次采访中，她向媒体承认："生完孩子后，一直都没有多余的时间，家庭的整洁水平下降了许多，从实际经验来看，孩子小的时候，应该放弃追求完美收纳这件事。家里经常很乱，但实在没有力气收拾了。"这个消息传出后，网友纷纷松了一口气，断舍离一时可以做到，但是将其作为一生的生活方式似乎难度太高。

工业革命决定了消费社会是一个复杂的生态系统，消费拉动了生产力，而生产力的不断进步会推动社会的进步，这是现代化的基本逻辑。如果一味地反对消费主义，那相应地，社会资源的流动性就会变差，市场就会萎缩。萎缩的市场将无法提供足够的工作岗位。这也是为什么疫情期间，国家刺激经济的方式是发放消费券，鼓励民众多多消费以保证各个产业链能够平稳运行。

断舍离的出现是社会发展到一定阶段后的自然反思：人应该拥有多少物质才是恰当的。但如果换一个角度来看，仅仅低限度消费，不参与购物狂欢，不买房，不结婚，不生子，就能真正"退出"同消费的关系吗？这种低欲望、低需要、低消费，恐怕并不足以使人们从消费社会出走。即使在某种程度上有所出走，其意义也极其有限，甚至在大多数情况下势必会重新被卷入消费主义的漩涡。① 在自媒体"利维坦"发布的文章《极简主义真的能让我们快乐吗？》的评论区中，一个高赞评论这样说："现在大部分的'极简主义'，只不过是刚从消费主义的裹挟中挣脱缓过神来的应激反应。"

断舍离变得不再纯粹了，它成为一种流行事物。围绕"收纳"形成了一个庞大的产业——从收纳物品到收纳课程再到收纳整理师；极简主义的风格美学掀起了"性冷淡风"的消费热潮。对消费者来说"Less is more"是一种生活态度，但对品牌而言却是营销策略。产品从外观设计上做了减法，但价格上又做了加法。极简主义似乎成为收割中产阶级的又一个消费主义陷阱。

此外，值得注意的是，设计师在产品设计中过度执行极简主义策略，会造成使用体验上的失衡。一些产品为了极简的外观舍弃了大部分按钮，用户每次使用的时候都需要重新阅读说明书。遥控器消失了，改成了手机控制，但手机里却多了一堆远程控制软件。极简主义设计对老年用户来说灾难，他们必须求助年轻人才能使用一些服务和设备。从这个层面上来说，是产品人文关怀的缺失。

极简生活方式并不只是个体的自我选择。如果无法回归田园自给自足，城市生活中的极简主义依然需要庞大的生产体系的支撑。不买车的背后是发达的公共交通网络，不买房的背后是供需完善的租赁市场，不外食的背后是能够通过各种渠道买到优质食材。近年流行的"3公里生活圈"概念是另一种对不持有生活方式的解读：只要是居住3公里范围内能够购买到的物品和服务，都不需要在家中囤放——通过配送服务和共享经济，无论是牛奶、服装还是卫生纸，都可以随时获

---

① 王金林. 佛系：反消费症候或内置式出走 [J]. 探索与争鸣，2018(4):39-42.

取。楼下就能喝到好喝的手冲咖啡，所以没必要自己买咖啡器具；30分钟即达的超市配送让大空间的冰箱没有用武之地；从相机租赁到擦窗机器人租赁，共享家电的理念是想用的时候租就可以；储物空间在"3公里生活圈"中失去了意义，人们依靠庞大的商业服务系统间接实现了断舍离。

需要还是不需要，这是另一场哈姆雷特式的问答。断舍离的背后是过度物质化后的精神焦虑。就如同疫情期间出于恐慌的心理，大家疯狂囤货，再也没人敢让自己的生活空无一物。消费主义与反消费主义是现代社会的双生子，大多数人在这二者间来回踱步。无论如何，仔细审视自己的需求，不被物质绑架，也不撕掉消费者的标签，做一个理性的消费者总是没错的。

第五章

寻找可持续的生活方式：低欲望青年札记与绿色消费宣言

2022 年的冬奥会主火炬创意惊艳了世人，不是熊熊燃起的巨大火焰，而是小小火炬在晶莹的雪花中心闪耀。这是百年奥运主火炬设计中前所未有的大胆创新，也是在当下的时代背景中向世界传递低碳、环保的绿色奥运理念。主创团队介绍，在创意之初，他们发现历届主火炬的燃料消耗都是巨大的。以 2008 年的北京奥运会主火炬为例，李宁点燃的火炬每小时都会消耗 5000 立方米的燃气。为了维持它的巨大火焰，"鸟巢"专门配备了一个燃气站，日夜不停地为它输送能源。这样的燃气站在历届奥运会的主火炬设计中都会出现，以保证火炬能够燃烧到奥运闭幕。"熊熊燃烧的大火当然是人类奥运精神的体现，但它环保吗？"本届冬奥会的总导演张艺谋提出了这个问题。从那一刻起，主创团队开始考虑怎样把火焰变小、如何更环保。最终，雪花火炬的方案横空出世。

第一节　低碳世界与绿色消费

　　绿色概念已经成为当今世界的主旋律。绿色低碳的生活方式已经成为各个国家和社会的重要议题。这个议题从国家政府层面来说包括：在《巴黎协定》下推进节能减排的指标实施，在"绿水青山就是金山银山"理论下实现区域经济的转型升级，严格执行垃圾分类和禁塑令，等等。对于社会大众来说，低碳概念也已不再是生活之外、事不关己的事情了。越来越多的年轻一代重视并践行着低碳生活方式。不仅如此，随着对气候问题的担忧日益升级，消费者们也在期望品牌能够更积极地参与到低碳事业中来，而不是空喊口号或捐款了事。品牌应当在其产品策略中主动采取更为实际的、让大家眼见为实的措施。当今的品牌要认识到，它们面对的将不再是小众圈层的环保主义者，而是规模日益壮大的环保大众。要获得环保大众的认可，企业应该提供经过碳足迹认证的产品。透明的碳中和产品标签有助于建立信任感，促使消费者做出更明智的选择。[①]

　　"碳中和"（carbon-neutral）这个词近年来在各个场合频繁出现，但事实上它并不是一个新词，它是在碳排放这个战略背景下诞生的。随着科学家提出的全球气候变暖的问题引起全球范围内的担忧后，世界各国对于如何减少碳排放量以及责任如何约定这些问题存在着激烈的利益博弈。毕竟，碳排放量关系着本国的工

---

① 欧睿国际. 2022 全球十大消费者趋势报告[EB/OL]. （2022-01-17)[2022-08-17]. https://www. euromonitor.com/press/press-releases/欧睿最新报告揭示 2022 年全球十大消费者趋势.

146

业产量、地区经济发展以及劳动就业机会，将会直接影响GDP数据。从 1992 年的《联合国应对气候变化框架公约》、1997 年的《京都议定书》，到 2015 年的《巴黎气候协定》，都是在极度艰难的谈判环境中诞生的，并且不断有国家退出公约的情况发生。

2003 年，一个美国的环保主义者李奥纳多（Leonardo）对政府在碳排放问题上推卸责任的态度感到极度失望，他决定与其相信政客无法落地的减排目标不如依靠自己。于是，他选择在墨西哥动手种植树木，用于中和自己的二氧化碳排放，并对外宣布自己是美国第一个碳中和居民。这种"求人不如求己"的碳中和行为迅速引起了广泛认同。从民众到企业到各种社会组织，大家都意识到，节能减排不应只简单依靠政府的推进，而应该同时将一部分减排任务分解到每个人的日常生活中，让碳中和成为每个人、每家企业的社会责任。从此，碳中和成为全球性倡导绿色生活和生产方式的公共议题，并在 2015 年正式写入了《巴黎气候协定》。

正如李奥纳多所示范的那样，碳中和是一个简单的等式，它的核心理念是"碳排放量的正负相抵"，即通过节能减排、能源替代、产业调整等方式，让因各种人类活动排出的二氧化碳等温室气体被回收，实现"零排放"的目标。相比地球上的其他生物，人类是二氧化碳的最大排放者，除了呼吸，人类日常中几乎任何一种生活行为都会产生二氧化碳排放。从出行工具到吃穿用度，支撑我们生活的工业生产在制造商品的过程中同时产生了大量的温室气体排放。所以，从环保的角度来说，消费社会的繁荣是建立在环境的牺牲和资源的消耗之上的。这是工业革命百年以来对地球最大的负面影响。

只要在搜索引擎中输入"碳足迹"（carbon footprint）这个关键词，你立刻就能得到许多量表式指南，告诉你在日常生活中的行为对应的碳耗用量是多少。碳足迹就是"个人、组织、活动或产品直接或者间接导致的温室气体排放总量"。确定你的碳足迹是减少碳排放行为的第一步。当看不见的温室气体变成可见的量化数据时，会对民众的减碳意识产生巨大的推动力。

对于很多的中国消费者来说，最初的碳中和体验和碳足迹计算大多来自支付宝上的一款小游戏：蚂蚁森林。它的玩法非常简单——用步数、线上支付、旧衣回收、每周停驶一天汽车等方式来获得绿色能量，积累到一定数量的绿色能量就可以换取真实世界的树苗，由蚂蚁森林团队在沙漠化地区植树造林。从行为到虚拟能量再到环保行动，这种O2O的碳中和活动，以及在游戏中引入的偷取好友能量、合作种树、换取皮肤等激励机制，不仅帮助支付宝通过蚂蚁森林积累了大量的用户打开率和产品黏度，更让支付宝通过植树造林活动实现了企业的社会责任，真正做到了企业和民众的绿色共创。

2020年新冠疫情初始，全球大部分地区实施居家隔离。人类活动被按下了暂停键，这是史无前例的全球范围的暂停。于是我们惊讶地发现，海豚在原本百舸争流的威尼斯内河道出现，城市周边的生态环境开始改善。根据国际能源署的数据统计发现，2020年全球能源需求下降近4%，全球与能源有关的碳排放量下降了5.8%，这是自第二次世界大战以来出现的最大幅度的单年度下降，共减少了约20亿吨的二氧化碳排放量，这在人类历史上是史无前例的。[①]

虽然碳排放在2021年经济复苏后又恢复上升，但是这样的暂停让各国民众目睹了人类活动对生态环境所产生的真实影响。生态焦虑促使人们更加关注环保的行动和自身的购买决策。在社交媒体上，"绿色生活"和"可持续"成为热门标签，许多网友开始交流和分享如何通过建立新的生活方式来实现碳中和的目标。2021年有三分之一的全球消费者主动减少了碳排放，四分之一的消费者采用了碳中和补偿方案。[②]环保主义者通过Vlog、Blog等方式向社会民众示范什么是可持续的生活方式。

---

① 国际能源署.世界能源展望2020[EB/OL].(2020-10-13)[2022-01-23]. https://www.iea.org/reports/world-energy-outlook-2020.

② 欧睿国际.2022全球十大消费者趋势报告[EB/OL].（2022-01-17)[2022-08-17]. https://www.euromonitor.com/press/press-releases/欧睿最新报告揭示2022年全球十大消费者趋势.

第二节　绿色品牌：企业与消费者的双向奔赴

数字化创新重塑了零售商、制造商和消费者之间的关系。现代企业的品牌传播面对的是透明的营销环境。在信息通达的互联网社会中，消费者共享产品使用心得，并且持续关注品牌的行为。因此，对于早已使用社交媒体账号进行营销传播的品牌来说，需要在社媒内容的运营中增加关于企业绿色行为的信息，包括如何履行环境道德责任、如何节能减排、如何推动碳中和、如何实现减塑以及如何倡导可持续的绿色生活理念等。千禧一代和Z世代将很快成为未来消费社会中最大的消费群体，他们非常重视环保问题和企业社会责任。他们普遍认同应当通过各种方式来进行环境的改善，并认为通过自己的消费选择和生活方式选择会为世界带来改变。对于品牌来说，推出符合环保主义者期望的产品和服务越多，就越能引起此类消费者的共鸣。

所以，如果你细心观察的话，可以发现已经有越来越多的品牌正在发生绿色的转变。

可持续时尚

时尚产业的浪费是惊人的。

让我们先从审视你的衣橱开始，每到换季时分，你是不是一边收拾出一堆不想穿的旧衣，一边又打开手机开始网购？打开直播软件，服装类直播不停地告诉你这是当季的最in（新潮）款；在杭州的四季青服装批发市场，接近季末就会出现服装论斤卖的疯狂打折期。

对于全世界的年轻人来说，衣柜里总有几件出自ZARA、H&M和优衣库的衣服。这些品牌都属于同一个类别：快时尚品牌。快时尚的"快"体现在哪里？不同于传统服装业以季节进行产品设计的模式，快时尚类品牌通过对供应链的优化，实现对潮流大牌的快速复制。快时尚模式由高效率的流水线设计、低成本的质量管理和在廉价劳动力地区代工生产等要素组成，大大缩短了生产周期。ZARA每年设计1.8万个新样式，似乎每天都有新款上架，并且可以做到7天生产、14天上架，每年共推出约5万种新款时装。^①在过去只有两个时装季——春夏和秋冬；而现在，快时尚品牌引领着时尚界制造出每年52个"微型季节"。^②

这也是年轻人喜欢逛快时尚店铺的原因，每次去逛，永远都有新衣服在等着你。快时尚品牌不仅讲求制作周期快，更希望缩短顾客的服装使用周期。所以在成本控制上，快时尚品牌将前沿的潮流元素用质量较低的面料制作出来，从而实现价格方面的竞争力，让顾客能够不断地为自己的衣橱添置新品。对快时尚来说，一件T恤只需要一个夏天的生命周期就可以丢弃，冬季的大衣也是如此，每季都有新衣服穿才是时尚达人的生活方式。快速复制、大量制造、快速淘汰——这就是快时尚的生存法则。

然而，大部分的消费者不知道的是：时尚业是仅次于石油工业的世界第二大污染行业，全球20%的废水和10%的碳排放量来自于纺织业。2017年艾伦·麦克阿瑟基金会（Ellen MacArthur Foundation）的报告数据显示：纺织行业的生产每年要排放约12亿吨温室气体，超过了所有国际航班和海运排放的总和。^③纺织业已

---

① 新华社. 探访"ZARA时装帝国"总部 每年推出5万新款[EB/OL]. (2016-04-01)[2022-03-12]. http://xinhuanet.com/world/2016-04/01/c_128853710.htm.

② 澎湃新闻. H&M每年烧12吨新衣？快时尚你还有多少不知道的秘密[EB/OL]. (2020-05-15)[2022-03-12]. https://www.thepaper.cn/newsDetail_forward_7407228.

③ 艾伦·麦克阿瑟基金会. 新纺织经济：重塑时装的未来[EB/OL]. (2017-07-22)[2022-03-12]. https://assets.ellenmacarthurfoundation.org.cn/PDF/publications/新纺织经济：重塑时装的未来.pdf

经成为排在石油之后的全球第二大污染行业。在联合环境规划署的报告中有着令人震惊的数字：生产一条牛仔裤需要 7500 升水，相当于一个人 7 年的饮水量。此外，整个生产过程的碳排放量达 33.4 千克。这还只是一条牛仔裤的情况，据不完全统计，服装产业每年消耗 930 亿立方米的水，而这些水可满足 500 万人的消费需要。而服装的最终回收率却不到 20%，其余的纺织品都没有进入可持续循环，而是被简单地焚烧和填埋了。[①]

"可持续时尚"概念的提出，可以追溯到 1962 年美国生物学家蕾切尔·卡逊（Rachel Carson）创作的《寂静的春天》[②]一书。她在书中揭露了农业化学品滥用所导致的严重和广泛的污染问题。1987 年，由挪威前首相布伦特兰夫人（Gro Harlem Brundtland）所领导的联合国环境与发展委员会在联合国大会上提交了《我们共同的未来》工作报告，首次提出了"可持续发展"是既要满足当代人的需求，又不对后代生存造成威胁和危害的发展。1992 年，在联合国环境与发展会议上（俗称"里约地球峰会"），"绿色问题"正式进入时尚和纺织品出版物。

对于时尚界来说，"可持续时尚"的议题似乎是矛盾的。因为时尚产业本身就是一个积极抛弃过去、告诉消费者"新事物更好"的产业。一个小红书上的时尚达人，其"基本义务"就是向大家第一时间展示新上市的服饰穿搭，并鼓励大家"买买买"。如今对许多年轻消费者来说，服装不再是"新三年、旧三年"的耐用品，更像是如隐形眼镜般易弃的消耗品。但是，可持续又是时尚产业必须解决的课题，因为全世界范围内践行可持续生活方式的年轻人正变得越来越多，他们已经态度鲜明地对"浪费惊人"的时尚品牌说"不"。

"旧衣回收"是快时尚品牌首先付诸行动的可持续战略。2013 年，H&M 就开

---

① 福卡智库. 纺织服装竟是全球第二大污染行业！碳中和时代，中国人今后穿什么？[EB/OL]. (2021-09-15)[2023-03-11]. https://www.thepaper.cn/newsDetail_forward_14511660.

② 《寂静的春天》是美国科普作家蕾切尔·卡逊创作的科普读物，首次出版于 1962 年。在这本书中，卡逊以生动而严肃的笔触，描写过度使用化学药品和肥料而导致环境污染、生态破坏，最终给人类带来不堪重负的灾难，阐述了农药对环境的污染，用生态学原理分析了这些化学杀虫剂对人类赖以生存的生态系统带来的危害，指出人类用自己制造的毒药来提高农业产量，无异于饮鸩止渴，人类应该走"另外的路"。

始在它全球门店的收银台附近设置了醒目的回收箱，并告诉顾客："只要将任意闲置衣物带来门店回收，就可以获得 8.5 折的优惠券用于门店购物。"2021 年 8 月，针对网购顾客，H&M 宣布与阿里巴巴达成"旧衣线上回收"的合作尝试，消费者只要登录 H&M 的天猫旗舰店，点击首页的旧衣回收入口，就可以通过闲鱼完成旧衣回收。据海恩斯·莫里斯集团发布的《2022 可持续发展表现报告》，企业已经实现了 84% 的织物都来自回收和可持续材料。[1] "旧衣回收"理念的拥护者认为，让每个热爱穿搭的人实施断舍离是不现实的，但如果让闲置衣物重新回收利用，同时促进门店新衣的销售和去库存，就能够在品牌—顾客—可持续之间形成一个协同的绿色闭环。

回收只是第一步，如何实现零浪费？如果我们留意一下一些品牌衣物的标签，就会发现如今有许多新衣的材质来自旧衣纤维的循环再利用——有机棉、再生羊毛、天丝棉，甚至塑料纤维。ZARA 在 2016 年首次推出"加入生活"（Join Life）环保系列服装，该系列就是主打回收再利用的材料与可持续原材料以期获得环保主义者的认可。

对于再生材料的探索也一直在延伸，这似乎已经成为各大品牌的最新竞技场。破损的渔网漂浮在海洋中，容易将鲸鱼、海豚缠绕致死；写字楼频繁租赁导致重复装修产生了大量废弃地毯和工业塑料面板——Burberry（巴宝莉）将它们回收，再制成以再生尼龙为面料的胶囊外套，防水耐穿。

2021 年末，位于上海恒隆广场的宝格丽店凭借其惊艳的翡翠色门头火遍了全球社交网络。晶莹澄澈的翠绿外立面与厚重的黄铜框架交相辉映，如同一块巨大的翡翠闪耀在南京西路的大街上，熠熠生辉。而更令大家震惊的是，这块巨大的翡翠竟然是用回收啤酒瓶制成的。廉价的玻璃碴和黄金地段奢侈品店，这两个本毫不相干的事物，因为可持续的理念而产生了激烈的碰撞与融合。

新型材料的研发也是可持续时尚的重要发展方向。天然橡胶可以从橡胶树、

---

① H&M Group. Sustainability Disclosure 2022[EB/OL]. (2023−03−01)[2024−01−20].https://hmgroup.com/wp−content/uploads/2023/03/HM−Group−Sustainability−Disclosure−2022.pdf.

蒲公英等不同植物中提取出来。相较于橡胶树，蒲公英的种植要求较低，对气候的依赖远远低于前者。虽然蒲公英早在1941年就被确认是橡胶替代材料，但直到2022年，消费者才能买到这种材料。美国鞋履配饰品牌Cole Haan推出了一款融入了蒲公英材料的鞋履，命名为Z世代Ⅱ，定价130美元。Cole Haan通过一项仍在审批的专利技术将蒲公英产生的乳胶转化成一种被命名为"花朵泡沫（FlowerFoam）"的材料，和其他EVA聚合物结合做成鞋子的中底。这双鞋子无论是弹性还是抗磨损度都与橡胶相差无几，但相较于橡胶林对土壤的破坏，蒲公英无论是种植成本还是环保成本都是具有优势的。

包装上的绿色文章

包装曾经是消费者购买商品后最不在意的部分，但它对环境产生的负面影响正在变得不容忽视。作为在物流过程中保护商品、方便储运、促进销售的容器、材料和辅助物的总称，包装对商品在市场上的流通起到了重要的作用。好看的包装能够引发顾客的好感，提升商品溢价。在社交平台上，一些具有设计巧思和美感的包装会被网友们自发拍照分享——Tiffany的蓝色小方盒、星巴克圣诞季的红杯子都是营销史上的经典包装。买椟还珠的故事到了现代包装学中甚至有了积极的意味，每到节日和销售旺季，包装界的内卷几乎和中秋节的月饼口味竞争一般惨烈。各家品牌都在绞尽脑汁琢磨自己的礼盒套装，力求体面高级又有创意，于是各类元素被层层加码，用料越来越多，但环保问题也随之而来。

在Kantar（凯度中国）于2020年一项针对19个国家8万消费者进行的可持续消费调研中，包装被消费者票选为品牌对环境影响的首要因素，有52%的受访者希望看到能被100%回收的包装，46%的受访者希望看到可生物降解的包装，41%的受访者希望使用塑料的替代品，37%的受访者希望包装能被重复使用，31%的受访者希望看到更多的空包裹押金计划。从这项调查中，我们可以看到消费者对于包装有着几点困扰。①

第一，随着网购的消费习惯成为日常，包装的数量正在失控。我们每一次的网上下单都会带来至少一件产品外包装盒+填充物+封装胶带+防水塑料的组合。一次外卖会产生至少一个外卖盒（95%以上都是塑料制品）以及一个包装袋。

第二，生鲜类行业包装的白色污染问题。随着冷链物流的完善，日益发达的生鲜产业所带来的包装问题更是惊人的。冰袋和泡沫箱是基本标配，卖鸡蛋的商家会给每个鸡蛋配上一个泡沫包装以防运输途中的破损。如果网购一箱苹果，那么你会同时"收获"几十个泡沫网袋。网购让我们有机会买到各地的农产品，从而振兴乡村经济，但是没有规范化的绿色包装标准显然带来了次生环保灾害。

第三，惊人的过度包装。如果你是一个零食购买者，那么不难发现近年来我们的零食制造商们为了让消费者获得更高的体验感，对零食进行了套娃式的分装，大包装连着小包装，以及各式各样的分享装。牛肉干被切成小丁包装成糖果形状，每一颗话梅有着独立包装，吃完一袋，面前的包装纸堆成了小山……

以上问题涉及从材料创新到企业成本，从行业发展到区域经济等各方面的问题，未必能够在短期内得以解决。但这并不意味着品牌可以侥幸置身事外，也不意味着消费者能够认可这样的"置身事外"。包装绿色化是一件需要所有品牌共同参与并推进的事情。令人欣慰的是某些来自品牌端的改善和优化行动已经开始。随着限塑令在越来越多的国家实施，使用可再生材料来制作外包装成为品牌针对绿色课题的解题思路。这类外包装盒上都会有一个标签，注明该包装盒是用回收纸浆制作的，而其内部填充物则会使用玉米淀粉这样的可降解材料。此外，自然的材质也成为许多时令商品的包装优选，藤制和竹制包装往往被就地取材用来作为果蔬农产品的包装容器。在东南亚，椰子壳和椰棕也是包装的好材料。这类美观别致的包装往往还具有其他使用功能，更易被顾客保留下来重复使用。

便于抛弃也是包装设计时需要考虑的问题。要确保包装在回收处理时，不会

---

① Kantar. 2020凯度China MONITOR消费者洞察年度报告[EB/OL]. (2020-09-24)[2022-02-12]. https://www.kantar.com/zh-cn/campaigns/2020-china-monitor-q4.

产生毒性物质，避免因包装上的某个小零件造成环境污染。比如易拉罐的拉环被设计成打开后与罐身连为一体，这样就能避免拉环被到处丢弃的问题。

全球范围内的减塑运动对于"塑料大户"饮料类企业来说面临着巨大的压力。拒绝塑料吸管和餐具是目前在全球范围内影响力最大的减塑运动，包括中国在内的许多国家都立法禁止了塑料吸管和餐具的使用。然而，这仅是开始。对于品牌来说在可持续发展的方向上应身先士卒。2021年，可口可乐在韩国推出了"裸奔"包装，将可乐瓶身上的塑料纸去除了，仅以红色和黑色的瓶盖对原味和零度可乐进行视觉区分。这款商品以成箱的方式销售，配料表等标签信息被印刷在外部纸箱上以供消费者参考，这种"裸奔"的设计不仅能够提高瓶子回收时的处理效率，同时也是对可口可乐百年经典瓶身设计的再次致敬。这样的可持续创意很快得到了其他品牌的效仿，2022年，康师傅集团也对旗下的康师傅冰红茶和无糖冰红茶两款产品推出了无标签包装。全季酒店与农夫山泉合作，在客房饮用水的瓶身上去除了塑料包装纸。

拒绝"漂绿"

漂绿的英文是greenwashing，它是一个组合再造词，由whitewash（粉饰、掩饰）演变而来。漂绿被用来形容企业在环保领域进行了名不符实的"环保"行为，并未真正践行绿色社会责任。

在经历了这几年极为不正常的冬季、夏季和日益频繁的自然灾害后，许多人正在患上"环保疲劳综合征"。他们失望地发现，个体在庞大的气候问题、环境问题面前是渺小的，好像无论如何努力地绿色出行、减塑，以及响应品牌号召参加各种环保活动，仍然难以抵消生产行为对环境所造成的破坏。而相反，那些本该肩负更多社会责任的企业却总是对自身应当肩负的低碳减排指标含糊其辞，未能有效地做出改变。

绿色概念和可持续概念在推进过程中，一直在培养民众绿色消费的意识，即：主动消费那些通过绿色生产环节，使用可持续材料、使用绿色创新技术生产出来的以及环境友好的商品/品牌。通过选择性的消费行为来推动产业升级和绿色创新看似形成了可持续经济的闭环，但部分企业的趋利性还是会让一个好的理念事与愿违。一些典型的漂绿行为包括：绿色标签的滥用、不实的可降解塑料宣传、故意混淆碳排放概念、以绿色能源为幌子的能源消耗、夸大的环保公益行动、在广告中对绿色概念玩文字游戏等。其中，最著名的漂绿案例来自德国大众。2015年，大众公司被美国环境保护署发现在超过1000万辆柴油汽车上安装了针对氮氧化物排放量检测的"减效装置"，让检测数值"达标"，而实际则超标40倍。为什么在检测中作弊？因为如果降低尾气排放量会影响引擎动力，而洁净引擎的制造成本很高，这会让大众在经济型柴油汽车的市场竞争中处于劣势。这次造假最终换来的是：2017年，Facebook（脸书）禁止了宝马i3电动汽车的某个广告，因为在该广告中宝马宣称这款车属于"零排放"，消费者购买这款车将对环境"做出回报"，但实际上"零排放"的概念具有法律的误导性。①

蚂蚁森林项目也曾经遭遇过质疑。2021年，有网友专程访问了位于阿拉善的蚂蚁森林277号植树林。这片林地应于2019年完成栽种梭梭树15万株，但从网友拍摄的现场照片来看依旧荒芜一片，疑似并未植树，由此引发了大家对蚂蚁森林项目实施率的怀疑。蚂蚁集团随即发布声明解释，由于当地的降雨量和梭梭树的生长特性，树坑中确实种了树，只是生长缓慢尚未形成绿色景观。此次事件后，许多网友在西北戈壁旅游时，都会主动前往蚂蚁森林的各个植树点打卡留念，从消费者端对企业进行主动"鉴绿"，而蚂蚁集团也会定期开展种树直播或邀请网友代表一起探访保护地。

2024年1月17日，欧洲议会表决通过了《增强消费者绿色转型指令》（ECGT）。指令针对为欧盟消费者提供产品和服务的企业，保护消费者免受误导性营销影响，以便做出真正绿色的购买选择。新规要求，如果没有提供经过认证的环评报告，不允许在产品包装、广告宣传中使用"环境友善"（environmentally

---

① 新浪财经. ESG舆情，宝马再"漂绿"绿色消费不应仅是品牌宣传词[EB/OL]. (2022-02-09)[2023-03-05]. https://finance.sina.com.cn/esg/ep/2022-02-09/doc-ikyamrmz9810291.shtml.

friendly）、"天然"（natural）、"可生物降解"（biodegradable）、"气候中和"（climate-neutral）或"生态"（eco-）等字眼。企业自行设计的可持续标签也将受到监管，未来欧盟将只允许使用经认证或公共机构制定的可持续标签。另外，通过购买碳抵消来宣称实现碳中和的产品，也被列入"漂绿"范畴。[①]

品牌变绿是社会和消费者留给企业的重要课题。变绿不能只停留在表面，而应当深入骨骼和肌理层，真正将绿色理念移植到品牌的DNA（基因）中去。消费者对环保的认知和诉求在不断提升，在进行绿色消费时会更严格地评判企业是否真正践行了自身的环保责任。绿色是未来商业的底色，也是消费的底色。

---

① European Parliament. Empowering Consumers for the Green Transition[EB/OL]. (2024-01-17)[2024-03-05]. https://www.europarl.europa.eu/doceo/document/TA-9-2024-0018_EN.html.

第三节 可持续的生活什么样？

早在 2002 年，联合国"能源·环境·可持续发展研讨会"提出了 3R 环保发展理念：reduce（减量化）、reuse（再使用）、recycle（再循环），如图 5.1 所示。3R 的最终目标是实现循环绿色经济，通过节约、回收和再利用，使物品的价值得到最大的开发和使用。"可持续"看似是一个庞大的主题，但如果落实到每个个体对于"可持续"的贡献，那就能够从生活层面上推动多样的延展，将其实现在日常的点滴中。

图 5.1 联合国对 3R 的解读

零浪费生活

零废弃（zero waste）也称为零浪费、零垃圾。就是尽量不产生垃圾，让每件东西都可以减量使用、回收、重新使用，或彻底消化（腐烂），以不造成垃圾填埋场或垃圾焚烧厂的负担为目标。其核心概念是简化生活、理性消费，减少垃圾的产生，进而达到永续发展及环境保护的目的。

安妮塔·梵戴克（Anita Vandyke）是一个华裔女孩，她出生在广州，在澳大利亚长大。在26岁以前她是那种不用父母操心的孩子，有着一份体面高薪的工作和美满的家庭，收集各种名牌包包，全世界到处度假。但是2014年的一个平凡工作日，她突然对自己的生活方式产生了怀疑。她说："我突然意识到，如果沿着这条路继续走下去，我想要过真正属于自己的生活而不是被黄金手铐所束缚的生活的愿望，就要永远落空了。"于是，她选择不再让物质成为自己生活的枷锁，切换工作的跑道选择自己真正想从事的行业，搬出大房子住进小公寓，更重要的是——开始尝试零浪费的生活。她在Instagram（照片墙）上开设了一个关于她零浪费生活的账号，定期与大家分享一些关于零垃圾的生活经验和环保感受。这些生活感悟和践行经验最终被收录到她的《零浪费生活》一书中。她在书中认为，零浪费生活理念的实质就是，相信日积月累的细小且具有重要意义的行为改变会对地球的未来产生重大影响，并以零浪费为准则来生活。[1]

在"彻查你的垃圾桶"这章中，她鼓励读者翻检自己的垃圾桶，看看里面有多少本可以避免产生的垃圾——外卖盒、一次性咖啡杯、无法回收的餐巾纸、塑料袋等等。通过这种检查，"可以让你知道你家垃圾的来源和去处。这也是一次很好的机会，可以让你了解你家买了什么和你家的垃圾都去了哪里。重新审视你的购买习惯。你的垃圾主要是厨余垃圾还是塑料垃圾？你最常购买的是什么"[2]，掌握自家垃圾桶内容物，我们就会了解到自己产出垃圾的状况，从而在购物行为开始前评估自己的需求，有哪些一次性的物品是可以通过购置重复性使用物品来替代的，

① 梵戴克. 零浪费生活[M]. 李雪云，译. 北京：北京联合出版有限公司，2019:8.

② 梵戴克. 零浪费生活[M]. 李雪云，译. 北京：北京联合出版有限公司，2019:16.

比如带上自己的杯子去咖啡馆买咖啡，一次可以节约一个纸杯＋一个塑料杯盖＋一根吸管，即便仅坚持这一项行为，经年累月下来结果也会是惊人的。

零活实验室（GoZeroWaste）是一家成立于 2016 年的社会创新社群平台，是国内目前最大的零垃圾生活家社群，集合了 4 万多名零垃圾生活践行者。它通过网络内容分享的手段向公众倡导和传播零垃圾生活方式。零活实验室在豆瓣一个名叫"无痕生活｜可持续·极简主义"的小组上发布了《21 天零垃圾生活养成手册》，将零垃圾生活分解成 21 个日常小目标，采用打卡的方式一日践行一项，从而养成零垃圾的生活习惯。这 21 天的小目标分别是：

Day20 － 懒人版护肤及彩妆大法

Day19 － 优雅地玩转一块手帕

Day18 － 没有塑料袋的冰箱

Day17 － 打造心动衣橱

Day16 － 负责任地"扔扔扔"

Day15 － 朋友圈的断舍离

Day14 － 一张纸也不浪费

Day13 － 新挑食主义：少肉多蔬食

Day12 － 不叫外卖，好好吃饭

Day11 － 天然无负担的清洁用品

Day10 － 轻轻地，我们去旅行

Day9 － 来呀～一起赶集呀！

Day8 － 好好刷牙，好好爱地球

Day7 － 放飞自我的生理期

Day6 － 减少食物浪费

Day5 － 带上自己的杯子

Day4 － 看一部环保主题纪录片

Day3 - 十分钟快手断舍离

Day2 - 带上自己的购物袋

Day1 - 写一篇"垃圾日记"

零浪费生活不是剥夺,也不是牺牲。它只是通过一些有创意的改变来让你我过一种"生态奢侈"的生活,零浪费是寻求物质生活的平衡,并不是简单地让大家放弃消费,而是让每一次消费行为的价值都能够被充分利用。

这意味着你不必一开始就直接选择零浪费——你可以让自己慢慢适应。这也给了你一个机会,通过一张适合自己的时间表来提升和增强意志力。为了让你更灵活且更自由地使用这一方法,它被设计成能让你任意搭配不同选择来适应各种环境。

lagom: 生活有度

很多年来,瑞典都被评为世界上幸福指数最高的十大国家之一。你会发现瑞典人生活幸福的秘密——张弛有度(lagom)。lagom似乎没有准确的翻译,而表达的对应词大约就是一种刚刚好的状态,"不太多,也不太少""恰到好处"的生活态度,其渗透在瑞典人生活的方方面面。对待所有事物,瑞典人都保持着刚刚好的节制,保持着让自己舒服的节奏。

在有度的饮食观中,健康饮食,身心平衡,对待食物有自己独特的挑选理念。应季而食,在地而食,不过度烹饪,不过度进食,不过量饮酒,也不劝人饮酒,用餐的过程讲求自然与自在。这些饮食观念乍看之下与中国人崇尚的养生之道颇为相近。对待饮食的态度同样体现在生活的其他方面,比如北欧的工业设计产品受到广泛的欢迎,其原因恰恰在于无论是色彩搭配,外观设计还是功能设计,都呈现出不多不少刚好够用的特征。它们既不奢华繁复、喧宾夺主,又绝不简陋。北欧设计从来不会有情绪上的大开大合,但却能够不卑不亢地参与到各个国家的生活方式中去。瑞典诞生了宜家这样的大众家居品牌,不同于一些强调美学至上而弱化功能性的家居产品,宜家的设计强调美学、实用性和价格之间的平衡,让大多数人都能够享受到好的设计给生活带来的改变。

lagom并非极简主义，它更多处在断舍离与消费主义之间，讲求取之有度、用之有度，维持平衡与生生不息。这与儒家的"中庸"和道家的"阴阳"也不谋而合。曾经有个调侃北欧人"社恐"的段子：在排队时他们都能够自觉地保持1米以上的社交距离。这种不侵入彼此舒适区的做法，也是lagom精神的体现——在公域空间中保持"有度"，保护私域的边界清晰，让人人都感到自在。

lagom这种对待生活的态度也开始让瑞典以外的人们着迷。工作这件事在人类历史中存在的时间并不算长，长期以来，各国社会都在通过各种方法驱动人们去工作。因为只有全民努力工作的社会才能持续地创造财富，产生税收以维持政府运营与管理，保证福利制度的长久实施。"多劳多得"这样的基本逻辑也得到大多数人的认可。然而，"多劳多得"的背后却也暗藏了风险。这容易让雇佣者无限驱使被雇佣者去劳动，于是，工作与生活之间的平衡被打破，工作的时间越来越长。并且，为了让被雇佣者难以觉察出这种失衡所产生的负面问题，"加班文化"被冠之以"努力拼搏"的说辞，而享受生活则变成了"贪图安逸"。许多企业和企业家推崇成功学和狼性文化，狼性中的"贪"和"野"被解释为在工作中要保持无止境的欲望，拼尽全力去奋斗，不达目的誓不罢休，要把公司的事业当作自己最大的事业目标。许多企业为了让员工保持最佳的工作（加班）状态，会提供免费的下午茶、晚餐和消夜，供休息的睡眠舱，健身房以及11点后免费打车的福利。工作与生活的边界越模糊不清，人就越难以腾出整段的时间用于休闲与放松。生活成为工作的间歇里见缝插针的事，而原本可以通过慢节奏的休闲娱乐去缓解的工作疲劳，如今只能通过购物和打游戏等方式快速排解。

然而这并非长久的解决之道，当薪酬增速放缓，工作变得内卷，身体的亚健康状态逐渐显现，许多人开始重新审视工作和生活在人生中该占有的比重。2022年，Work Life Balance（在工作与生活中寻求平衡，简称WLB）运动席卷而来，并受到Z世代的强烈认同。Z世代的职场新人们不再认同"年轻时应当奋力打拼，工作第一"的信条，他们希望在工作的时间里高效工作，按时下班减少加班，下班后不用回复工作信息，享受法定的双休和年假，重视闲暇的时间，把好好生活放在和工作同等重要的位置。户外运动、喝咖啡、逛公园、参加音乐节、城市周边游、街区探索（City Walk）、发展兴趣以及养宠物都成为好好生活的组成部分。WLB运动当然也对年轻人的择业观产生了影响，相比于前些年风起云涌的创业大潮，当下的许多年轻人更倾向于寻找稳定轻松的工作，然后在下班后的时间里发展自己喜欢的副业，比如做UP主分享自己的生活和技能，在地铁口摆摊卖三明治或烤肠，等等，总之，喜欢什么就做什么。

现代社会的分工制度决定了快乐且有成就的工作只有少部分人才能拥有，而绝大多数人的工作是枯燥、卑微且重复的。而更进一步来说，为了将绝大部分人捆绑在工作岗位上，消费能力被纳入社会评价体系。你会发现有关梦想、兴趣、自由、抱负这些事情在离开校园后慢慢不再被提及，甚至当试图谈论它们的时候会被吐槽为"幼稚或不现实"。而物质和消费能力被普遍认为能够展示出一个人的社会地位。在这样的评价体系之下，各类消费都存在鄙视链，"凡尔赛式"的炫耀无处不在，而假若不幸降低或丧失了消费能力（比如失业），就有可能导致个人社会地位的下降。在曾经发生的裁员潮中，星巴克成为许多精英失业者的庇护所。他们假装去公司上班，跟家人道别后，就来到了星巴克，一边努力投简历找工作，一边忧虑能不能按时交上下月的房贷。30元一杯的咖啡，一个温度适宜又能待上一整天的空间，暂时将他们维系在了中产阶级的悬崖边缘。

践行lagom的并非穷人，而是一些决定脱离这个社会评价体系的人。lagom的生活方式并非全然舍弃物质去过苦行僧的生活，而是懂得"适可而止"。这是一种对自己欲望进行全面检视后的重新整理和归纳。在这种生活哲学观之下，对工作的选择、居住的选择、饮食的选择以及娱乐的选择，都会有新的个人化的衡量尺度。这并非易事，也不是人人都认同。但对于整个社会来说，有人全力冲刺，也有人闲庭信步，生活可以浓墨重彩，也可以不咸不淡，世界方才是和谐又美满的。

一切皆二手

我们曾经对二手物品很敏感。因为在过去很长的一段时期中，大部分国人都经历过物质上的短缺。那份匮乏感一直影响着我们的消费态度，反映在行为上就是"事事追新"。买新车，住新房，穿新衣，这是收入提高之下大家的普遍认知。崭新的背后意味着"面子"，意味着实力。在中国，二手车市场直到近几年才开始蓬勃发展，但是与海外的二手车市场相比，总体体量仍然相差几个量级。在欧洲，住宅越古老越值钱，一栋维多利亚时期的百年旧宅是买房者的心头好。而在中国，20年以上的住宅被叫作"老破小"。

"二手"这个词对于40岁以上的中年人来说也许意味着寒酸和窘迫，但对于Z世代来说却有可能是潮流的象征。在小红书上搜索"古着"可以找到超过31万篇笔记，搜索"中古"可以找到88万篇笔记。根据阿里巴巴发布的2020财年年度财报，闲鱼作为中国最大的长尾商品（包括二手、回收、翻新和租赁商品）C2C社区和交易市场，2020财年GMV超过2000亿元，同比2019年增长超过100%。[①]

二手经济是循环经济的一部分。为什么二手经济能在这几年崛起？一方面是世界经济发展的不确定性，使得全球的二手交易市场都在蓬勃发展。另一方面，大家热衷于购买二手商品的原因不仅在于价格便宜，更是出于消费观念的更新，让闲置的物品流动起来，是一种节能环保的生活方式选择。当网购代替了逛街的快乐，年轻人又在古着商店和旧货市场找到了"淘宝"的快乐，那是一种独一无二的购物体验。跳蚤市场作为欧美最为普遍的二手物品交易场所在许多城市都已经成为游客最爱的打卡地点。巴黎塞纳河畔淘来的二手明信片，伦敦格林威治跳蚤市场砍价斩获的Burberry二手围巾，都是旅行中的惊喜和珍贵回忆。美国的许多社区也会定期举行跳蚤市集，大家搬出闲置在自家车库已久的物品进行售卖，很多美国孩子的零花钱就是从卖力吆喝自家闲置赚来的。从物品的流动到社交的聚合，这也是二手经济的魅力之一。

---

① 21世纪经济报道. 闲鱼6周年：阿里式创新没有天花板[EB/OL]. (2020-06-19)[2024-03-11]. https://finance.sina.com.cn/roll/2020-06-19/doc-iirczymk7780006.shtml.

在三浦展的《第四消费时代》一书中，三浦展给第四消费时代做了特征描述：伴随着高度消费社会导致过剩的物质主义不断蔓延的第三消费时代的终结，第四消费时代的消费者们已经不再热衷于盲目的炫耀性和奢侈性消费，那些优先化、最大化满足自我的利己主义思维开始转变为同时考虑他人需求的利他主义意识，想要为他人、为社会做一些贡献的想法变得越来越强烈。[1]在这种消费理念的驱动下，首先出现了共享经济，接着又催生了二手经济。

在二手经济中有两个外来名词：Vintage[2]、中古。Vintage来源于欧美的二手文化，不同于antique（文物），Vintage指的是集中在20世纪早期品牌设计师出品的非量产且风格化的产品，能够代表那一时期的工艺和设计理念。比如，一件出自Coco Chanel本人制作的外套就是具有一定价值的Vintage物品。而Vintage到了日本开始延伸出了新的含义，在日语中的"中古"不仅仅限定于Vintange范围，还包含了各类的二手商品，从服饰鞋包到家居杂货，以及书籍和唱片。它们也许都来自工业流水线，但是出于停产等原因而成了单品或孤品，再被中古店主从全世界各个渠道收集过来进行二次销售。因此，对于一直被快时尚连锁品牌支配的年轻人来说，中古店的出现带来了极大的淘物乐趣以及实现个人风格的可能。东京的下北泽、吉祥寺和原宿，是中古店最为集中的区域，也是东京潮人出没的地方。上海是中国目前中古店数量最多的城市，周末的时候和同好一起逛中古店，也许每次去都会有新到的货品，价格也不算昂贵，挑一件90年代的连衣裙，或是某品牌10年前出的某型号球鞋，穿出去永远不怕有人跟你撞衫，然后再把自己的闲置衣物寄售出去……这，就是古着达人们乐此不疲的生活方式。

"二手经济"日渐火热也给民众的消费心态带来了变化——更倾向于购买能再次出售的商品。这是大众对商品再次流通的认知意识的体现，以及年轻消费者消费价值观念的转变。疫情期间，各大奢侈品牌出现了不断提价、缺货严重的问题，二手奢侈品以其极高的性价比受到了年轻消费者的欢迎。2021年，中国二手奢侈

---

① 三浦展. 第四消费时代[M]. 陶小军，张永亮，译. 上海：东方出版社，2018:64.

② 即过去的经典。

品交易市场规模超过了万亿元，奢侈品包包成了流通的硬通货。二手奢侈品电商平台也频频获得千万美元级别的融资。从消费者端来说，卖家可以通过售卖闲置的包包获得现金流以购买新品，突破心理门槛的买家则能够通过合适的性价比获得心水的包包。但是对于中国的二手奢侈品交易平台来说，目前面临的最大困境是在市场规模不断膨胀和货源管理之间的矛盾。"中国奢侈品电商第一股"寺库APP在上市 3 年后存在业绩低迷、假货纠纷、用户增速放缓等问题。因此，以"只二"为代表的本土第二代奢侈品二手交易平台将运营重心放在了卖家端的管理上。在其搭建的非标商品标准化流转体系中，从签收、拍摄、测量、鉴定到上架等各环节都已逐步实现数据化监控和自动化。在美国和日本，二手奢侈品市场已经十分成熟。日本拥有全球最大的中古奢侈品市场，它的中古奢侈品三巨头 Brand Off、Brandear 和 RECLO 于 2021 年的夏天"组团来华"，与天猫合作开设线上中古旗舰店，原因就是其瞄准了喜欢逛中古店的 95 后消费者。

第四节　人造肉与食草运动

在可持续理念中，除了关注外在物质的过剩以外，很多人还关注内在的物质过剩。和平时期人类最大的烦恼也许来自富足的生活而给身体带来的营养超载。

根据《中国居民营养与慢性病状况报告（2020 年）》最新数据，目前中国的成人中已经有超过 1/2 的人超重或肥胖，成年居民（ ≥ 18 岁）的超重率为 34.3%、肥胖率为 16.4%。这是全国性调查报告中首次出现"超过 1/2"这样一个数字。[①] 简单来说，在这个民以食为天的国度，大家的营养失衡了。

当然，这不只是中国的问题，肥胖已经成为全球性的"流行病"。在今天的地球上，出现了这样的矛盾景观：一方面，世界粮食署的官员在年度统计中宣布全球超过 8.2 亿的人口正在挨饿，呼吁亿万富豪们伸出援助之手；另一方面，每天在万千座城市里大量达到赏味期的食物被丢弃，越来越多的人开始统计每日的卡路里摄入，结果发现自己的热量摄入大大超标。

卡路里、BMI（身体质量指数）、体脂率、步数，这些正在成为社交生活中的热门词汇，甚至比星座话题更能够赢得大家的兴趣。可持续生活方式的重中之重是拥有一个可以持续健康运转的身体。然而，保持健康却是一个漫长且需要毅力去维持的工程。对于年轻一代来说，让自己感觉健康也许比真正保持健康来得

[①] 国家卫生健康委疾病预防控制局. 中国居民营养与慢性病状况报告（2020 年）[M]. 北京：人民卫生出版社，2022:13.

"重要"。于是，在2017年出现了一个网络热词：朋克养生。根据网络释义，朋克养生是指当代青年一边作死、一边自救的养生方式。无法放弃不良的生活习惯，又尽力通过消费养生产品找补。于是出现了这样的"矛盾"场景：一边拿保温杯泡枸杞，一边在酒吧饮酒蹦迪；一边熬着最狠的夜，一边敷着最贵的面膜；一边火锅、外卖顿顿不落，一边买维生素、鱼油毫不手软。

朋克养生虽不是当代年轻人生活方式的全部，但从它背后的意义可以看到大家已经懂得从年轻时就必须保持健康身体的重要性。除了更频繁地去到健身房撸铁，科学地了解营养摄入已经成为各大社媒内容运营的流量密码。而品牌们也深谙消费者的心理，轻食和轻型保健品赛道已经成为近几年的风口。以定制化维生素DTC（Direct To Consumer 直销）品牌LemonBox为例，年轻消费者已经不再满足于传统复合型维生素，他们更喜欢通过完成一个5分钟的在线测试来获得一份为自己个性化定制的维生素搭配套餐，尽管这份套餐的价格也许会是普通复合维生素的2倍。

无糖纪元

对于健康问题，除了关注消耗，越来越多的人也在以极大的热情研究"摄入"这件事。随着《化学元素周期表》成为国民级常识，社交网络能够将前沿的研究成果从象牙塔搬出并传播给普罗大众，营养学终于成为一门科学而不是玄学。减肥这件事也不再是"少吃点"那么简单。

在21世纪的第23年，你在街头随便拉一个35岁以下的年轻人问如何保持身材这个问题，他/她大概率会答复你两个字："控糖。"糖，已经在这个时代成了"全民公敌"。

据统计，中国已经成为全球第三大糖消费国，国民平均摄入糖分超过世卫组织推荐量的一倍。糖的危害除了引发肥胖和导致糖尿病低龄化外，还会加速皮肤老化，这也是为什么有许多女性谈糖色变。人类对于甜食的喜爱是与生俱来的，它甚至与我们的多巴胺分泌有关，这是千万年来留存在基因中的偏好记忆。正因如此，控糖变得十分艰难。在社交媒体上，大家互相分享控糖心得，从入门级的回避糖类食品（比如查看配料表里有没有白砂糖、果糖和果葡糖浆）到进阶控制碳水化合物的摄入，查看食物的GI值，避免从饭菜中摄取超标糖类。

无糖生活已经成为当代年轻消费者的群体性共识，大家互相监督、互相鼓励。这样的行为也在影响着关于糖类的产业革命。2019年有一款叫作元气森林的饮料卖出了惊人的销量。它的配料表非常简单，甚至可以说无甚创新——由碳酸加几样常见的调味剂和食用香精组成，算是常见的碳酸饮料。但与众不同的地方在于它的包装文案，元气森林的饮料瓶身上用超大号的字体印上了三组"零"：0糖、0脂、0卡。这三个"0"顿时击中了在控糖生活中踽踽前行的人们，还有什么比无负担的饮料更能够让人开怀畅饮的呢？元气森林在2019年的"双十一"拿下了水饮品类的第一名，并在全网销量中超过了可口可乐，品牌估值暴涨到400亿元。然而，"成也萧何，败也萧何"，仅仅过了一年，元气森林在2021年4月向公众公开道歉配料表标注涉嫌欺诈，起因是消费者发现在元气森林乳茶产品中的"0糖"表述其实是"0蔗糖"（实际却添加了结晶果糖），并非真正的"0糖"，"0乳"也非真正的无脂肪。从这个事件我们可以看出，中国消费者对糖的态度十分鲜明：不想放弃甜味，但也不想有负担。

食品饮料行业对糖的研究已经有数十年。自从各国在《居民日常膳食指南》中将糖类标注了"摄入风险"提示后，对于食品饮料类品牌来说，如果要在行业内长久地走下去，就必须研发出糖分的可替代物。可口可乐在1982年推出了健怡可乐（Diet Coke），它用高果糖玉米糖浆代替了经典可乐中的原糖，虽然不是真正意义上的"0糖"，但这个采用了白色包装设计的瓶身意味着可口可乐决意抓住白领阶层消费者，迎合他们所中意的生活态度——自律且优雅。在一些反映时髦都市中产的生活方式的热门剧集里，你都能看到健怡可乐的身影——主角们在家中或高级餐厅里喝着配上一片新鲜柠檬的冰健怡可乐，折射出中产阶级每时每刻的形象管理。这种喝法也因此风靡全球。

对于消费者来说，选择无糖不仅意味着你选择了健康，更意味着你能够通过理性掌控自己的生活。经典可乐被戏称为"快乐肥宅水"，它是生活中短暂的放纵、调剂以及奖励。而更多时候，我们选择的是克制和信念感。如今在可口可乐的无糖家族中已经有了更多的明星成员，比如采用了阿巴斯甜实现真正"0糖"的零度可乐，以及在零糖零热量的基础之上添加了膳食纤维的可口可乐纤维+。此外，更激烈的零糖战役在茶类饮料和咖啡饮料中打响。农夫山泉在2011年就推出了无糖茶饮——东方树叶。但彼时，中国消费者显然还处在甜味饮料的蜜月期，东方树叶几乎年年被评选为最难喝的饮料。直到经历热量大户碳酸饮料的无糖化消费启蒙后，大家方才意识到传统的茶类饮料其实也是含糖大户。与此同时，在日本风靡了几十年的三得利无糖乌龙茶也伴随着赴日旅游浪潮和《孤独的美食家》的热映，强势进入中国茶饮市场。茶饮的去糖化是迅速的——毕竟在中国几千年的饮茶历史里，糖在90年代后期才进入配料表。在奶茶领域，商家增加了对糖的个性化选项，大家已经习惯了在点单时备注三分糖、五分糖和全糖。从两年前开始，甚至有奶茶店推出了"不额外加糖"选项，原因是消费者的控糖雷达发现，原来珍珠在熬煮时就会添加糖浆，这让他们如临大敌。在喜茶的菜单上，为了保持最佳口感，你可以选择加1元将原本的糖浆替换成"原创0糖0卡"糖。

无糖纪元已经开启，它正在改变人类的饮食习惯。而它仅仅是绿色饮食运动的第一波浪潮，低脂饮食和低钠饮食的风潮也正在酝酿当中，这对于食品饮料商业来说，无疑都会是无限的创新契机。

吃肉吗？人造的

人造肉来了。这个极具未来感的名字背后是科学家们试图对人类百万年以来的食物链进行的改造。人类与肉类的关系是如此之紧密，它决定了人类早期的社会分工、国家形成、文明以及生产方式。迄今，畜牧业仍然是许多国家的支柱产业。畜牧业所产生的肉、奶、蛋在人类膳食金字塔中占据了极为重要的地位。然而，畜牧业的副产品——温室气体排放（排放量占据全球总排放量的51%）、动物权益、土地污染及沙化、海洋污染、野生动物栖息地破坏等对地球造成了极大的负担。饮食习惯的改变是艰难的，素食运动已经进行了几十年。尽管素食主义者开始变得越来越多，但依然难以成为主流。即便红肉的危害性被媒体广泛报道，但肉食者们无论如何都无法割舍肉类带来的快乐。

那么，自己造肉吃如何？在人造肉的研发征程中有两个大方向：方向一是利用牛、羊等动物的干细胞在培养皿中培育肉类。2013年，荷兰马斯特里赫特大学的研究人员马克·波斯特（Mark Post）花了3个月的时间从牛肌肉中提取出干细胞，培育出了世界上第一块实验室培育的人造肉，培育过程采用了培养人体组织和器官的医疗技术。这块人造肉由英国康沃尔郡的一位厨师制作成了一个汉堡，并让现场的两位美食家进行了直播品尝。品尝后，美食家认为从口感上来说这块人造肉与普通牛肉汉堡肉难分伯仲。这意味着宰杀动物和环境成本的问题也许有了解决方案。从生物学的角度来看，由细胞培养的人造肉与动物肉本身没有什么差别，但是对消费者来说仍然存在着心理接受度的门槛，此外远高于普通肉类的培养成本也是它实现商业化普及的障碍。

人造肉的另一个方向则是将解题的思路换了180度。与其培育出真正的肉类，不如让舌头和大脑认为你在吃肉，而实际上吃的却是人工合成的植物基蛋白食品。以大豆制品模拟肉类的实验对中国人来说早已不是什么新鲜事物，几百年前在佛教戒律的推动下，素肉的研发就已经取得了成功，中国的素食餐厅甚至可以提供素佛跳墙和素东坡肉，但这些菜肴的制作都需要依赖厨师高超的厨艺。要让人造肉大规模地取代日常生活中的肉类，并进入日常餐桌，还是需要从材料本身下功夫。目前在植物系的人造肉领域多采用豌豆蛋白、大豆、小麦、马铃薯和植物油等来还原动物肉的质地和口感，它们通常以肉馅的形态出现，并通过转基因合成血红素蛋白复刻出真肉的外观。这类人造肉的最大优点就是将成本下降到了大众消费水平内，并且能够提供足够的营养。市场已经迅速做出了反应，汉堡王、麦当劳和肯德基这三大汉堡快餐巨头迅速将人造肉引进了自己的菜单，推出了人造肉汉堡产品。由于在植物蛋白中还增加了风味氨基酸和动物的还原糖产物等物质，煎烤后的人造汉堡肉饼能产生红肉特有的美拉德反应焦香，从而掩盖了豆制品的豆腥味。尝鲜的顾客们

171

大都认为这样的人造肉汉堡还不赖。在价格方面，植物人造肉比细胞人造肉有着明显优势，汉堡王的人造肉汉堡（不可能皇堡）售价仅比普通汉堡贵出 1 美元。

我国也是肉类消费大国，在人造肉这个新兴的市场上已经有着大量初创公司希望在未来培育出可持续健康食品的市场。其中一家人造肉研发企业星期零提到，它们希望通过创意、艺术、创新，去让年轻人们真的认为这是有趣、有价值的消费，这样不仅可以更好地帮助他们表明自己的生活态度，同时也能够对地球、世界、身边的动物、人类都有所帮助。

植物蛋白浪潮

植物蛋白是近几年来食品饮料界的最大"网红"。除了在人造肉中的贡献，植物基蛋白饮品也如同潮水般席卷了全球。植物基产品指主要或完全由植物制成的食品，包括用蔬菜、谷物、坚果、种子、豆类和水果等植物蛋白代替动物蛋白，它们很少或不含有动物产品。根据天猫发布的《2020 植物蛋白饮料创新趋势》报告，2020 年我国植物蛋白饮料市场销售量增速高达 1810%，销售额上升 965%，女性用户对植物蛋白饮料的偏好更强。①

2021 年的夏天，曾经深陷财务数据造假泥沼并在美股退市的瑞幸咖啡依靠一款生椰拿铁打了一个漂亮的翻身仗。这款生椰拿铁创造了"一秒内售罄""全网断货"的纪录，甚至许多星巴克的老顾客和奶茶爱好者们都专门下载了瑞幸 APP，就为了抢每天早上开门的第一杯生椰拿铁。有一段时间，打开朋友圈经常能看到庆贺抢到一杯生椰拿铁的 po 文。生椰拿铁入口有牛奶的丝滑，同时又有浓郁的椰子风味，还带微甜，与咖啡的微苦完美融合，难怪是大众皆宜的入门级咖啡饮品。生椰拿铁是如此火爆，连带生椰乳都成了淘宝直播中的爆款。生椰乳并不是传统椰汁，而一般是采用冷压技术将椰肉和椰子水榨取而成的，相比味道清淡在海外风靡但是国内消费者并不怎么追捧的椰子水，生椰乳的味道更为厚重，有着浓郁

---

① 新浪科技. TMIC: 2020 植物蛋白饮料创新趋势 [EB/OL]. (2021-01-18)[2022-01-12]. https://finance.sina.com.cn/tech/2021-01-18/doc-ikftpnnx8585451.shtml.

的"脂"香。

关于"牛奶到底该不该喝"的问题一直是营养学界的争议之一。牛奶能够提供人体所需的动物蛋白和钙质，对于老年人和婴幼儿群体来说更容易吸收。而植物奶则含有丰富的不饱和脂肪酸、膳食纤维及多种微量元素，同时热量又较低，对于身体健康的成年人群来说其实更为适合。成立于1990年的瑞典品牌Oatly（噢麦力）拥有一项将燕麦转化为牛奶替代品的酶技术专利，让乳糖不耐人群通过燕麦奶获得奶制品自由，30年后它成为全球最火的植物奶品牌。另外，除了燕麦奶，植物奶的品类范围也在拓展，除了常见的豆奶、燕麦奶、椰奶，许多品牌还开发了杏仁奶、豌豆奶、土豆奶等更为小众的植物奶产品。

对于崇尚健康且可持续的年轻消费者来说，选择植物奶不仅选择的是健康的生活方式，更能够通过减少对植物奶的消费来降低畜牧业的碳排放量。这些消费者并非严格意义上的素食主义者，但能够在饮食中进行蛋白质的替代性尝试，并获得口感上的变化和乐趣也是他们十分愿意为之的。Oatly这些新消费品牌也深谙在社交媒体时代的营销秘诀，首先在包装的设计风格上就贴近年轻人喜欢的嬉皮风格，进驻Instagram、抖音（Tiktok）、小红书等千禧一代活跃的社区进行内容互动，鼓励KOL和KOC们上传在生活场景中Oatly的产品露出，以打造时髦健康的生活方式。其次，与包括星巴克等连锁咖啡店、独立精品咖啡店合作，推出专门适用于拿铁和卡布奇诺的咖啡大师燕麦奶，让燕麦拿铁进入这些咖啡店的永久菜单，进而成为更多人接触植物奶的窗口。

第五节　可持续与不持有

　　可持续的生活方式并不宏大，核心在于坚持做出微小的绿色行为并相信其为这个世界所带来的美好的改变。从集体到个人，从行动到消费，把行动意识融入消费之中，环保行为在大众中的成功要诀就是无负担环保。只有做起来无负担，才能让更多人更持久地去执行，产生聚沙成塔的能量。这种能量最终将改变地球。

　　可持续是一个复杂的生态工程，无论是对于环保公益机构还是商业企业，如何在这个议题上与公众进行对话面临着两种选择：是改变理念在先，还是改变行为在先。环保理念的传播一直在产生变化，在曾经的很长一段时间里，我们的公益广告总是倾向于将环保行为塑造成一种利他行为，并从道德的高度驱动人们去做环保。但是事实上，这样的宣传并不是那么有效。比如戒烟广告一直宣传二手烟会损害他人的健康，其效果并不如将晚期肺癌患者肺部的影像印在烟壳上更能起到震慑作用。人们总是倾向于选择更利己的方式。从几年前开始，星巴克就号召大家自带杯子买咖啡，因为一次性咖啡杯无法回收是巨大的浪费，但是如果仅是传播这个知识点很难让大家有动力带上随身杯，于是这个号召活动附加了一个条件：凡是自带杯子的顾客可以减掉3元。这就是一个典型的先改变行为、再改变理念的环保行动。

　　在高效率和快节奏的现代社会，如果说消耗和大量生产在某种程度上难以避免，那就尽量延长这些物品的生命长度，让它们尽可能长地在你的生活中发挥价值。金子由纪子写了《不持有的生活》一书，在书中，简单来说，绝大多数的环保行为很难维持主观能动性，只有从可持续行为中发掘利益点，才能通过利己行为实现利他。

第六节　我们正在进入低欲望社会吗？

低欲望社会是一个怎样的社会？是佛系青年、"丧文化"，还是内卷下的"躺平"现象？其实这三类现象的精神内核基本上是一致的：面对较大的竞争压力和生存压力，年轻人一直在焦虑，也一直想解脱。

极端的低欲望青年不算普遍，有些人选择了"躺平"方式——不工作、不升学、不结婚、不社交，寄生在原生家庭里成为"啃老族"，以最低消耗的模式活着。而更多人还是在继续为美好生活而努力奋斗，只是心中的预期和现实中的落差让他们不得不自嘲一下来发泄自己心中的负面情绪。2017 年由饿了么和网易新闻联手打造的为期 4 天的快闪店"丧茶"就带起了一股丧营销的风潮。但其热度也并未持续太久，整个事件的走向更像是一种社会情绪的集体释放，而等到一种新的压抑来临之时，类似的营销也会紧紧跟随而来。那么，什么才是真正的低欲望社会呢？

事实上，"低欲望社会"一词出自日本经济评论家大前研一的同名著作，此社会的主要特征有：第一，年轻人不愿意背负风险，渴望安逸，不像从前那个时代愿意独立购屋，背负百万元的房贷。第二，少子化。一方面人口持续减少，人力不足；另一方面，又面临人口超高龄化的问题。第三，丧失进取心。对于"拥有物质"毫无欲望，随便吃个一两餐就能活下来，"出人头地的欲望"也比先前降低不少。第四，无论是货币宽松政策还是公共投资，都无法提升消费者信心，撒再多钱也无法改善经济状况。

高欲望社会的过度消耗导致低欲望社会的出现，当奋斗的成本升高，大家发现收入的增长无法跟上物价的增长时，降低欲望成为自然而然的选择。

身处低欲望社会中的青年到底面临着什么样具体的生存问题？他们从开始懂事时起就遭遇持续的经济不景气，目前年纪大多在 35 岁以下；要照顾老人，但口袋里有钱的并不是他们这些领薪水的上班族，而是退了休的高龄者；在房贷及教育经费等方面有过多的花费。

2017 年上映的日本电影《啊，荒野》就描述了这样一个近未来社会：风俗场所大量倒闭并被改造成老人院，自杀率节节攀升，规模性爆炸和游行在街头轮番上演，年轻人可通过参加自卫队或成为老人看护以抵充学生贷款。在这片社会的荒野上，人与人之间的连接变得十分脆弱，人们缺乏爱的欲望，"苟活着"是他们的常态。可以说这一预言于某种程度上，正在一步步成为现实。长期精神匮乏地在"荒野"中生活的结果是成为"野兽"，同时在欲望方面也会回归"原始状态"，更注重吃、睡等具体的贴身的问题，而减少远离自己实际生活的消费。

"低欲望社会"这一概念确实击中了中国人的痛点，因为如今的中国确实出现了一大批低欲望青年，但整个社会还没有完全进入"低欲望社会"。日本是在经济高度发展之后，经过 20 年到 30 年的变化，才逐渐形成这样的社会状态的。这种状态，来自人们内心对一种全新生活方式的真正认可，这种变化也是水到渠成的。而中国的经济还没有像日本那样经历长时间的繁荣，地区差异也比较大。中国的年轻人也并没有完全丧失干劲和志向，"佛系""丧""躺平"则更多的是在努力过程中一种自嘲态度的表达。

尽管如此，"低欲望社会"也带来了一些思考，一些品牌敏锐地嗅到了风向，除了迎合年轻人的一些丧营销之外，也采取了反消费主义的策略进行宣传。这也是为什么大家在讨论消费升级的同时，消费降级也被提及得越来越多了。

2015 年，我国台湾地区的低价超市品牌全联推出了反消费主义主题的广告。"省钱"是这次广告营销的主概念，唯一的转变是全联将省钱从"实用主义至上"重新定义为一种年轻化的很酷的生活方式。"省的是钱，但我活的却是一种独立的生活态度"。

> 长得漂亮是本钱，把钱花得漂亮是本事。
> 知道一生一定要去的 20 个地方之后，
> 我决定先去全联。
> 来全联不会让你变时尚，
> 但是剩下来的钱，能让你把自己变时尚。
> 省钱是正确的道路，
> 我不在全联，就是在往全联的路上。

为了一点小钱精打细算地生活在很多年轻人眼里看来是一件不太"酷"的事情，而全联将省钱和生活美学联系起来，就让"省钱"这个概念变得更加时尚了，该花就花，能省则省才是"新消费主义"的主题。

网易严选在 2020 年"双十一"期间，打出了"要消费，不要消费主义"的口号。在玩法越来越复杂、时间战线拉得越来越长的"双十一"期间，几乎所有的平台和品牌都在铆足了劲推动消费，而网易严选应该是第一个提醒消费者在这样的日子里"理性消费"的电商平台。

> 是热爱、是不跟随、是不屈从
> 定义了独一无二的我
> 要我所热爱的生活
> 不由消费主义定义
> 由我定义
> 要消费，不要消费主义
> "双 11"严选好物节
> 价格虽低，但也请理性消费①

---

① 网易严选广告核心文案。

第七节 低欲望青年札记

他乡即吾乡

年轻人面临的生存困境在一定程度上取决于他们所居住的环境：大城市机会多，工资水平高，消费也高；小城市安稳，压力小，但相对收入低、发展空间有限。许多人面临围城一般的抉择。

在深圳的三和人才市场附近，生活着一群"三和青年"。他们想赚钱但又没什么能力，只是觉得留在大城市好歹能混口饭吃。他们迫于生计不得不选择低消费，吃着 5 块钱一碗的挂面，可以直接睡在公园、网吧或者住 20 块钱一晚的旅馆，过着干一天活、过三天日子的生活，时间一长也就自动成为一种低欲望的生活方式了。

再把视角放到东北小城鹤岗。一个煤矿关停后渐渐失落的工业城市，却因为一个"5 万元买房"帖重新回到大众视野。本地的年轻人离开了，而另一些年轻人却纷纷到来成为新鹤岗人。在此之前他们都以一种极低欲望的状态生活在一、二线城市的褶皱里，买房遥遥无期，高昂的生活成本又几乎很难存起钱来。而鹤岗为他们解决了居所这个最大的消费品，只需要用北上广深不到 1 平方米的房价就能买到一套两居室。第一批来鹤岗的是一群漂泊的人，"5 万元买房"帖子的作者就是百度贴吧"流浪吧"里的成员，在他之后有很多常年流浪者都纷纷来鹤岗看房，鹤岗如同最后的"桃花源"一般可以接纳一个人最"低微"的安居梦想。然而，"桃花源"也有缺陷，凋零的城市很难提供更多的工作机会，只出不入的生活难以长久维持，第一批新居民离开了。而后来到鹤岗的是一群更年轻的人，他们是插画师、代码工程师、网络文学写作者、自由广告人，他们的共同点是他们都只需要远程工作。不想被大城市的房价绑住人生，想要逃离原生家庭，想要摆脱"工作—消费—工作"的循环，他们带着各种理由来到鹤岗探索生活的可能性。低房价、低物价的生活带来的是生活质量的全面提升，存钱变得更快了，无效社交变少了，不再需要辛苦通勤了，工作变得轻松，不需要为了生计而过劳……当生活归于简单，他们不再需要购买昂贵的床垫枕头就能安然入睡。鹤岗也因为新居民的到来，而逐渐变成了低欲望生活的实验地。

鹤岗之后，许多人都在寻找第二座鹤岗、第三座鹤岗……山东的乳山，因为失败的地产开发曾被称为"鬼城"，但 2023 年夏天，它成为最受退休人群欢迎的短租胜地。500 元就能租到一套面朝大海的公寓。没有咖啡馆，没有便利店，没有共享单车，年轻人在乳山待不了几天就想离开。但这里海岸线绵长，有热闹非凡的北方市集，10 元 3 斤的生蚝，1 元 1 斤的番茄，对老人来说就非常惬意。在一、二线城市略显紧张的退休金，到了乳山就显得绰绰有余。

无论选择大城市还是小城市，都有其双重影响。正如围城所说，在里面的人想出去，在外面的人想进来。关键在于人们想选择什么样的生活，能不能在选择的生活方式中看到希望。"此心安处是吾乡"，只要精神有了寄托，哪里都可以是"家"。

"丧、佛、宅"的向阳面

有关"佛系"和"丧"的话题在 2017 年和 2018 年被讨论得最为广泛，"佛系"甚至被国家语言资源监测与研究中心纳入"2018 年度十大网络用语"。2019 年，则出现了有关"××自由"的热点讨论，如"车厘子自由"，一时间有关车厘子自由的营销层出不穷，如喜茶和奈雪的茶纷纷推出与车厘子相关的饮品。到了 2020

年，轮到"网抑云"一词火爆网络，当初那个在地铁车厢印满治愈文案的网易云音乐如今成了"抑郁"的代名词。

2021 年，又有一个词引起了人们的注意，那就是"内卷"。青年们因为社交媒体的聚光灯效果，饱受优秀的同龄人带来的压力。在这个时代背景下，几乎没有人能不焦虑。但网友们仍然想出了一个办法——实在不行就"躺平"吧。

"宅"，比前面的词出现得要早得多，尽管宅文化的本意是个人化消费社会的一种象征，但如今更普遍的一个含义是"逃避"。"逃避虽然可耻但有用"正在成为一些低欲望青年奉行的准则。不想社交？那就逃避吧。不想工作？那就逃避吧。

"丧"是与理想和预期有较大落差带来的"应激反应"，"佛"是自我消解和安慰的生存保护色，"宅"是不想也不需出门生活和社交下的自有属性。

我们可以看到的是，低欲望青年表面上"丧、佛、宅"，拒绝"内卷"，实则仍在积极"求生"，他们比任何一代人都渴望个人价值的实现。

焦虑的解药

受疫情影响以来，很多人的社交圈不断被重构，他们与世界的联结趋于扁平化，生活中人际交往的隔离难以填补，抑郁成为他们之间普遍的社交性话题。

一个人上班，一个人吃饭，一个人逛街，一个人唱歌，一个人去游乐园……这样的群体被称为"空巢青年"，孤独地一个人生活也成为一种生活方式。就像曾经的"蜗居"和"蚁族"一样，空巢青年是伴随着社会经济的发展和城市化进程的加快而出现的。

在此背景下，除了个性化需求之外，旨在满足个人舒适愉悦的情感因素愈加被品牌所重视。如何构建一人的使用场景，研发一人份需要的产品，创造小而美的消费，是品牌为抓住这些"孤独"的年轻人心智所需要思考的问题。于是，"孤独经济"悄然诞生了，其常见的内容包括一人食市场、宠物经济等。一个人，养只猫，也能快乐地享受生活。正如"一人食"合伙人 Eddie Cheng 说："很多人离乡背井一个人到大城市读书或者打拼，'一人食'的概念是给他们的支持和鼓励——

一个人生活也要好好对待自己，提升自己的身心状态。"①除此之外，他们也喜欢在网上用多种多样的娱乐方式来排解寂寞，比如通过手机和屏幕另一端的主播进行互动，为在游戏中的虚拟角色充值消费。

人类学家项飙曾提出有关"边缘与中心"的理论，他说边缘也有其下分的中心与边缘，前往中心并不是唯一的通道。低欲望青年相对于整个青年群体来说，是处于边缘地位的，所以他们完全不用上赶着被裹挟进消费主义的洪流，而可以在边缘里塑造出自己的生活方式，来更好地面对这个世界。

欲望之外，让世界更好

"三和青年"身处大城市深圳的中心，却只能生存在边缘，"鹤岗青年"定居在中国的边缘则找到了自己生活的中心。低欲望青年们选择"躺平"，大多是源于现实生活跟理想生活之间的落差被拉得越来越大，他们在不断反思自己正在做的事情是不是自己真正想要的，反思自己是否要得太多了，低欲望也渐渐成为一种自主选择的结果。在理想渐渐被拉回现实之后，他们把目光从遥远的中心放到了近身的边缘。那么，如何去找到边缘的中心？

他们学会想做就做、精打细算和预测高风险。有的人果断离职，在不小的年纪重新开始一份全新的职业或者重新开始学习新的领域；有的人过着最简单的日子，赚够钱之后35岁就退休；有的人不去过多幻想美好的未来，在二三十岁的时候就早早地开始立遗嘱。他们不断在追寻真实的自我，不因欲望而迷失，不被外力推着走。在信息爆炸的大平原里，他们在寻找"躺平"的正确姿势：如何能让自己从紧张的竞争中逃脱出来，在获得内心的满足与平静的同时实现自身价值。

近几年来，越来越多的年轻人逃离喧嚣的城市回归田园，有的做起了村干部，有的则是以设计师和志愿者的身份积极地投身到"乡村振兴"活动中去。在日本，有的年轻家庭甚至干脆买了一座山自己经营，与周边的村民一起改造地域。原本

---

① 新华社. 一人食：中国饮食文化新趋势[EB/OL]. (2018-12-20)[2020-03-17]. https://baijiahao.baidu.com/s?id=1620372612111766831&wfr=spider&for=pc.

无所事事的"尼特族"①也有了新的生活方式，他们走入山野，在那里从事一定的农业劳动，每月只有一点收入，却自得其乐。在中国，有一个坐落于浙江省杭州市余杭区、叫青山村的地方，被称为"未来乡村实验区"。2015 年，一批年轻人来到这里，用公益行动保护了当地的龙坞水库，极大地改善了这里的生态环境。起初，他们在青山村创办自然学校，将坍塌的老礼堂改造成"融设计图书馆"；如今，他们的队伍越来越壮大，各国的设计师、创业者、公益组织聚集起来，尽情地发挥他们的想象力进行创新创业。此外，他们还热衷于环保和公益事业，致力于把青山村建设成一个艺术村落、一个环境友好型村落，更是一个青年人才宜居的村落。据统计，已经有超 50 名的外来新村民常驻于此。不只是青山村，成都蒲江的明月村和铁牛村也成为年轻人爱去的新型乡村。让乡村可以生活，而不仅仅是城市的"附属品"；也让乡村不再被"农家乐"所标签化，成为真正宜居、宜休闲的栖息之地。如今，良好的自然环境加上发达的互联网，让乡村成为年轻人创新创业的基地，让年轻人从一个工作者变成一个创造者，变成一个生活的热爱者，这是乡村发展的未来②，也是低欲望青年们的出路之一。

对他们来说，与其在大城市中找不到目标，不如在乡村重新开始，结合自己的兴趣与技能，找寻新的起点，通过创造去了解最真实的自我。这也许就是"躺平"的正确打开方式。

在一定程度上脱离了物欲的束缚，低欲望青年们普遍开始重视精神世界的建设。他们在"躺平"中回归自然，也是想回归到自然的人的状态，渴望摆脱焦虑，释放出真实的自我。他们首先发现的是自我的价值，与其在一条跑道上卷生卷死争"第一"，不如在另外的地方做别致的"唯一"。他们不需要太多人的认可和赞同，而是自己肯定自己的意义，活出自己的生活方式，渐渐地就会吸引一批志同道合的人。这是一种怎样的生活方式？

---

① 尼特族是 NEET（not currently engaged in employment, education or training）的音译，指一些不升学、不就业、不进修或参加就业辅导，终日无所事事的族群。

② 每日经济新闻. 成都"网红村"总规划师施国平：乡村不应仅仅是城市的附属品 [EB/OL]. (2020-10-15)[2020-12-17]. https://finance.sina.com.cn/tech/2020-10-16/doc-iiznezxr6213475.shtml.

少一些攀比，多一些热爱；少一些限制，多一些自然；少一些焦虑，多一些自洽。不购买超过自己支付能力范围的物品，专注于眼前的生活。

除了对自己的重视之外，他们还会思考人类和世界的共同命运，他们会反思人类是不是给地球添加了太多不必要的物品。于是他们开始探索起绿色的可持续的生活方式，用自己的行动给地球减负，也让自己摆脱物欲的控制。

低欲望青年们内心的真实想法绝不是如网上流行的那种"丧、佛"，而是在爱自己的同时渴望这个世界能变得更好。

第六章

消费文化与性别消费：广告中的性别凝视

消费社会有几个重要的因素构成：消费者、商品和信息。商品被制造出来满足消费者的需求，消费者通过购买商品来获得体验，信息在消费者和商品之间双向地流动，帮助市场扩张，也帮助消费者在市场环境中获得更大的知情权和选择权。这样的帮助信息流动和到达的过程，我们称之为广告。广告一方面让我们能够及时获取与产品相关的信息；另一方面，它的频繁出现和无所不在又让人避之不及。但不得不说，如果我们能够把生活中所有接触到的广告信息统计起来，它所承载的信息量将远远超过我们阅读、观影的信息量。所以说，广告在很大程度上对我们的认知和观念有着很强的引导和教育作用。这种作用是潜移默化的，也是很难躲避的。

广告是连接品牌和消费者之间的工具，因此当我们在谈论广告的时候，实际上是在谈论人。广告依附于媒介进行表达和传播，当我们在进行广告投放的时候会对投放环境中的人群进行评估，以确定他们是广告的宣传对象。而性别则成为首先需要确定的要素。

物品需要性别吗？在人类社会的早期，物品并不区别性别。石块被制成工具和器皿供所有人共享并使用。但随着在劳动中男性和女性的分工逐渐被固化，在涉及劳动工具上的性别设定开始慢慢显现出来。最初，制造者们考虑到男女在身体和力量方面的差异，对工具进行了有针对性的设计。而随着社会分工的逐渐固化，工具在性别上的区别也被固定下来，物品上会显现出更多的男女特征与审美倾向。商人摊贩们发现，在对顾客进行商品销售时，如果根据男女消费者的不同日常需要进行销售手段上的区分，会更容易促成交易。在男主外、女主内的社会分工格局之下，商品经济演化出了性别营销，在家庭外部使用的生产力工具被赋予男性的特征，在家庭内部使用的劳动工具则更多地具备女性特征。而与此同时，带有性别区分的商品经济又反过来对民众进行了性别化消费的引导与教育，让消费者在消费时会根据自身的性别属性来选择商品。女性用品上的纹饰往往比男性用品上的更为繁复，服装在用色和版型上的性别差异更是千年前便已有之。甚至在味觉方面，都有着性别的强调，糖就被认为与女性的联结更为紧密，并成为女主人在家庭内部实施饮食奢侈化的标志。下午茶和餐后甜品的盛行，代表着在家庭内部女性对于社交活动的主导权，而甜点的口感和设计也更倾向女性的审美。

这种自男权社会而起的性别区隔是根深蒂固的，也造成了在消费社会中商品的性别化分类。当营销人员在对商品进行定位时，会先进行性别设定，再以此来决定产品的风格和广告的信息。而消费者通过对广告信息的接收和消化，则会慢慢形成具有性别差异的消费观念。人们会逐渐相信商品是具有性别属性的。这种属性通过色彩、图案、文字、音乐以及代言人进行大众传播和意识灌输。粉色的数码产品会在广告中标注是女性专属。男性护肤美妆类的产品，在气味上会更多强调海洋、森林的清新风格，以蓝、绿等冷色调进行标示，而相对应的花香和果香味则更多地被添加在女性用品中。长此以往，大家也就默认了这种性别上的元素区分。从传播的角度来说，广告是社会、商业和文化的综合产物。所以，广告反过来会对社会产生影响。社会大众对性别的看法会影响广告中的性别角色定型。而广告内容的频繁暴露，会使得社会更进一步地接受并强化这种性别类型化现象。

第一节　消费社会中的性别画像

在消费行为中，我们通常认为男女在购物时会出现较大的性别差异。例如我们经常可以看到在网络上有类似的段子：在购买洗发水时，男性的购物决策非常简单，他可能只会评估洗发产品的清洁力就下单了。而女性则会有一大堆的要求，如产品成分、价格、促销信息、气味、颜色、外包装、功效、质地以及代言人等因素。这种差异长期以来被误认为是一种性别上的天然特征使然，如"逛街是女人的天性"。然而实际上，这种行为上的特征恰恰是由男女长期以来被固化的社会家庭分工决定的。

自古以来，负责主外的男性被社会赋予了更多外部的要求。因此，他的消费行为特征也更偏向于获得外部认可，他们的消费对象通常是能够彰显他们能力、身份地位、社交及权力的产品和服务。这也是为什么汽车、白酒、专业器材类的产品广告以男性为信息输出对象。同样，负责主内的女性被社会要求能够高效且经济地打理家庭生活。在一个女孩的成长过程中，她被不断地进行生活训练：如何货比三家，如何精打细算持家有道。在大部分的家庭中，女性承担着家庭采买这一重任，这使得她们需要花费大量时间，依赖大量的信息收集来确保消费的合理性。于是常常见到在针对女性的营销信息输出时，商家会尽量详尽地进行信息的展示，突出价格、质量、功效等。无论是线上还是线下的购物环境，都会围绕女性顾客进行设计，毕竟她们手中掌握着日常生活用品的采买大权。

在这样的传统社会规则中，男女承担着不同的角色分工。性别角色定型指的是人们对于男性和女性在行为、人格特征等方面的期望、要求和一般看法。那么这样一种在社会上的普遍看法，事实上也会被转移到广告当中去，从而形成在广告中的性别角色定型。

性别意识的产生和发展与生活环境中的信息传播有很大关系。在现代媒体特别是平面媒体及电视媒体诞生后，人们通过大众化的内容传播来建立对社会和自身的认知。正如波普文化艺术家安迪·沃霍尔所认为的，当我们结束一天的工作回到家中瘫在沙发上看电视时，这种持续的信息影响力和输入效果比在教育环境中要强烈得多。进入网络时代后，大众文化的传播力变得更为广泛且高效。而广告作为内容经济的伴生品，也是大众文化教育的重要组成部分。特别是其重复的特性更是决定了广告相对于其他媒介的信息影响力更强烈。因此，当广告将消费者以性别区分来进行对话时，这种信息的输入可以等同于持续不断的性别意识教育。学者早在1974年的研究中就发现女性在广告中会更多地被安置在居家场景中，而很少出现在职业场所，她们总是被描述为带有依赖性的或者是带有性色彩的角色。而男性却恰恰相反，他们在广告中频频出现在商务场所和专业场景中，并且总是代表了一种权威感。当然，这与在那个时代女性就业率较低、更多的女性是家庭主妇这一现实情况不无关系。

第二节　传统广告中的性别刻板印象

1949 年，法国作家西蒙娜·德·波伏娃（Simone de Beauvoir）在她的名作《第二性》中指出：“女人不是天生的。而是后天形成的。”[①]社会性别指的是在社会文化影响下形成的适合于男性和女性的行为规范和秩序，是在社会文化期望下性别所应扮演的角色。在早期的广告中，社会对于性别的看法影响着广告中的人物和场景设计。追溯 20 世纪五六十年代的商业广告，男性的出场往往是带着成功、自信、权威这样的标签。在欧米伽手表的广告中，手表的佩戴者是成功男性——开敞篷车，梳油头，展示出上流阶层的迷人微笑。而如果是冰箱的广告，广告画面中则会出现厨房的场景，以及这个场景中的必要人物——女性。那如果广告中需要男女同时出现呢？你会发现如果是酒类饮料的广告，女性角色总是会被安排在一个附属的位置上，以陪伴男性饮酒的面貌出现（见图 6.1）。

---

① 波伏娃. 第二性（合卷本）[M]. 郑克鲁，译. 上海：上海译文出版社，2004:9.

图 6.1　20 世纪五六十年代的广告

　　这种对于男女性在社会分工属性中的固有看法站在现代人的立场上来说，属于刻板印象。性别在社会环境中，已经不仅仅是男女的生理特征，更体现在"个体在认知自我和社会过程中产生的、导致社会中可接受和预期行为的价值的个性特征"[1]。特定社会行为和特定个性特征的期望被称为性别刻板印象。[2]广告主为了在市场上推广一个品牌，对于社会中的性别刻板印象的刻画是一种由来已久的行为，也是一种刻意为之的行为。[3]在广告主眼中，产品功能中的性别教育往往比产品中其他属性的教育成本更低，因为一旦与社会中固有的性别认知挂钩，消费者就能迅速对号入座。在广告信息中，灌输一个新的认知和强调一个固有的认知——虽然后者不仅成本低而且有效。这也是为什么产品会预设性别来进行推广。

　　与其他的影视类作品不同，视频广告的时长非常紧凑，往往只有 5~30 秒，而平面海报更无法全面地展示广告人物。在这样的局限下，性别刻板印象在争分夺秒的广告场景中往往会被放大，性别的标签效应也会被放大，性别形象变得愈发脸谱

① FUGATE D, PHILLIPS J. Product Gender Perceptions and Antecedents of Product Gender Congruence[J]. Journal of Consumer Marketing, 2010, 27(3): 251−261.

② VINACKE W E. Stereotypes as Social Concepts[J]. The Journal of Social Psychology, 1957(46): 229−243.

③ EISEND M. A Meta−analysis of Gender Roles in Advertising[J]. Journal of the Academy of Marketing Science, 2010, 38: 418−440.

化以加深受众的观感，避免引发认知冲突。长此以往，就会造成性别印象刻板化的情况愈发严重。同时，在广告人物设定中迎合受众对自我的期待性认知也是性别营销中的重要功课。在广告当中，男性往往会处于第一性的地位，而女性则会处于第二性的地位。广告中的女性经常被描绘成男性的附庸，比如陷入困境时被拯救的对象、亲密关系中弱势的一方以及在男性凝视下的性感尤物，又或者是一些固定标签的代名词，比如家庭主妇、马路杀手、天真少女……这些都是顺从和弱者的形象。而男性在广告中的角色则常常以权力者、专家、问题解决者的形象出现，相对于女性的贤惠与柔弱，广告总倾向于让男性角色展示力量、权威和睿智。

男女间的劳动分工决定了二者的消费需求和决策行为的不同。由于女性长期以来是家务的承担者和家庭用品的采购者，因此家庭日化类广告的目标受众往往是女性。洗衣类产品的广告往往是这种刻板印象的"重灾区"。可以说，从它诞生起就将自身与女性的家庭劳动者身份牢牢捆绑在一起。在洗衣产品的广告中出镜的多以女性为主，由她们分享自己的产品使用心得。不过在 20 世纪 90 年代，汰渍洗衣粉广告中也曾经出现过一个著名的男性形象：郭冬临。但他并不是以使用者而是以专家的身份出现的——教授一群中老年女性如何使用汰渍来高效洗涤衣物。即便到了 2021 年，某品牌洗衣凝珠依然在它发布的广告文案中强调了这种家庭洗衣劳动的性别传承——"奶奶用九勺洗衣粉，妈妈用九盖洗衣粉，我用一颗××洗衣凝珠"。这样的广告语对于有性别平等意识的人来说会产生不适感。此外，在育儿这件事上性别刻板印象的问题也非常严重。母亲被认为是天然占据育儿主导权的人，因此市场在推广婴幼儿产品时，也是将之与女性紧密联系在一起的。母婴用品类别已经成为一个固化的营销标签。在广告的信息设计中，母亲扮演的是养育、安抚、护理、教育的角色——这意味着婴儿食品、用品、健康等产品的诉求消费群体是母亲群体，而父亲通常扮演的是游戏的合作者、休闲活动的陪伴者、成长的引导者甚至是偶像的角色。又或者，在某些广告中，父亲与孩子一起扮演着被女性照顾的角色。比如某品牌烹饪油的广告画面中，爸爸和孩子在餐桌前等妈妈端上美食。

　　随着女性议题在社交媒体中被频频讨论，如何重新定义女性在家庭中的角色和地位以及女性形象应在广告中如何映射，成为许多女性主义者关注的领域，社会公众也对这样的固定角色分配产生了不同的认知和态度。因此，当"三八节"的某品牌广告以"帮妈妈做家务，给妈妈放假"来庆贺妇女节时，收获了大量恶评。多数人认为家务不是女性的分内之事，男性同样需要承担平等的劳动义务，而非将做家务视为帮忙和好意。在这样的社会公共认知转变的背景下，厨房家电或调味料品牌们在进行广告创意的时候开始注意避免让女性总是处于服务者位置，而男性处于被服务者位置的场景出现，爸爸/老公下厨做饭的场景开始出现在时下的广告画面中。

尴尬的父亲

　　具有性别刻板印象的广告对于男性来说也同样存在着困扰。一方面，女性被认为是生活消费的主力群体。大多数产品研发团队都会更在意女性消费者的喜好。无论是美妆日化类产品线，还是食品家居类产品线，品牌们集中火力希望取悦女性，男性消费者则被归置到了边缘地带。在大家对男性的刻板印象中，一个男性不应该将注意力和精力投入在日常消费这类"婆婆妈妈"的事里，不该对外表过于关注和讲究，只有事业成功才是衡量男性价值的唯一场景。这就造成了男性消费市场的规模要远小于女性消费市场；甚至有伴侣的男性，其消费需求会被合并到家庭消费中去，成为隐形的消费者。许多家庭中并不会特别购置男性洗护类用品，于是丈夫共用着妻子的沐浴露和洗发水是常态。我们经常看到，李佳琦的直播间里挤满了年轻女性消费者，"各位女生：1、2、3！"是他的著名口头禅。但是当他希望拓展男性用品市场的时候却遭到了冷遇，一则男性并不爱看购物类直播，二则直播间里代替家中男性采购用品的女性消费者们普遍认为，如果是洗护类产品，本着"爷们还是糙点儿好"这样的刻板印象，一来不需要特别为男性购置，二来即便购置也并不需要贵价类商品（因为男性并不那么讲究）。于是，她们齐齐在直播间里刷起了"他不配！"的弹幕。虽然只是戏谑的玩笑话，但数据不会撒谎，最终只有那些中性类产品或男性洗护品作为附赠或搭售才勉强达成了成交。

　　正如我们调侃男程序员的标志性衣着是格子衬衫或条纹T恤，父亲这个角色的刻板印象也根深蒂固。例如育儿这件事，长期以来母亲是育儿的绝对主力，承担着吃喝拉撒这些日常繁重的工作。在一个传统的家庭育儿场景中，社会对于父亲育儿责任的界定是模糊的。大多数的父亲在下班回来后陪伴宝宝玩耍一会儿，就算是尽到了义务。因此，在婴幼儿的产品广告中，我们会习惯性地将母亲与婴幼儿绑定在一起。

　　在海外某超市的促销海报（见图6.2）中，在妈妈的购物车里，大部分的商品用于宝宝的清洁护理，而爸爸购物车中的商品则几乎都是玩具。这样的广告所传递的父亲角色是轻松且愉快的。这样的现象出现在广告当中，大家可能不会觉得有什么问题。但从性别平等角度看，这种育儿分工就是正确的吗？显然不是。但如果当所有的广告都在展示这样的分工，就会将这一刻板印象不断地增强并延续。

图6.2　海外超市促销海报

　　如果再做进一步地延伸，当我们从网络上搜索相关育儿产品的时候，你会发现凡是涉及喂养、照顾、清洁功能的产品，通常会选择母亲出现在广告场景中。广告所涉及母亲这个角色的固定标签是：无微不至的、非常温柔的、具有牺牲奉献精神的。而当父亲角色出现在儿童广告中是一个什么样的场景呢？你会发现在育儿和家庭生活中，凡是涉及闲暇陪伴、金融支付等功能的产品，品牌方会选择父亲出现在广告场景中。其涉及的刻板印象也是一直以来社会所认同的父亲标签：责任、坚忍、强大、承诺等等。但事实是不是这样的呢？也许以前传统的家庭分工的确是；但在当下新型的家庭结构中，男女分工并不是那么固定的。大部分家庭中的男性和女性都承担着养家的责任，同样也分担着养育的责任。虽然我们还是会吐槽丧偶式育儿，但是"丧偶式育儿"这一词语的出现，恰恰证明了大众不再认可父亲在育儿中的缺席。近些年来随着共同育儿理念的普及，越来越多的男性正参与到育儿的家庭事务中去，爸爸这个角色不再是传统中"在外奔波养家"的形象。如今80后、90后的年轻父亲，他们很愿意参与育儿工作，陪伴孩子成长。这一方面是自我的要求，一方面也是来自妻子的要求。这意味着随着我们社会的发展，大家对于父亲在家庭中角色定位的认知和观念产生了变化，如果在广告中继续刻画传统的父亲形象，那么事实上对在育儿当中投入精力的男性是不公平的。宜家在它的产品目录册当中，在许多家庭空间的样板展示了父亲独立育儿的场景。的确，爸爸为什么不可以比妈妈更懂得带孩子呢？

突破世俗之见

地域文化的不同可能会影响广告对性别的倾向。一些地域文化当中对男性女性的看法，以及性别群体在社会中的地位会影响广告中人物性别的设定。比如在我国的一些地区还存在着重男轻女的思想，当我们在搜索引擎中搜索婴儿奶粉的时候，你会发现绝大部分的婴儿奶粉广告当中的婴儿性别都是男性。是因为男宝宝比女宝宝更可爱吗？肯定不是的。这其实意味着奶粉制造商清楚很多家庭非常重视家族中的男性后代。而奶粉广告中经常强调的关键词：聪明、健壮、成长，都归属为男性社会标签。在这样的文化影响下，品牌方就会比较倾向于去选择男宝宝。这是在广告中非常容易被忽视的性别歧视现象。我国台湾地区大众银行以真人真事为题材拍摄了系列广告，因其展示了真实的平凡大众而获得万千感动。广告片A的主题词是：梦想。故事围绕一群80岁的老头去实现年轻时候的一个约定，骑摩托车去环岛旅行。广告片B讲的是一个母亲在语言完全不通的情况之下，搭乘飞机飞越万水千山去异国照顾刚生育了宝宝的女儿。这个广告的关键词是：母爱、坚韧。在传统的中国文化当中，大家觉得一个母亲去做照顾女儿的事是正常的，因为世俗默认女性承载着抚育后代的责任；而对男性来说，追求梦想、自我实现是男儿的英雄本色。所以在这样固化的文化语境里，如果我们把这二则广告中的角色去进行一个性别对换，你会觉得怪怪的吗？

　　顺应世俗之见还是突破世俗之见？这将成为接下来大部分品牌面对的命题。艺术家对广告当中的刻板印象进行了一些实验性的创作。比如黎巴嫩一位艺术家将几件 20 世纪中叶著名商业广告中的性别角色进行了对换（见图 6.3），希望通过这个实验来唤起人们对商业信息中存在的以刻板印象引导消费观念的关注。在这些角色对换的场景中，如果你的观感存在不适，那说明你还未突破刻板印象。

图 6.3　对广告的性别实验

　　所以在日常生活中我们可以经常想一想，在自己的消费中有多少是基于刻板印象所产生的消费行为，哪些购买行为是从自身性别出发的。再做一个换位思考的设想：如果站在异性的立场上，会做一样的选择吗？我们的生理性别是天然的，而社会性别则是由具体的社会制度、文化规则和生活环境共同影响而形成的。广告是商业和文化的结合体，也是当代大众观念的风向标，从中可以窥探社会对各种事物的态度与看法。广告里有人类的当下，有文明的投影，有对美好事物的传播，也有对不平和弱势的表态与关怀。

第三节　新消费浪潮下的性别觉醒

鲍德里亚在《消费社会》一书中提出，现代消费社会的特点是从物的消费过渡到符号消费，对产品本身的重视逐渐变成对产品包含的象征意义的重视。消费这一行为已经不再是简单意义上的物物交换，更多时候人们是在为他们认同的文化、象征符号、价值观等抽象意义的事物买单。回顾过去 40 多年，中国在改革开放过程中经历了数次的消费升级：从早期的基础性消费，保障吃饱穿暖，到现在逐步地去寻求更高层级的消费。商业社会通过消费升级来进一步满足人们的精神和物质需求，并构筑起美好生活。我们现在身处新消费力的时代，消费升级这个说法自 2016 年起频繁被各类媒体提及。什么是消费升级？消费升级体现在我们通过对日常用品、服务的升级置换或购买，来达到提升生活品质的目的。从某种程度上可以说新消费升级也是新时代的家务解放运动。

解放的是谁呢？总的来说，解放的是女性。

小家电的大作用

80 后、90 后组成的家庭里，谁家厨房没几个小家电呢？ 2021 年卖得最火的是空气炸锅。再往前推，养生壶也曾蝉联榜首。80 后、90 后对小家电有多热爱？他们硬生生把小家电制造商买上了市。2019 年，生活小家电企业小熊电器在深交所上市，公司财报显示，这家公司有 83.3% 的产品为厨房小家电。而全网养生壶卖得最好的北鼎也在一年后登陆 A 股创业板。

京东大数据研究院对京东平台上家电的购买数据进行了统计，发现新型家电在新中产家庭中的渗透率非常高——智能电饭煲、戴森吸尘器、蒸烤箱、扫地机器人、电火锅、加湿器、手持挂烫机、便携饮水机等小型家电尤为突出。这些家电不是传统必需型家电，但因为能够极大程度提高家务的完成效率以及优越的体验感被纳入了许多家庭的消费升级清单。最重要的是，这些好用的小家电能够将广大女性从厨房中解放出来，有更多的时间享受生活。

家电行业已经认识到女性的社会角色和地位正在发生变化。自 1949 年新中国成立以来，我国一直鼓励女性从家庭走上社会，在各个领域参与社会的建设和发展。截至 2019 年，我国女性的就业人口占就业总人口的比例超过 40%，这是几十年来鼓励女性独立的成果。相对于男主外、女主内的家庭分工，女性在经济上依附男性的传统，现代女性承担着比以往任何时候更多的社会责任。那自然地，她们也希望能够获得与男性对等的身份价值和社会地位。

小家电正在成为消费的新宠，它被誉为最能够提升幸福感的新消费类产品。对于职业女性来说，在经历了一整天的工作和通勤回到家后，一个高效率且智能化的家电系统能够在很大程度上减轻家务的负担，并能够在厨艺探索等方面增加愉悦性。

现代女性不再只属于家庭，她们会希望在更多的领域施展自身的能力，获得更多的话语权。经济的独立性让女性的消费行为变得更为广泛且活跃。除了传统的家庭类消费，你会发现女性消费者几乎活跃在所有的消费品领域。因此，对于当下的品牌来说，获取女性消费者的认可变得非常重要。我们需要注意的是，现代女性并不认为性别觉醒是让女性彻底抛弃传统家庭角色和家庭责任，她们并不会像剧本《玩偶之家》①中的娜拉那样通过放弃家庭生活和责任来谋求个人的自由。她们更希望的是在家庭与事业、社会角色与自我之间找到更优、更平衡的解决方案。如果有产品能够在这时帮助她们达到这样的平衡，提升她们的生活体验，这

---

① 《玩偶之家》是挪威戏剧家亨利克·易卜生创作的戏剧作品。该戏剧是一部典型的社会问题剧，主要围绕过去被宠的女主人公娜拉的觉醒展开，最后以娜拉的出走结束全剧。

样的产品就会受到热烈的欢迎。

而这种平衡的追求对于男性来说也同样如此。随着越来越多的 80 后、90 后男性重视在家庭生活中的参与度，小家电不仅仅帮助了女性，也帮助男性更好地去掌握家务技能和育儿技能，让"全能爸爸"真正全能。

独居的"社畜"们也是小家电的狂热拥趸，即便身处"996"的深渊，也不能阻止他们仰望生活的光明面。小家电类品牌深谙这种追求美好生活的心理，因此与 KOL 们合作投放海量描述美好生活的鸡汤内容。小红书和抖音都是这种美好生活方式的集中展示地，仅仅是"空气炸锅"一个关键词就能跳出上万个菜谱和晒图。

有人说小家电是智商税，是消费主义的陷阱。但对于年轻的消费者特别是女性消费者来说，用小小的溢价去换取效率和体验，无论如何都是划算的。

"女汉子"和"她经济"

你还记得"女汉子"这个词吗？ 2013 年，"女汉子"一词登上百度热搜榜成为中文互联网上的年度热词之一。这是一个网络原生词，指的是外表是女性而性格像男性的女性。这是对女性男性化的颠覆性表达。"关关雎鸠，在河之洲。窈窕淑女，君子好逑。""窈窕淑女"是自古以来女性社会形象的标准。但是对今天的现代女性来说，"窈窕淑女"已经成为阻碍女性探索多样化社会角色的障碍，从职场到生活，女性可以是有力量的，可以是坚强的，更可以是独当一面的。

"女汉子"一词一经提出就迅速被网友响应并传播，其背后体现了广大女性希望突破性别的刻板印象，以获得更具客观性或者说更具有力量感的社会身份新标签。在北上广深等一、二线城市中，独居的女性人口正变得越来越多，她们独自处理生活中的所有事情。传统中的女性形象——柔弱、温顺或是贤淑——已经不足以概括现代女性。从"女汉子"这个昵称开始，女性需要从性别枷锁中释放出来，不再接受男性的凝视，拒绝被定义。

这些年还有一个词叫作"她经济"。"她经济"的背后是女性消费力量的崛起。天猫在 2020 年"三八节"前夕发布《"她力量"报告》，指出天猫 80% 的头部新品牌都与女性消费有关，新品牌易感人群（一年购买 12 次以上新品牌的消费者）中 70% 为女性，约为 7600 万人次，贡献了新品牌 50% 左右的 GMV。[①] 当女性开始重视自身的存在价值，希望从固有标签（比如母亲、妻子、女儿）当中突破出来时，她们意识到有种相对简单直接的办法：消费。消费是一件由自己掌控的事情，它意味着经济权力的自由支配，对有经济能力的女性来说不需要征得他人的许可。比起千年以来"女为悦己者容"的"悦他"概念，现在的女性消费者显然更喜欢"悦己"这个设定。悦己消费迅速成为女性消费者善待自我、重视自我的体现。

围绕悦己消费，品牌也开始重新去审视自己产品的内涵表达，以及自身如何与当代的新女性进行对话。什么是悦己的新女性？我们采访了两位对象，她们在某种程度上代表了新消费时代下的新女性。

访问对象 A：

郑乐敏，28 岁，90 后，从事服装设计工作，月收入 2 万元左右，在上海独自租房居住。她在描述自己的消费主张时这样说："我曾经经历过'买买买'的阶段，那是在我刚刚开始经济独立时。那时候，我对一切美好的商品都充满了兴趣，也有一些虚荣。但是，当内心的匮乏感慢慢缓解后，我开始意识到消费不是简单地往自己身上贴金，而是如何找到适合自己的东西，并通过它们表达自我。"她不认同炫耀式的消费，不认为一定要买最贵的、最好的，她更看重的是产品的功能性背后隐藏的概念和意义。这不符合刻板印象中爱慕虚荣、在购物时喜欢攀比、容易冲动性消费的女性消费者形象。理智消费事实上是现在很多女性的消费理念，她们看重品牌的内涵和价值观。在个人时间的支配方面，郑乐敏将 70% 的时间分配给了工作，10% 给了爱好，10% 给了社交，10% 给了自我成长。她认为在这个年龄，职业发展应该是放在第一位的，甚至原本用来恋爱的时间都被投入了工作。她剪极短的头发，每周换一个发色，毫不在意这是不是男性会喜欢的造型。她收集盲盒，会在闲鱼上交换闲置，在 Know Yourself 上购买心理学课程，向内探求内

---

① 苍青."她力量"觉醒，品牌如何读懂"女人心"？ [EB/OL]. (2021-03)[2022-08-17]. https://www.yunyingpai.com/content/brand/661344.html.

心的变化。在经历了几次工作调动后，她与朋友成立了独立设计工作室，将几年的积蓄拿出部分作为股权投资，她相信——"自己的职业才是最值得投资的东西，而非婚姻"。

访问对象B：

王迪，40岁，80后，一个7岁女孩的母亲，生活在成都。她认为自己消费观念并没有因为生育而产生很大的变化。"在有了小孩后，家庭各项开支的确增加了不少。按照传统的观念来说，当有了小孩后，你的个人需求马上会退居二线，一切以孩子的需求为第一需求。但是，我不想委屈自己，我的人生也很重要。"王迪说道。王迪在某公立教育培训机构任职，周末是最忙的时候，周一周二则是定休日。老公上班，女儿上学，一个人的休息日成了她最重要的与自己相处的时间。探访成都的各条老街小巷、打卡好吃的小馆子和咖啡店、与闺蜜聚会、参加街舞课都是在为即将耗尽电量的身心快速充电。虽然中年人生无法彻底摆脱一地鸡毛，但间歇性地"重返二十岁"让她不至于与自我彻底失联。她是个不折不扣的吃货，淘宝购物车中一直会定期回购单价360元、由著名美食家沈宏非出品的定制广东黑蒜腊肠。每当感到精疲力竭时，她便会在米饭上蒸上一份。当腊肠的香气开始弥漫，咬下一口腊肠，爆浆的肉弹感让她觉得消费的意义更在于成全自我。

从数码商业领域中也能看到"她经济"的贡献力。女性对数码类和虚拟产品的热爱已经完全不逊于男性。吴晓波频道在《新中产报告2018》中调查了35~45岁、本科以上学历、个人月收入在8000元以上的人群对科技设备的使用情况。发现在这个人群中，女性消费者对带有智能语音助手的产品、可穿戴设备以及AR/VR产品的兴趣程度，会高于相同条件的男性。此外，在游戏领域，过去的游戏市场里男性玩家的比例远高于女性玩家。但是随着手游的普及，你会发现在很多的热门游戏里有相当高比例的女性玩家。所以这也是为什么在2019年，美妆品牌M.A.C会与王者荣耀跨界合作，推出基于游戏的限定款口红。当美妆类的品牌开始与游戏世界产生连接，意味着它认为在游戏中能够接触到相当比例的年轻女性玩家，能与她们进行对话，并激活她们的购买力。

男性的自我凝视

很多人可能会有一种印象，觉得女性的消费力远远强于男性。一直以来，根据女性＞孩子＞老人＞狗＞男性的消费者营销公式，大部分品牌的目光都放在了女性身上。但事实上，随着消费升级，男性消费者的价值开始加重。

这些年来，男性消费力的增长速度非常快，尤其是在个护、美妆、服饰等以往可能会被认为是男性消费空白的领域。在并不遥远的过去，男子汉形象意味着粗糙和硬朗，风吹日晒方显男儿本色。"护肤"二字几乎不存在于男性字典里。直到 20 世纪 90 年代，国民品牌大宝才在它家喻户晓的广告中设置了一个清晰的男性用户画像。一位男性摄影记者，端着照相机在镜头前说："天天在外面跑，风吹日晒的，用了点大宝，嘿！真对得起咱这张脸！"虽然用户画像依然没有改动男性的刻板印象，但终于在几乎全部以女性诉求为主的美妆护肤市场中为男性顾客发出了一点微弱的声音。

转眼到了 21 世纪，Y 世代[①]的男青年们对于男性美的定义正在发生改变。2021 年，偶像明星鹿晗在微博上说："扮靓不分性别，大家都可以的，只要自己喜欢。"这番言论引起了广泛的讨论。一方面是许多大 V 声讨男网红们缺乏阳刚之气——"描眉画眼像个娘炮"，另一方面是程序员们万年不变的格子衬衫加双肩包造型被女性网友们揶揄吐槽不修边幅。现代的年轻男性对于形象这件事决定不再遵循刻板印象，护肤、美颜、身材管理和穿搭都被提上议事日程。考拉海购数据显示，2020 年 00 后男生购买彩妆的增速已超过同龄女生，除了眼线外，00 后男生购买粉底液的增速是女生的 2 倍。[②]男性与女性的生活爱好也逐渐趋同，喜欢养猫，喜欢做饭，重视家庭，共同育儿。因此，男性消费的蓝海市场正在被打开。

男性性别刻板印象问题在广告中也长期存在，这同样是来自社会文化的映射。

① "Y 世代"这个名词被公认为美国人在 20 世纪的最后一个世代。在这个世代诞生成长，进入青年期后，2000 年就过了。同时另一个广义的"Y 世代"，则包括了在 25 岁到 5 岁的美国青年、青少年、孩童，也就是西方世界通称的青少年族群。

② 李可馨. 谁在治愈"男颜"之隐？[EB/OL]. (2021-06-02)[2021-06-17]. https://www.donews.com/news/detail/1/3154106.html.

瑞文·康纳尔（R.W.Connell）在《男性气质》一书中归纳出三重性别结构模型：权力关系、生产关系和精力投入，并从性别秩序和阶级两个维度出发将男性气质概括为四个类型：支配型、从属型、共谋型和边缘型。[①]在广告中，酒类、金融保险类、汽车类广告中男性形象出场频次最高，这也是传统男性形象最为集中的区域。固化的形象主要包括三类：成功睿智型的男性、企业家类的和一家之主的男性。广告中的男性更多的是与科学性、生产性和权威性的产品相匹配。如果是涉及个人形象的物品，你会发现无论是品牌还是广告都会侧重于如何用快捷的方式去解决这个对男性来说似乎是"烦恼"的事情。比如知名男装品牌海澜之家，它最为耳熟能详的广告语是："男人的衣柜，一年去两次海澜之家。"其背后的隐藏含义可以理解为，逛街买衣服对男性来说是件麻烦的事，所以需要一个高效的解决方案。但对于当下的年轻男生来说，这句广告语是失效的。许多年轻男性的穿搭意识在增强，他们觉得打理并输出自己满意的个人形象是很愉快的事情。男性的网购领域也变得越来越广泛，而对彩妆品和香氛类等更侧重于女性市场的产品，男性消费者也在呼吁品牌能够看到他们的需求。

各大品牌也意识到了这个客观的男性形象管理蓝海。2020年7月，路易·威登在东京涩谷开设了第一家男士专卖店。这家店的与众不同之处在于，这是一家瞄准男顾客的奢侈品商店。在传统的奢侈品牌店中，男性服饰往往可能会被放在二楼，或者占有非常小的空间。但LV却专门为男性开设了一家专卖店，除了发售男装鞋履外，还有专为男性设计的珠宝配饰等，用以打造都市男性的时髦生活方式。此外，还有香奈儿在2019年发布了男士彩妆产品线。这是该品牌成立以来第一次专门为男士推出一整套产品组合。在这条产品线里面，除了护肤品之外，还包括了粉底液、唇膏和眉笔，以满足现在越来越多的男性日常妆容的打造需求。男性在日常生活中化妆这件事情，已经变成公众认知中非常正常或者说非常普遍的现象。对于男性来说，痘痘、黑眼圈、粗糙的毛孔并不是男性美的象征。

---

① 康奈尔. 男性气质[M]. 柳莉，张文霞，张美川，等译. 北京：社会科学文献出版社，2003:105-112.

第四节 突破广告中的性别刻板印象

如何识别广告中可能存在性别刻板印象？这里总结了8个分辨的依据，如表6.1所示。

表 6.1 刻板印象的分辨依据

角色		年龄	
广告中的男性更多地充当一个职业者，女性更多充当家庭角色或依赖角色		广告中的女性比男性更加年轻	
外表		产品分类	
广告中的女性比男性更注重外表，希望通过外表赢得异性好感		广告中的女性往往是身体类产品的代言者，而男性则更多作为高科技产品、专业类产品的代言者	
论据		场景	
在广告中男性比女性更多地提供了有关产品的科学信息，而女性更多从主观感受出发		在广告中男性更多出现在职业场所，而女性则更多出现在家庭和休闲场所	
背景		结束语	
广告中男性总是单独出现，而女性总是结伴出现		广告中的男性更多作为结束语的发起者。	

在新的消费时代里，当社会公众对于性别的意识开始觉醒，会有越来越多的女性对这样存在性别刻板印象的广告产生被冒犯或不舒服的感觉，并因而不想去买存在性别歧视问题的产品。

早在1998年，美国《商业营销管理》期刊中就有一篇围绕商业广告中性感元素的研究论文，作者拉托尔、汉索尼和威廉姆斯提出了图 6.4 中的模型①。

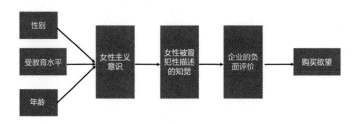

图 6.4　广告中的性感元素对受众的反应模型

　　这个模型描述了女性主义意识是如何影响到消费者最终购买决策的。研究者们认为女性主义意识在个体对广告的情绪反应中会起到一个重要的中介作用，有很多因素往往不是直接而是间接地通过女性主义意识来影响受众对于产品的购买欲望和购买行为的。

　　性别平等意识作用在每个人身上的程度不同。因为受教育水平、年龄和社会文化环境的差异，会使不同成长背景的人对于性别平等的意识有不同的认知。认知程度的不同会影响人们对广告中性别信息的反应，人们会判断其中是否存在对自身所属性别有所冒犯的内容。一旦产生了被冒犯的知觉，那该名观众难免会对这个企业、品牌或者产品产生负面的评价。而后，就会直接影响到他们对商品的购买欲望。于是就会发生如下反应：

　　"我不想买了。"

　　"我再也不喜欢这个品牌了。"

　　"这个品牌太让我失望了"

　　"大家一起抵制啊！"

　　虽然不是所有的个体都会对广告中的性别角色定型产生负面的评价，但是我们需要认识到这是一个信息流动的社交媒体时代，即便只有一个小小的负面评价，

---

① LATOUR M S, HENTHORNE T L, WILLIAMS A J. Is Industrial Advertising Still Sexist: It's in the Eye of the Beholder[J]. Industrial Marketing Management. 1998, 27(3): 247−255.

都有可能形成燎原之势。而活跃在社交媒体上的网友也正是消费的主力军。他们可以是年轻高学历的女性、80后、90后，或者Z世代。一旦当他们觉察到在广告中存在着这样的性别角色定型，他们就有可能相互告知，并联合起来对品牌主说不。这种性别意识是在动态发展的，如果品牌没有与时俱进的话就会招来麻烦。

2017年为了庆祝百年庆典和新机型发布，尼康公司在全球范围内邀请32位摄影师共同完成一个主题摄影展。但引发大家关注是被邀请的32位摄影师全部都是男性，一位女性摄影师都没有。许多女性摄影师知晓此事后在网络社区进行了联名抗议，她们认为尼康公司的行为反映了在摄影圈存在已久的性别歧视和男性霸权问题。尼康公司后来就此事进行了道歉，撤下了广告，并且宣称今后会推动女性赋权，招募更多的女性摄影师进行品牌合作。

然而这件事情其实在摄影界只是冰山一角。摄影器材市场一直以来是一个男女性别失衡较严重的市场。如果从产品的形态来看，早期的大部分数码类产品设计都在迎合男性审美。后来一些厂商开始推出针对女性设计的产品，但这种设计实际上还是带着性别偏见——产品被简单粗暴地用粉红色作为女性专属色来进行性别区别。此外，在功能的设计上也倾向于更简单、更自动化，潜台词是认为女性用户无法掌握复杂的操作。比如某品牌的一款微单相机在广告语中声称它轻巧、适合自拍，在广告画面中就将这款相机放置在一堆女性化妆品中。这其实就是典型的刻板印象：只有女性才热爱自拍吗？男性用户就不在乎重量了吗？

女色还是男色？

让我们再来谈谈性感营销这件事情。在创作广告时，大家普遍认同性元素是广告传播的密钥。有许多著名的广告都使用过性感营销并获得了成功。手段包含对某些身体部位的展示及语言联想等，这是通过生物学的刺激来激发人本能的注意力。毕竟在消费者的AIDMA购买模型中：注意是第一步。佐治亚大学的汤姆·瑞奇特（Tom Reichert）教授等几位学者组成的研究团队在收集并分析了6本著名杂志上1983年至2012年期间发表的3232个广告后，发现不管是过去还是现在，女性在性感营销中占据着数量上的绝对值——2013 年，22% 的广告包括性感女性；而只有 6% 的男性。[1] 也许有人会觉得这样的营销手段背后是出于满足男性对女性的凝视。但其实不仅如此，女性也会关注这类广告中的性感元素。当广告中的女性在展示性感身材时，是在向女性观众释放一个信号：如果你购买/使用了这个商品/服务，你也能够变得魅力十足、充满吸引力（受到男性的关注和欢迎）。女性内衣品牌"维多利亚的秘密"（以下简称"维秘"）广告中的最大秘密就是通过大量展示性感元素，让女性消费者认为穿着该品牌的内衣能够产生更强的性吸引力。性吸引力法则是生物世界中普遍存在的，在广告内容中出现本无可非议，但男女比例上的失衡或过于具有性暗示的画面让越来越多的女性消费者产生了不适感。近年来在女性运动的推动下，维秘发现性感营销这招开始失效，连曾经每年都万众瞩目的 T 台大秀都招致了种种非议。当历经多年所打造的性感女神形象——"天使的脸庞+性感的身体"被目标消费群体抛弃，维秘终于认识到当代的女性不想只活在他人的凝视下，更想活在自我的欣赏中。2021 年，维秘在中国市场启用杨天真为代言人，打出"做自己，挺你！"的广告语，主动打破传统对性感的定义。并且，在官方淘宝店的产品效果图中，大量启用大码和普通身材的模特，鼓励消费者接受并欣赏自己的身材。

另一个以性感营销著称的是美国休闲服饰品牌 A&F。其招牌营销活动是当每一家新店开业的时候，都会招募一批的男性模特，赤裸上身站在店门口来吸引女性顾客的围观。这件事品牌做了很多年，大家都不觉得有什么问题，并以与模特合影为傲。但这些年 A&F 不再使用这样的开业方式，同样是因为消费者们认为这同样是物化男性肉体的低俗手法。

男色经济的背后是女性对男性的凝视。越来越多的女性产品在选择代言人时选择了男明星，这是为了取悦女性，也是女性地位提升的结果。但是如同以前传

---

① REICHERT T, CHILDERS C C, REID L N. How Sex in Advertising Varies by Product Category: An Analysis of Three Decades of Visual Sexual Imagery in Magazine Advertising [J]. Journal of Current Issues and Research in Advertising. 1998, 33 (6): 1–19.

统广告强调女性的美貌，现在广告中的男性形象，也同样是由商家—媒介—受众利益共谋的结果。男明星代言女性用品的广告，其实从性别文化的角度来讲，它并不完全是性别平等的，事实上还是通过男色去引导女性消费。它是不是性感营销的变体，我们需要做进一步的思考。

广告中的性别平权

那么品牌是否可以引导性别平等呢？百威啤酒做过一个非常有意思的性别平权营销活动。2019 年，它将自己在 1958 年发布的系列海报，在 60 周年之后做了再设计（见图 6.5 ）。它将 1958 年的原始版本和 2019 年的再创作版本一左一右拼在一起向公众重新展示，人们能从中看到广告人物戏剧性的变化。1958 年版本中的女性虽然在画面中占据主导的位置——视觉中心点，但是它展现的场景是一位妻子准备了百威啤酒在等待丈夫回家。而 2019 年经过了再设计的海报，你会发现丈夫不见了，他的位置已被闺蜜们取代。新版海报展现的是女性的饮酒聚会。新的广告文案写的则是："她发现她已经拥有了所有。"——拥有友情，拥有她自己，然后她拥有一款好喝的啤酒和一段非常美好的时光。这位女性是否已婚，这已不再重要。

图 6.5　百威啤酒广告海报系列一

　　百威对广告再创作的动因进行了解释，品牌认为："广告应该是国家文化和价值观变迁的一个见证。"在这一系列的另两张海报（见图6.6）里，1958年的版本中女性在丈夫身后为他斟酒、为他服务，而男性拿着锤子，代表他是职业者，是家庭收入的来源。而在2019年的版本中你会发现女性和男性处在同一个水平线上，他们肩并肩平等地坐在一起，那把象征劳动力的锤子则被放在了女性这一侧。

图6.6　百威啤酒广告海报系列二

　　性别平权在社会中的落实还包括对于商品/服务的使用权力的平等。对于同一类商品，在使用方面不应当有性别偏见。女性酒类市场是一个快速增长的蓝海市场，以前大家会认为女性喝酒不是一件好事情，去酒吧的女孩都是坏女孩，等等。这意味着女性饮酒被污名化了。然而事实上，越来越多的女性觉得适度饮酒可以达到放松、娱乐的目的。在现在北上广等一、二线城市的酒吧里，你会发现男女客人的比例几乎是一样的（甚至女性顾客占据多数）。Rio（锐澳）从2018年开始请周冬雨作为代言人，将它微醺系列的产品定位为：女性一个人独处时的小酒。"空巢独饮万岁"中周冬雨演绎的女性生活状态是在现今社会中相当普遍的。在这个状态下，她单身，独自居住，但同时她是快乐的、自在的。她的快乐不需要任何人来成全。相信很多人会有共鸣。

可以说"一部广告视觉形象设计史便是一座长长的女性肖像画廊"[①]，界定性别歧视的广告内容似乎并没有那么容易。但值得肯定的是，在女性不懈的努力下，很多国家和组织都已经认识到在商业传播信息中需要平等对待性别。英国政府在2019年发布新规，明令广告中不得包含可能造成伤害或普遍冒犯性的性别刻板印象，比如：显示男性或女性因性别而无法完成任务，如男性不会换婴儿尿布，女性不会停车；暗示男性或女性因为体格导致恋爱或社交失败；任何贬低男性执行"女性"任务的行为。此外，很多国家都加入了反性别刻板印象广告的阵营。

---

① 数英网. 英国出禁令！"性别刻板印象"广告一律不准播出 [EB/OL]. (2019-07-10)[2022-02-12]. https://www.digitaling.com/articles/183056.html.

第五节　商业创新中的性别力量

穿男装的芭比

2016年，一个美国网友在Instagram上分享了一张照片。她4岁的女儿很开心地抱着自己在玩具店选的新卡车。这位母亲在照片下方写道："还好她只有4岁，还不识字。所以我不需要向她解释为什么玩具卡车的包装上要印着'男孩玩具'的字样。"

这张照片让很多人都非常有触动。他们回想起小时候逛玩具店的情景，大部分玩具店都有男孩区和女孩区的划分，男孩区里有汽车模型、火车铁轨、变形金刚，女孩的区域则是芭比娃娃、厨具套装、毛绒宠物等。在科学研究领域，我们常探讨"人之初"的问题。人类是一个善于快速学习的生物，我们脑部的学习速度甚至超越了身体的成长速度。人类从婴儿到幼童到青少年到成人的过程就是一个不断吸收社会观念和规则，并形成稳定社会人格的过程。尽管许多研究显示，大多数幼儿在选择玩具时会选择与自己性别相同的玩具类型。伦敦城市大学的学者在对101个9~32个月大的幼儿进行了玩具观察实验后发现，婴幼儿在选择玩具时会对玩具的性别属性做出反应。这种反应一部分来自生物的性别本能反应，但另一部分来自婴幼儿的社会化感知。[1]

---

① TODD R K, BARRY J A, SARA A O. T.Preferences for "Gender-typed" Toys in Boys and Girls Aged 9 to 32 Months[J]. Infant and Child Development. 2016, 26 (3). Article e1986.

　　3岁前是儿童建立性别认知的重要阶段，他们从身边的成年人和物品中建立最初的性别印象。在这个阶段周围环境对他们的引导将直接反馈在玩具的选择行为上。对于孩子来说选择玩具是一种下意识的喜好表现，也许会有女孩选择玩卡车，也有男孩选择玩娃娃。这对于孩子来说不是什么大事，但对于他们身边的成年人来说却可能面临难题。当你带孩子去逛玩具店的时候，你会带她去男孩玩具区还是女孩玩具区？女孩选择卡车也许没什么大问题，但是当一个男孩热衷于玩芭比娃娃的时候，他的父母可能就会有点焦虑，甚至可能企图纠正他，把卡车或者乐高塞进他的手里。这就是周围环境在婴幼儿的社会化过程中所施加的影响。

　　有没有必要在玩具上给予孩子性别的区分和引导？有越来越多的人认为这种体现在玩具的颜色、形态、功能设计上的差异都会带来性别刻板印象的暗示。一直以来，在性别刻板印象方面争议最大的芭比公司最近推出了可以自定义性别的芭比娃娃（见图6.7）。对娃娃的身体形态、发色和衣着都进行了可以性别转化的设计。孩子在玩的时候可以按照自己的喜好去决定娃娃是男性还是女性，是穿着裤子还穿着裙子。在这个娃娃身上，性别标签被拿掉了。这就是一个基于性别平等意识的产品创新。

图6.7　可以自行定义性别的芭比

性别中立的未来

　　现在，当我们在谈论商业创新的时候，已经很难回避性别这样的一个议题。

在消费社会中，不同性别之间的需求差异在变小，因此，去性别化商业成为商业创新领域新的垂直细分板块。"无性别"（unisex）一词，通常指的是结合男装和女装的双重元素，或者模糊两性特征，在两性身份间找到中间地带。"无性别主义"（genderless）也被解释为"无边界主义"（borderless），因为其本质是一种打破固有界限的态度。

去性别化的风格在各个领域开始流行。莫兰迪色近年来被许多人喜爱。然而这套色彩理论是乔治·莫兰迪（Giorgio Morandi）在几十年前就已经提出的。为什么时隔了那么久才开始在大众中流行呢？在某种程度上可以说是因为大家的审美正在变得越来越中性化，最终作用在色彩的选择上就是那些中间的平衡的色彩越来越受到欢迎。

在莫兰迪色的色彩范围里，你很难明确地指出哪一种颜色是偏女性化的，或哪一种颜色是偏男性化的。在使用了莫兰迪色配色的商业空间里，男女都会感到非常舒服自在。对于无论是商业空间还是居住空间来说，如果在风格上过于女性化或者过于男性化，会让其他性别在这样的空间里有一种被排斥感。

此外，在产品创新方面，1994年，品牌CK推出了一款无性别的香水——CK One。在香水产业里，产品线一直是区别男性和女性的。品牌不约而同地设定了女性香水的香调为花香调或果香调，而男性古龙水的香味设定通常为木制或檀香的调性。然而，CK却打破了这个约定俗成，它的思考是：为什么没有一种香水的气息是同时适用于男女的呢？为什么要通过香水的气味去区分性别？于是就有了风靡全球的CK One，从1994年热卖到现在。它在广告中也特别选择了中性化特征的模特。

很多新的品牌或者是面向年轻消费者的品牌已经意识到了中性化审美的趋势，于是不再在产品的功能设计上或者包装上刻意区分性别。以个护产品为例，一个家庭中的男女需要各自独立使用洗发水和沐浴露吗？是否真的有必要在洗发的这件事情上去做性别设定？现在有一些品牌回应了这个疑问。无性别主义的洗发水和沐浴露成了消费者的新选项。于是，品牌在瓶身设计、色彩，以及气味方面，都兼顾了男女的需求，做出了一个平衡。

服装行业总是走在去性别化尝试的前端。2015 年，英国百货公司Selfrige的创意总监琳达·休森（Linda Hewson）在商店的某个楼层设置了一间无性别实验的店铺。在这个店铺里没有像传统服装店那样设置男装区和女装区，出售的服装没有明确的性别标签。它们没办法像往常一样被按照男装或女装进行分类，针对不同顾客来出售。作为这项运动的一部分，为了达成毫无任何性别暗示的目的，设计师索性把人体模特都拿掉了，因为模特本身存在着性别引导。琳达·休森希望达到的目的是：当消费者踏进这样一个店铺，可以不再带着性别预设去购物。顾客需要尝试抛弃长期训练之下的购物习惯，让大脑不再试图分辨眼前的商品是男用还是女用，并最终摆脱长期性别刻板印象训练之下的条件反射。

除了像这样的实验性项目，快时尚品牌这些年在面向年轻消费者时也在做一些去性别化的产品设计。比如ZARA、H&M等品牌删除了童装系列中的性别标签，不再提示这是男孩穿的，那是女孩穿的。此外，ZARA还推出了成人的无性别服装系列，男性和女性都可以穿。

"倡导全面的包容性"将是接下来几年品牌会面对的营销课题。一些前沿品牌已经开始尝试引导一场性别平权的消费革命。当Z世代的消费者希望突破自我，追寻内心所向时，品牌为了赢得他们，是否也能与他们随行，甚至给予他们支持和力量，这将是获得他们消费认同的至关重要的因素。

当然，虽然我们谈论了很多关于性别中立、去性别化的问题，但性别中立趋势只是一种趋势，并不等于说在商业的所有领域都要把性别的差异去除掉。因为性别是真实存在的，性别之间的差异也是真实存在的。所以说，如果在产品或服务上故意忽视了性别差异，反而是对性别的不尊重。

广告中的性别教育

1990 年，联合国教科文组织提出了推广性别平等的概念，推动女性STEM教育的普及。STEM是科学、技术、工程、数学四大领域连起来的缩写，也就是我们俗称的理工学科。联合国发现，在全世界大部分国家都存在文科领域女性从业者多、理工领域男性从业者多的现象。虽然说女性和男性在小时候都是无差别入学，但在最终职场分布里，性别失衡的问题却会出现。这是父权制社会的产物之一。在一个女孩的成长过程中，她会在各种渠道中接收到女性不适合从事理工科相关工作的信息暗示。在很多过去的影视作品中也都会有这样的暗示，女性科学家、女博士、女工程师，可能都是外表不那么好看的女性，或者被暗示高学历、高智商的女性在婚恋市场不受欢迎。对于青少年来说，社会中的任何信息都会影响到他们对自身的认知，广告也是重要的信息源之一。相比成年人能够带着自我甄别的能力去审视广告，儿童对广告信息的判别能力是很弱的，后者会更倾向于相信广告里的事情都是真的。Gap旗下的儿童线服装曾在其系列平面广告里展示了一个穿着印有爱因斯坦头像T恤的小男孩，旁边写着"小小的学者，你的未来从这里开始"，而海报中的女孩子则被标签注明为"社交蝴蝶"。这个系列的海报引发了很多成年女性的抗议。因为对于看到广告的儿童来说，他们并不会意识到这是一种性别歧视，而会被灌输进这个刻板印象的错误标签。这种将男孩与女孩对比输出的广告信息，会对儿童产生潜在的危害，限制了他们看待自己的方式，以及别人会如何看待他们。所以这就是为什么联合国要去推动STEM教育运动，通过树立STEM领域里的女性榜样去改变社会认知，让女孩自由自信地选择任何想要从事的职业。

2018年，美国广告协会开展了一项名为#She can STEM#的联盟行动，联盟的成员包括微软、Google、IBM这些科技大公司以及非营利组织。广告协会与著名的麦肯广告公司共同开发创意，传播的目标是：如果女孩能够看到我们传递的信息，那么她就会知道她也可以成为这样的人。这个运动的目标受众是11~15岁的青少年女孩，通过让目前理工科领域的优秀职业女性分享她们的故事，让年轻女生有自信进入STEM领域，并延伸出无限可能。性别教育不是一朝一夕能够完成的，也不能局限在发达国家。STEM运动多年以来在中国也有很多尝试。包括像三星公司就曾经跟中国妇女儿童基金会一起面向156所中学的1000名女生开展了女性领导力和创新力的训练营。

　　除了针对青少年女性的STEM广告运动，对于其他的成人女性群体，许多品牌也在通过广告来引导女性改变对自身的看法，也就是性别文化中的观念教育。这里特别要提到的一个品牌就是：多芬。多芬在女性性别觉醒的领域已经深耕多年，从2004年起就在策划倡导一个著名的广告活动，叫作真美运动。真美运动希望对女性美做一个重新的定义，呼吁女性爱上自己真实的身体，每个人都是独一无二的。但是多年以来我们的时尚界和手机滤镜让大家严重偏离了对美的定义方向。真美运动传递给大家的是：你比你想象当中的要更美丽。2006年在YouTube上发布的一段1分钟视频让大众了解到原来海报上模特完美无瑕的面孔是来自于修图软件，全球最终有超过5亿人观看并转发了这段视频。Dove的真美运动从此一发而不可收，它在之后的多年时间里不断帮助那些被滤镜和修图所误导的女性重新认知自我，使之认同自己的外表是这个世界上最独一无二的存在。

　　2021年末，深圳地铁上一位女乘客与外国乘客用英文争吵的视频上了热搜榜。在视频中，这位女乘客辱骂对方的方式就是不停强调对方是女性："You are a Woman!（你像个女人）"某网友评价道："身为女性，却把这个性别视为羞辱对方的词语，这不得不说是她的可悲之处。"宝洁旗下Always品牌的卫生巾，做了一个实验性的广告，让一群有男有女的实验对象要像"女孩那样"奔跑。一开始这几个成年人是错愕的，他们模仿出许多娇柔无力的跑步姿势来表现女孩的奔跑。而后，实验人员请来几个10岁以下的小女孩，让她们展示什么叫"像女孩那样奔跑"，她们不假思索就奔跑起来，像要夺冠一般地奋力。相信有很多女性从小就被教导说举止行为要像女性，有很多事情女性是不擅长和不适合的。为什么像女孩一样做事就会变成负面的评价呢？女孩做事应该是怎样的呢？这实际上就是性别的污名化。社会对于女性的认知评价出了问题。生产女性用品的品牌帮助大家注意到了这个被忽视的议题，对男女双方来说这都是一种性别教育。

　　经过这几年女性主义的洗礼，母亲节营销在主题思想的表达上从对妈妈操持家务的感谢逐渐分化出多元的角度，如：看见女性在母职中的困境、为妈妈的身份解绑，鼓励女性找回自我、肯定老年女性的社会价值，以及倡导爸爸的角色归位，共同承担家庭责任等。珀莱雅、内外、SK2、美团等品牌开始在女性主义方向上尝试深耕，不仅限于母亲节当天，而且持续推进对议题的讨论。比如珀莱雅的母亲节营销就聚焦于打破大家对母职的刻板定义，2022 年的母亲节，珀莱雅上线了广告片《仅妈妈可见》，提出"家庭责任不是仅妈妈可见"，妈妈们的视线可以投向更广阔的世界；2023 年的母亲节，珀莱雅改编了脍炙人口的童谣《世上只有妈妈好》，提出"世上不只妈妈好"，再次呼吁家庭责任的共担，妈妈也需要感受到每个家人的爱和好。珀莱雅在 2023 年的"双十一"中收获美妆榜的 TOP1，当一个品牌能够帮助消费者去表达他们心中所想的时候，去给予他们力量和支持的时候，消费者对品牌的认可和感谢是会体现在他们的消费行为上的。

消费者的性别教育该怎么做，是现在很多品牌有点跃跃欲试但又有点困惑的事情。品牌的性别教育这件事并没有特别明确的答题模板。比如有的广告在母亲节会刻画爸爸和孩子帮妈妈做家务的行为，可能广告活动的出发点是关爱女性，但事实上女性会觉得这反而是在加深刻板印象。

第一，站在对方的立场上平等对话。这种信息传播的方式不应当是居高临下教导式的，而是要与受众进行平等的对话，让消费者觉得品牌与自己是一条战壕中的战友，品牌对他们身处的性别困境是感同身受的，会与他们一起肩并肩挑战刻板印象。很多时候当我们在面对性别歧视的时候，其实内心有非常多的不确定感和不安全感，这需要广告信息有较强的共情能力。

第二，品牌需要将输出的观点反复在不同的人群当中去测试，尽量让这个观点可以突破文化圈层和地域圈层，在公共媒体上让大家深入探讨。一个好的观点应该是无论把它放在什么样的文化背景下，都不会有负向的争议。

第三，品牌对性别的关注应当是平等的。这也就是说当我们在关注女性平等的时候，我们也需要关注男性的性别教育。男权社会带来的影响、压力和歧视不仅仅是针对女性的，很多男性也深受其害。

第四，可以选择从青少年入手。青少年的性别观念尚未固化，如果说能够让他们从小就学会彼此平等对待，那么他们以后会改变世界。

第五，避免口号式、运动式的传播手段。过于崇高的口号往往显得虚无。而当我们把性别教育分解成小的独立议题，你会发现小议题的执行力和完成度让人惊喜。

最后，需要了解的是，不是只有专门服务女性或专门服务男性的品牌才去关注性别议题，性别教育将是未来几年所有品牌都会触及的领域。在广告活动中强调产品受某一性别的青睐，将不再是聪明的做法。

社会中的性别化创新

性别意识在未来的发展还体现在商业科技创新方面。性别化创新（Gendered Innovations，GI）是性别化科技创新的缩写，它的核心价值是利用性别分析去推动商业或者科技创新发展。

在过去，科技类产品、游戏及人工智能产品中存在着几乎很少去考虑女性消费者的需求的现象，男性消费者总是被当作主要消费群体，对女性消费者的需求又总是会基于性别刻板印象而被曲解。其中一部分原因在于，从事此类产品开发的人员大多是男性，对女性的了解比较有限。如果我们完全不去在意这种在科技级智能产品生产中的性别钝感，那么在未来，高科技市场、人工智能领域只会更广泛地去加深性别间的裂痕。这样的未来无疑是不受女性或者性少数群体欢迎的，并将影响整个人类文明的发展。

长期以来，高科技领域存在女性的缺位和女性雇员的缺位问题，大多数科技人员都是男性。有非常多的科技产品，来自以男性居多的研发团队从自身性别出发的设计思考，对女性使用者需求的考虑就会有所欠缺。所以说性别化创新不是仅仅为了性别差异去开发产品，而是利用对性别分析的客观而非主观的结果去进行创新研发，来达到减少性别偏差、改善性别关系、促进性别平等的最终目标。

以搜索引擎的推荐算法为例，当它猜测到使用者是男性在寻找职业信息时，他会向这个男性用户推送高薪管理职位的广告，但是如果说它推测的使用用户是女性的话，你会发现女性用户接收到高薪职位的概率会大大低于男性。搜索 CEO 图片的时候，搜索引擎显示的大多数是男性图片。又或者说有一些软件、游戏的设计者，因为缺乏性别敏感性，在设计界面里会存在对女性／性少数群体刻板印象的现象。当我们跟人工智对话的时候，如果这个 AI 一直学习的是带有性别刻板印象的信息，那当它被问到"女性是什么"时，就有可能回答说："是家庭主妇。"因此，有国际组织提出了在科技界的性别创新原则，有非常多的国家开始要求业界遵循这个原则，包括中国在内。

性别创新原则一共有五条。第一条，企业高管层要承诺在创新时采用具备性别敏感度的方案，意思是企业需要有一个性别信息甄别的敏感度评估方案，来进行甄别和评判。第二条，在设计创新产品和服务的时候，需要将女性纳入终端用户的考量。这意味着企业在做产品测试的时候，需要去邀请和男性数量对等的女性用户参与，并将她们的使用体验反馈到最终的产品参数中去。第三条，采用适应式的执行方案，确保创新产品和服务具备性别敏感度，并且能够满足女性的需求。第四条，尽可能使用大数据来分析性别敏感度带来的影响，特别是在进行与人工智能相关的语言库搭建的时候，需要确保人工智能不会学习到刻板印象方面的信息。最后第五条，科技工程界长期忽略了妇女以及女童的一些需求，比如像汽车的乘客保护装置大多是以男性的身高、体重设计的。需要提升能够满足女性需求的、具有可持续解决方案的创新产品和服务的规模，二者目前均是落后于男性的。[1]

① 联合国妇女署. 联合国妇女署全球改革创新联盟发布性别创新原则[EB/OL]. (2018-09-11)[2022-02-12]. https://www.163.com/dy/article/DRERR42C0521SFVJ.html

第七章

网红经济，注意力的好生意

2020 年，欠下 6 亿元的罗永浩决定做一名带货主播。从新东方老师、牛博网创始人到锤子科技董事长，再到抖音"交个朋友"直播间的主播，这个新职业对他来说，只是职业生涯中又一次的身份切换而已。2020 年的 4 月 1 日，他选择了一个颇有自我调侃意味的时间点在日活 4 亿的短视频社交媒体上登台亮相，在 3 个小时的直播中他一共推荐了 23 件商品，当日共有 4800 万人前来围观，销售额破了 1.1 亿元。这些数字对于这位成名于 20 年前的初代网红来说是震撼的，即便如此，"交个朋友"直播间当晚也并未登顶领冠，隔壁淘宝直播平台的当家一姐当日轻轻松松卖掉了一枚火箭。

罗永浩对自己的直播首秀并不十分满意，从多年的幕后回到台前的紧张、初代网红流量变现的压力、隔着屏幕面对消费者的陌生感，以及转换赛道后孤注一掷的忐忑，让他频频出现口误以及衔接失误，以至不得不鞠躬道歉。而彼时的 2020 年，尽管直播电商已经成为互联网最大的风口，但这种将个人影响力直接进行商业变现的方式对很多人来说还是会产生一种"偶像卖艺"的失落。老粉丝看到他鞠躬后露出头顶的"地中海"十分心酸，在他的微博下留言发问："罗老师，我一直当你是偶像，现在想问您，你对现在的自己失望吗？（我心里的老罗不应该只是个主播而已）"而后的故事我们现在也知道了。老罗的"交个朋友"直播间在 2021 年以 50 亿元实际成交额成为抖音直播带货第一名，电商团队从北京搬来了杭州。罗永浩不仅在直播间继续带货，他还去脱口秀节目当嘉宾，因为努力还钱出演《真还传》成为各大品牌竞相邀约的励志广告代言人。在兜兜转转之间他似乎再次将自己的身份与十几年前那个初代网红重新嵌合，只是如今他不再以嬉笑怒骂的文字和演讲去与网友们交朋友，而是搭上了"网红经济"这趟快车，与新一代的消费者们成为朋友。

2022 年，"交个朋友"直播间登陆淘宝直播，罗永浩陪着李诞完成了后者的直播首秀。如果说罗永浩面对的是以 70 后和 80 后男性为主的消费群体，那么李诞则承载着"交个朋友"团队收割 90 后和 00 后女性消费者的 KPI。两年后的今天，也鲜少有人再为一个偶像应不应该去直播带货而引发争论。许多不堪工作压力的年轻人悄悄运营起自己的账号，研究怎么做选题、追热点，并热切地期待某天"品牌爸爸"能够发现自己这个小 V，用副业去抵御职场的凛冽寒风。

第一节　注意力的价值，谁在影响我们的购物决策

意见领袖（opinion leader），又称舆论领袖，最早由美国著名社会学家、传播学四大奠基人之一的拉扎斯菲尔德（Paul Lazarsfeid）在他的著作《人民的选择》一书中提出。在传播学的概念中，"意见领袖"指的是活跃在人际传播网络中，经常为他人提供信息、观点或者建议，并对他人施加个人影响的人物。[①]进入网络时代，在去中心化的社交媒体中，意见领袖的影响力不仅作用在内容传播方面，更在社会化电商中起到了广告推销的作用。这些分散在网络中不同领域信息传播节点上的舆论影响者进而演变为KOL。KOL通常被认为是拥有更多、更准确的产品信息，且为相关群体所接受或信任，并对该群体的消费行为有重大影响力的人。

社交媒体的产生对互联网经济和传播媒介生态的影响意义是重大的，因为它在真正意义上实现了六度分割理论[②]——人与人之间的作用力关系通过社交媒体被加强了，影响力的权杖不再掌握在一小部分人手中，任何一个用户的意见都有可能经由传播被无限放大。而相应地，每一个用户的注意力也被放大了价值。这意味着一方面我们可支配的时间不可能延长（一天只有 24 小时），而另一方面互联网信息量却在呈指数级增长，每个互联网用户需要通过有限的注意力去筛选海量

---

① 武文颖，张月. 国内 "意见领袖" 研究综述 [J]. 中国传媒科技，2014(12):4.

② 六度分割理论：由美国哈佛大学心理学教授斯坦利·米尔格拉姆于 1976 年提出，他通过实验证明世界上任何互不相识的两人，只需要很少的中间人就能够建立起联系。

的信息。注意力经济学之父高德哈伯（Michael Goldhaber）认为我们的生活是由注意力经济构成的，这个系统将人们的行为、愿景转化为一个无比繁复的经济体系，这一体系关乎注意力的探寻、接受乃至付出。1997年他在"数字经济学"会议上提交的文章《注意力经济：网络的自然经济》中就提出了他关于注意力经济的中心思想——网络时代是注意力经济时代。① 这也解释了为什么在互联网媒介上时间是珍贵的货币，互联网公司需要将用户整块的时间切碎，分而享之。当时间变得碎片化，用户的注意力变成了稀缺资源，信息分发中介这个角色就变得越来越重要。这就如同发电厂输送的高压电需要通过变电站解压为220V的电压才能进入千家万户为大家所使用。我们也迫切需要有人先行对信息进行过滤和归纳，这个人必须是专业的，并为我们所信任。

互联网的猫鼠游戏

对品牌们而言，对消费者注意力的争夺是一场持久的战争，并且伴随着社交媒体的普及变得异常激烈。在海量资讯的冲击下，大多数人已经意识到自己的注意力变得越来越宝贵，需要谨慎分配。于是很自然地，广告成为我们首先要抛弃的东西。早期的数字化营销更像是消费者和品牌在网络中上演的一场追逃游戏，双方都使出了浑身解数。从弹窗广告、贴片广告、强制跳转、垃圾邮件到浏览器劫持，这种类型的网络广告沿袭了传统媒体时代的广告投放策略——通过强制观看和大量曝光以达到广告效果的规模化效应。然而从用户体验和目标受众的到达率来看，效果却十分糟糕。相信很多经历过门户网站时代的大龄网民都有过这样的记忆：打开一个网站，需要先把一个个补丁般的广告窗口关闭才能正常浏览网页内容，与此同时你还得谨慎提防哪里又会突然弹出一个窗口……

而对广告主来说，这样的猫鼠游戏并不是一种高性价比的理想选择。数字营销的发展过程也是不断探索如何通过更好的方式捕获受众注意力的过程。菲利普·科特勒（Philip Kotler）在他的《营销革命3.0》中谈到对数字营销的定义："在新

① 张雷. 注意力经济学[M]. 杭州：浙江大学出版社，2002:46.

的市场环境中，营销传播不再像以往一样单纯追求对消费者进行信息灌输，而是以媒体的创新、内容的创新、传播沟通方式的创新去征服目标受众——即是营销3.0时代。"①互联网推动了信息平权，这些年来我们亲眼见证传统媒体的没落和自媒体的崛起。相对于传统媒体的"上行传播"模式（以媒体机构为中心向外单向式发布信息），自媒体在内容、形式等方面的创新尝试更为自由，也更容易贴近受众。更重要的是，自媒体在广告定制方面可以更为灵活，能够根据自己的粉丝特征进行个性化的内容制作。

如果说在传统媒体时代，受众的注意力聚焦于数量有限的官方媒体，商品信息通过单向式的推送触达受众，那么在去中心化的社会化网络中，KOL则是一个个传播节点，他们以自己的风格/方式对产品信息进行解码和再编码，从而影响圈层内的粉丝。KOL们与消费者之间的关系主要建立在信任和共同兴趣的基础之上，而这种基于共同兴趣的内容创作，能够让KOL持续地获得粉丝的注意力。无论是微博、微信还是小红书，无论是外包还是自营，企业的官方账号都很难企及KOL的影响力。即便有趣如杜蕾斯官微，受众依然非常警惕企业账号背后的商业企图。

KOL积累影响力的过程是维持稳定且高质量的信息输出的过程，也是逐步建立粉丝对其信任的过程。这也是为什么当KOL开始带货时，粉丝不会产生强烈的抵触情绪。他们甚至会对KOL所推荐的商品更为重视，因为他们认为KOL们拥有丰富的经验和专业知识，他们的推荐和评价具有重要的参考价值。这种基于内容和信任的关系，使得KOL的粉丝们在他们推送广告信息的时候展现出强大的包容力——他们不会像躲避广告那样去躲避自己喜欢的KOL发布的广告信息。在内容经济的时代背景下，粉丝们更操心的是自家大V能不能稳定地接到更多广告，从而过上更好的生活。

品牌与意见领袖们的双向奔赴

人类经历了两次大航海时代：一次是地理意义上的，以发现美洲大陆为标志，

---

① 科特勒. 营销革命3.0 从产品到顾客，再到人文精神[M]. 毕崇毅，译. 北京：机械工业出版社，2011:5.

通过贸易、战争和殖民形成了今天的世界格局；而另一次则是网络空间意义上的，互联网作为媒介的新大陆承载了一个又一个新的媒体国度（平台）的诞生。

一直以来，品牌在进行广告投放时只能通过地理因素进行受众的划分，因为无论是报纸还是电视频道都有着地理区隔。品牌的广告传播是地理意义上的开疆拓土：从中央电视台到省级卫视到地级电视台再到都市报和地方广播。广告效果的评估只能从收视率和订阅数方面模糊统计，消费者兴趣和需求则难以捕捉。这也是为什么像脑白金风格的广告在传统媒体时代是奏效的——以信息单向灌输和强制重复的方式加深印象。

而进入网络时代，社交媒体平台宛若新的国度打破了传统媒介的地理区隔，区域属性不再是受众身上最醒目的标签，大家都聚集在一起平等地接收和传播信息，并根据兴趣聚集成群。这样的新媒体环境对各大品牌来说无疑是天大的好事。信息传递的路径被改变了。广告内容不再像从前那样可以预先被设定好（传统媒体时代的广告投放计划往往可以提前一年设计，因为媒体是相对固定的），而是更依赖人际传播。什么样的内容才能引发用户的自发传播？有用的、有趣的、利己的、利他的……在社交媒体平台，品牌比任何时候都重视内容策略——只有好的内容才能传播得更远。

正因为如此，KOL成为品牌最好的合作伙伴。首先，从内容传播的角度来看，无论是早期的博客、微博大V及微信公众号通过文字建立影响力，还是如今抖音、小红书、B站等平台上的UP主以图片和影像方式进行内容创作收获粉丝，这些经由内容影响力所建立的认可使得KOL与粉丝的关系和传统明星与粉丝的关系都是不同的。与品牌合作时，KOL会以更贴近个人风格和表达习惯的方式将品牌信息软性地植入内容。这种个性化的解码再编码，使得品牌与内容的融合度更高，降低了用户对广告的抵触情绪。温和的商业传播能够带来更强的信息接收率和转化率，但前提是KOL有较强的商业植入创作能力。简单来说，受众不反感商业化信息，却不喜欢过于赤裸的商业化表达，这也是受众选择与广告主玩猫鼠游戏的原因。假如同样的广告信息经由一个我们熟悉且喜爱的人重新解读，将其融入在他的内容输出中，那么这个信息接收的过程将变得更为容易。比如@天才小熊猫几乎每篇文章都是广告，但内容表达却充满了他本人各种奇思妙想的创意。这些创作投入了他许多精力，甚至不惜减少产出也要保证质量，几乎每个故事都有着异想天开的脑洞和让人无法预料的神转折，最终收获了篇篇 10 万+的影响力。粉丝们完全不反感广告植入，反而玩起了"猜猜这次的金主爸爸是谁"的游戏。其次，从广告效果来看，社交媒体平台上个人账号的影响力常常远超组织机构的账号。当 KOL 为某个产品进行背书时，他们的个人影响力会附着在推广产品之上，粉丝在进行购买时不仅是为商品买单也是为 KOL 的影响力买单。这也是为什么许多大V 在接洽广告或选品时会爱惜羽毛，认认真真做试用和评测。李佳琦"口红一哥"的称号源于他早年在直播间坚持做口红试色评测，曾经在 6 小时内创下试色 380支口红的纪录。他几乎不停歇地试色，擦了涂，涂了擦，但正是这样的亲身示范为他打下了坚实的粉丝基础，也使得他最终有能力帮助品牌在 5 分钟内卖掉 1.5万支口红。

　　KOL 营销需要平台的支撑，但是在互联网时代，每个平台都具有各自独有的特征。不同类型和需求的用户人群在平台之间存在交叉性，而同一个用户则会使用不同的平台以满足自己对各种信息的需求。小红书作为女性用户数占据过半比例的兴趣社交平台，早年主要依靠美妆板块一枝独秀。美妆产品纷繁复杂，购前往往需要做大量功课。小红书基于图片类笔记的输出设定，非常适合美妆达人的内容创作。因此早年的小红书更像是一个种草平台，许多消费者在买口红眼影前都喜欢先去搜索下达人们的试色笔记。而随着女性用户的增多，小红书的内容也从美妆板块延伸各类生活方式的资讯板块。大家不仅分享美妆护肤的心得，也分享旅行经验、烹饪作品、知识专长……触及生活中的每一个珍贵微小时刻。从垂直内容的搜索引擎，到生活方式社交平台，小红书的用户黏性和内容影响力又进一步让品牌寻找到更多的空间与消费者们进行接触。一篇点赞量上万的笔记能给品牌带来可观的产品影响力和转化率。

　　抖音与小红书的"种草"模式有相似之处，但是在内容创作上有差异性。KOL

通过短视频快速吸引消费者的注意，剧情感和节奏感是否合适，成为能否"种草"成功的关键。区别于小红书能够以大量图文内容的形式全方位展示产品的特点，抖音采取以视觉效果上的差异来快速展示产品效果的方式。以抖音大V"我是张凯毅"为例，她在讲解产品时会特别辅以各种搞怪特效以及BGM（背景音乐），用人为放大的效果来感染用户情绪，从而达到让用户延长停留时间的目的。另一类KOL则是采用"小剧场+植入广告"的形式，"三金七七""一杯美式""江问渔"等账号都是以剧情短视频走红的，因此，在进行商业合作时它们会根据自身风格为品牌打造故事脚本，在剧情内植入产品信息，让粉丝不至于因为广告而划走。

　　随着疫情等外部环境的改变，品牌主越来越强调品效合一。在以往的品牌推广中，很多广告主认为KOL的作用仅是"吆喝"，为产品宣传制造声浪。而随着品牌对于品效合一重视程度的加深，KOL也不仅仅是单一的宣传作用，而是附加了提升品牌产品销量的作用。在硬性指标的推动下，KOL的社交营销也发生了相应的改变。如KOL在腾讯/阿里系内开通专属店铺，开展与广告主的商业合作，可以带动产品销售，甚至成为品牌的"分销商"。KOL的角色从单纯的"吆喝"到"吆喝+卖货"的趋势是必然的，这也迎合了广告主"品效合一"的需求。同时，KOL也不再局限于个人的单打独斗，开始尝试金字塔式的团队结构，即在核心大V之下孵化中腰部的账号矩阵，以满足不同垂直分类消费市场的需求。例如罗永浩，他在稳定了直播场次后，便开始在抖音搭建属于自己的直播团队，团队人员从直播间助手慢慢向开启个人直播转变；李佳琦直播间也有明显的变化，直播间逐渐被划分为不同的场次，如时尚、生活、美妆等，从最初李佳琦一人讲解直播间所有产品转变为小助理承包部分领域的产品讲解。随着直播间小助理旺旺等人的频繁出现，他们也拥有了各自的人设定位，并且慢慢作为李佳琦直播间相关产品的"代言人"出现在消费者面前。

第二节　超级大 V 可以复制吗？

不知道你有没有发现，明星们正在退出直播间。在不远的过去，作为"直播第一城"的杭州不仅迎来了潮水般的网红主播入驻，也有许多明星为了试水直播带货搬家前来。明星直播，从起初在其他主播的直播间里露露脸，到自己组建直播团队，再到最高峰的时期有几百位明星在直播带货……但很快大家发现要把明星的影响力转化为直播间内的购买力并非顺理成章的事。流量明星带货，捧场的往往只是自家的粉丝，其影响力难以突破圈层。二三线艺人虽然勤奋，但直播并不是表演课，单靠脸熟和明星光环，消费者未必愿意用真金白银来买单。于是，明星带货的概念失去了一开始的吸引力。

直播卖货看似简单，实则需要对产品和消费者有深刻的洞察和把握，直播间的气氛、卖货的节奏、选品的质量无一不需要体现自身的专业力。明星在互联网生态中无论是内容领域还是电商领域，都很难与垂直赛道中的 KOL 们竞争。艺人主播对于品牌来说性价比没有优势，对 MCN 公司来说管理成本很高，而对明星自己来说要成为互联网中的超级大 V 似乎比成为一线艺人更为困难。趁势而来，知难而退，明星直播带货的热度在退却，而聚光灯下的超级大 V 们也是你方唱罢我又登场。超级大 V 可以复制吗？这是行业内外大家都在追问的问题。

寻找"李子柒"

李子柒可以复制吗？这是很多人在问的问题，也有很多人直接以行动去追寻答案。2021 年因为股权纠纷，李子柒暂停了粉丝总量超过 8000 万的所有账号，而在此之前她在 Youtube 上刚创造了"中文频道最多订阅量"的吉尼斯世界纪录。当李子柒暂停更新视频后，海内外的许多账号都在试图制造出第二个李子柒，一时之间各种田园牧歌风格的内容竞相登场。然而，无论是标准化复刻还是"东施效颦"，在李子柒漫长的消失期间始终没有大 V 能取而代之。而李子柒账号的评论区内，粉丝们依然执着地打卡签到，等她归来。

在 KOL 的金字塔尖，李子柒和李佳琦代表着两种截然不同的顶级流量模式。尽管都有着鲜明的个人风格和超强的带货能力，但李子柒无论是内容呈现还是更新节奏都与当下争分夺秒的网红模式相背离。当 Z 世代们习惯用倍速观看电影电视剧，直播平台以每天直播不少于 3 小时的标准要求主播们在线营业，"凡尔赛"风制造扎堆的"假名媛"朋友圈，李子柒却安静地待在大山深处用上一年的时间拍摄稻米的生长。

有人说李子柒的成功是赶上了短视频的风口。当人们在手机上用 3 分钟时间窥探一种截然不同且无从体验的生活方式时，这份 180 秒的沉浸感似乎能够消解被城市快节奏所带来的疲劳。巨大的城市吞噬着个体对生活的控制权，每个人的时间表都被高度模式化，变成了面目模糊的"上班族"。但至少我们知道，在手机的另一端，有一个脱离了时间和现代规则的秘境，有一个人愿意花上长达几周的时间来准备一道菜。

从植物的播种、生长、采摘到食材的制作，从传统手工艺的材料准备到制作，李子柒对各种制作场景进行了大量的观察与记录，忠实地展示每一道繁琐工序，剥离了一切现代化便捷的外衣。在造纸一期的视频中，她展示了从构树取皮—晾晒—浸泡—蒸煮，到捣浆—打浆—打磨—构皮纸数十道繁琐的制作工序，这种细致入微的造物展示对于每个出生或成长于工业社会的人来说是全新的认知和体验。

李子柒通过长时间的学习，最终将活字印刷、染布、制墨等近乎失传的中华优秀传统工艺展现在大众的面前。在发布活字印刷的短视频之前，李子柒就在微博中发布了5000多字的长图文，分享自己学习活字印刷的过程以及感悟。读者从中也可以看到她想要延续中华传统技艺的信念。2021年在中国的社交媒体上有过一场颇为激烈的争论，有关"李子柒是否能够代表中华文化"，许多人手持各种标准和放大镜对她的内容进行检视。且不讨论中华文化的定义是什么以及让一个人去代表是否必要，仅从一个小细节来看，就能有所判断。李子柒在YouTube频道中的视频与国内同步更新，一开始连字幕都没有配，但这完全不妨碍大家理解并喜爱她的内容。在每期视频的评论区中，你都可以看到各国网友用各个国家的文字留下赞美，感谢她带来的美食风物和精神疗愈。

李子柒影响力变现背后的消费者心理也值得探究。李子柒的粉丝经常会提到视频中田园生活所带来的治愈感。而如果我们再进一步去思考大家为何爱李子柒，这份治愈感在治愈什么，中国五千年的农业文明到底给现代中国人留下了什么样的印记，那么答案也许与中国人过去的日常有关。费孝通在《乡土中国》一书中谈到中国传统乡土社会中的"无为政治"时比较了现代社会劳动与权利之间的关系，他认为现代社会的协作背后是权力的平衡之术——"社会分工的结果是每个人都不能'不求人'而生活。人靠了分工，减轻了生活担子，增加了享受。享受固然是人所乐从的，但贪了这种便宜，每个人都不能自足了，不能独善其身，不能不管'闲事'……这样就发生了权利和义务。没有人可以'任意'依自己高兴去做自己想做的事，而得遵守大家同意分配的工作"[1]。现代契约社会相对乡土社会在经济发展和文明程度等方面有着明显的进步，这归功于在复杂的社会分工和规则设计下大家能够高效率地协作完成各项工作。一项任务被细分给多人完成，从而保证团体的功效最大化，而个人的影响力则被减弱。这种分工制度虽保证了组织的良好运行，却容易让个体在工作中的成就感与娱乐性大幅降低。每个人都是螺丝钉，重复性的工作占据了大部分时间，因此个人在面对庞大的社会机器时会感知到自

---

[1]　费孝通. 乡土中国[M]. 海口：南方出版社，2020:101.

身的渺小，会觉得自己被这样的协作机制所裹挟，却无力改变自身的命运。而当我们点开李子柒的视频时，却发现原来有人可以脱离现代游戏规则，做到独善其身。李子柒早年也曾外出打工、参加综艺选秀、尝试创业，而最终她回到了出生的山村，慢慢剥离现代社会的印记，找到了属于自己的锚地，这一份经历在许多年轻人看来正是对契约社会的对抗。每个人都会背诵陶渊明的"采菊东篱下，悠然见南山"，但真正将中国历史上知识分子所向往的归隐生活以年轻化的视角呈现在大家眼前时，大家才读懂了乡土中国。

对于李子柒的粉丝们来说，李子柒IP下的产品并没有价格优势（在与微念合作期间推出的产品线定价基本在中位线以上）——他们不是来寻找最佳性价比的，而是为李子柒编织出的那个田园梦境买单。无论是螺蛳粉还是牛肉酱，尽管大家都明白它们是出自工业流水线的产物，但这并不妨碍在看过李子柒的视频后来上一碗，在氤氲的水汽中短暂满足属于中国人的精神乡愁。这种消费更像是为自己认同的生活方式买单，是一种知道那个精神上的乡土田园再也回不去后的移情转化。正是因为李子柒在过去几年打造的田园世界让她的粉丝产生了极强的黏性，哪怕她因为股权纷争消隐了长达两年之久，她的IP影响力依然强势存在。

属于所有女生的李佳琦

不得不说，李佳琦是懂女生的。在长沙某商场美宝莲专柜的一线工作经历，使他不仅掌握了快速化妆的技能、色号识别的技能，也知道如何与女性顾客聊天从而搞定一单生意。这些对顾客小情绪的洞察和掌控，最后让几亿女生在他的直播间里招架不住，速速"剁手"。

《舌尖上的中国》里有一句传播甚广的话："高端的食材往往只需要最朴素的烹饪方式。"一直以来，美妆类产品的广告都是通过各种复杂术语和名词的堆砌来打造自身高级专业的产品形象，然而这种修辞手法在直播间的场景中却难以推行。李佳琦能够把口红卖出吉尼斯世界纪录，很大程度上在于他擅长以朴素的语言进行专业内容的输出。在销售的修辞领域里，他是最好的广告文案创作者。口红以数字和英文缩写进行色号命名的初衷只是方便记忆，却几乎很少考虑色号名称的销售力，因为线下购买口红可以通过亲身试色来决定。但在电商直播间中仅凭观看试色往往难以全面感知色彩，此时语言的形容就能帮助创造出更多的沉浸感和想象力。来看看李佳琦对颜色的形容：天不怕地不怕的颜色、忘记前任的颜色、穿风衣的时候一定要有的颜色、涂出5克拉钻石般嘴唇的颜色、出门干吗都可以涂808、嘴巴很贵的颜色……这些女生在化妆时秘而不宣的小小目的或期望都能被他找到，并为色彩制造出生动的情境，于是原本只是"随便看看"就变成"我必须拥有"。而至于"Oh My God！""买它！""我的天啊！""妈呀！""太好看了吧！"这些几乎成为他个人符号的表达，只是气氛的烘托器。很多人以为李佳琦的成功无非是喜欢浮夸式的大声叫卖，但忽视了"人间唢呐"外号之下的他其实更像是一个资深的广告人——能够深刻理解他的受众，理解她们的喜怒哀乐，理解她们在职场上的小小野心，理解她们独自在外时的偶尔脆弱——他是"所有女生"每天都能见的闺蜜，他将这些理解融入选品和口播，这样的直播必然俘获大量30岁以下的女性顾客。

然而，行业头部的光环不仅带来了瞩目的流量和营收，也让主播与品牌、资本结合得更为紧密。一览众山小之下，头部主播的站位在悄然间已发生了变化。2023年的花西子事件[1]可以说是李佳琦这个IP所遭遇过的最大声誉危机。曾经最能够共情女生的人在言辞间站在了打工人的对立面，连带花西子品牌也被推到风口浪尖。这也使许多人开始重新审视自己与直播主播间的关系，早期那种亲密的类粉圈的情感纽带似乎开始瓦解，主播们与品牌、资本的利益捆绑日益加深，粉丝也开始回归消费者的身份，更冷静地对待直播间购物。

---

[1]　2023年9月10日晚，李佳琦在直播间回应粉丝对花西子眉笔涨价的质疑时表示"这么多年了工资涨没涨，要找自己的问题，有没有认真工作……"，引发了网络负面舆情，其后李佳琦道歉，但花西子品牌因为与李佳琦捆绑紧密也一同遭遇声讨。

第三节　小 V 的崛起，KOC 是你我她他它

2021 年，小红书将其原有的 slogan（口号）"标记你的生活"改为"寻找你的生活"。slogan 改变的背后是小红书希望将自己作为"种草平台"的定位进一步放大，让小红书用户成为生活方式和消费潮流的创造者和引领者。过去几年来，小红书一直是社会化电商领域中种草拔草的主要阵地，也是各个品牌力求提高品牌曝光度的首选之地。截至 2024 年 3 月，小红书月活用户数已超过 3 亿，其中 95 后占50%、00 后占 35%，一、二线城市的用户占 50%，70% 是女性用户，拥有超过8000 万的内容创造者，90% 的内容都是用户自主生产的。[①]

小红书的用户生态与微博、微信以大 V 引导流量的生态截然不同，它更为依赖中腰部达人，也就是 KOC。KOC：关键意见顾客，他们没有大 V 庞大的粉丝基础。但也正因为此，在 KOL 出于自身商业价值变现的考虑而受困于软广"无脑吹"的枷锁时，KOC 则能在真实产品体验中更为自由大胆、游刃有余。他们善于建立与观看者的联系，拉近了观看者和种草者的距离。这就仿佛是亲密的好朋友在向你推荐好物；而我们在面对好朋友的推荐时，往往会更加愿意选择去相信。

日系彩妆品牌植村秀为了获得中国彩妆类市场更多份额，扩大品牌知名度，将社交渠道作为想要重点突破的地方——通过社交媒体引发用户关注，渗透用户

---

① 数英网. 3 亿月活的小红书，又在大会上讲了哪些重点？ [EB/OL]. (2024-03-22)[2024-04-21]. https://www.digitaling.com/articles/1054031.html.

心智。植村秀免税零售渠道部门选择了小红书KOC种草，其实是一次大胆的尝试。果不其然，效果很不错，在精准的定位下和适当的种草环节后，植村秀小方瓶慢慢变成了一款"网红"粉底液。

许多年轻人逐渐养成了这样的习惯，每当想要买什么东西，先上小红书看看大家推荐什么；或者在闲来无事的时候上小红书闲逛，无意间受到种草内容的影响，从而催生购买欲望。

我们原先可能并不想买什么，但是那些种草达人们告诉我们这些东西真的非常好用，性价比极高。受到这种极具鼓动力的推荐，我们不免想要尝试，从而产生了购买行为。尤其是小红书的主要用户为年轻的女性群体，因此美妆个护产品是早期流量最高的板块。

早期的KOC来自淘宝的"淘宝客"——当用户下单后会自动生成一个专属分享链接，用户把它分享给朋友们后，朋友们如果也跟随下单，平台方就会给予分享者一定比例的返佣——以鼓励用户分享商品的动力来推动销售。这种推广手段在游戏领域也常被用于新游戏上线阶段——运营方会在封闭测试、内测和开放性测试的几个阶段邀请玩家前去试玩。首批邀请密钥会分发给活跃的核心游戏玩家。这些玩家被称为"种子"用户，他们会将自己的游戏体验与游戏圈的朋友们分享，就如同蒲公英的种子一样散落在各处生根发芽。

很多企业都会重视重点顾客的培育与运营。比如很多互联网产品都会有核心用户群。小米特别重视它的米粉团体，通过经营核心粉丝，打造了"参与感"的概念。米粉们对小米品牌的忠诚度极高，不仅自己的购买力强，还是品牌的"自来水"，非常愿意在社交平台上分享使用心得。这就是互联网品牌与传统品牌的差异之处，互联网品牌非常重视在网络上的用户经营和声浪管理。

KOC作为立体连接的枢纽环节，是打通三度空间的中心环节。[1] 线下—社群—网络，这样的三段连接是立体连接的基本思路。KOC有强关系，有其自身的影响力。而相比KOC而言，KOL通过运用其数量庞大的粉丝量来创造吸引人们眼球的

---

① 刘春雄. 立体连接三大关键词：KOC、场景、体验[J]. 销售与市场（管理版），2020(12):44-46.

内容，通过前期的话题造势从而获得大量的曝光度；KOC则填补了在这一过程中KOL与消费者之间的空隙，作为促成ROI（消费转化）的重要一环。在KOL将话题曝光度打响后，KOC提供来自真实消费者的使用感受，"点"和"面"相结合，更精准地输出产品洞察。相比明星缺乏说服力的广告代言，许多消费者更偏向于听取趋近真实生活的普通人所提供的观点和推荐。以小红书平台为例，UGC（用户生产内容）内容数量占比90%，其中39%的用户更倾向浏览KOC产出的内容，42%的用户较为关注优质的内容本身，对KOL的身份并不是特别敏感。根据艾媒数据中心的数据，KOC对网民消费决策的影响力高达27.5%，KOL对网民消费决策的影响力为29.3%，KOC对消费决策的影响力几乎与KOL持平，同时远超网红、明星的影响力。[①]

通过结合KOL与KOC的营销影响力，品牌可以在社交平台上建立属于自己的强大存在感，同时提高市场的渗透率、消费者参与度及品牌的信任度。

完美日记是首个在纳斯达克上市的中国美妆品牌。从2017年品牌成立到2020年母公司逸仙电商完成IPO，仅仅用了4年就走完了资本积累之路。许多国货美妆品牌一直试图复制它的成功路径，特别是它通过KOL+KOC进行大量内容创作的营收手法。完美日记作为网生品牌，极为重视UGC内容对品牌价值的塑造和传播。除了将头部直播间作为主力销售渠道外，小红书上的美妆博主们也贡献了大量的产品使用笔记，助力销售的转化。在2018—2019年间，只要在小红书搜索美妆，特别是与口红相关的内容，基本都能看到完美日记的相关笔记。2018年的"双十一"，完美日记更是凭借小红书上的人气，成为天猫美妆销售第一名的国货品牌。它的招股书显示，截至2020年9月，与完美日记合作过的KOL和KOC有近1.5万名，除去800个百万量级粉丝数的大V，其余均是中尾部的博主。[②]

---

① 评价达人PJdaren. KOC营销：K.O.对手的"秘密武器"[EB/OL]. (2022-01-19)[2023-03-13]. https://mp.weixin.qq.com/s/676-Oavc5u-yyFhu1sSwOA.

② 36氪. 小红书正在助推更多"完美日记"[EB/OL]. (2020-11-25)[2022-06-08]. https://new.qq.com/rain/a/20201125A0DZ0I00

制造"美好"，滤镜中的楚门世界

2021 年 4 月，小红书正式上线《社区公约》，第一次明文标注"真诚分享、友好互动"的价值观，同时要求创作者在分享内容时抵制炫富、申明利益关系、反对伪科学和避免过度修饰。然而这一份《社区公约》并没有起到应有的作用，在 2021 年国庆后，小红书陷入了"滤镜景点"的质疑声中。大量网友吐槽小红书博主发布的"滤镜景点"高度失真，本是乘兴而去，结果却是败兴而归。网易数读公布的报告显示，在小红书上以"旅游""网红景点""打卡景点"为关键词进行搜索后发现，在大量旅游笔记里，国内至少 63 个城市拥有"小圣托里尼"、62 个城市有"小京都"、61 个城市拥有"小镰仓"，以及 59 个城市有着"小奈良"之称[①]，同时带有这些景点关键词的笔记也往往拥有超高的热度，用户出行的选择受到这些网红景点的高度影响。就在"滤镜景点"事件曝出后，小红书也迅速发布声明，表示部分用户在分享过程中的确存在过度美化笔记的情况。观看者实地探访后出现较大落差，产生了被欺骗的感受。避坑类笔记应当通过更好的产品机制充分展示给用户，为大家的决策提供更多元的信息[②]。

不仅仅是旅游，美妆护肤、潮流服饰、美食攻略等许多领域也都存在虚假宣传的现象。为了追求流量的最大化，一些博主会有选择性地展示甚至放大产品的优点，引导用户下单，甚至超出了广告法限定的范围。由于粉丝数量以及影响力不如KOL，一些KOC只能通过制造额外的话题度来吸引流量。成为营销概念后，KOC也不再是简单的用户自发种草：品牌方在平台投放广告，KOC们在后台接单，按照要求进行内容发布。在豆瓣或知乎等平台甚至还能够搜索到笔记推广合作代写的招募帖——不需要使用产品，只需将提供的图文素材发布至个人社交账号。KOC自身本应作为真实的消费者而发布内容，但在各种商业利益的诱惑下，KOC

① 网易数读. 全世界有 62 个镰仓，61 个在中国 [EB/OL]. (2021-10-25)[2023-05-21]. https://www.163.com/data/article/GN5TMITT000181IU.html
② 第一财经. 小红书"网红滤镜"惹争议 真实与商业化之间如何平衡？[EB/OL]. (2023-03-15)[2023-05021]. https://www.yicai.com/news/101701891.html

开始制造各种看似真实、实则虚假的内容。作为普通消费者并不能够对其内容的真实性进行辨认，因此这类虚假宣传的内容已经严重影响了消费者的消费判断能力。

自我觉知和自我凝视，消费社会中的"自拍"商业力

台北故宫博物院收藏了一幅画中画（见图7.1），作者已无从考证，画的是家中客厅，主人端坐在矮榻上，手中拿着书卷，书僮在为他斟茶，身后的屏风描绘的是江边风景，沙洲、芦苇、大雁……是宋代文人喜欢的宁静致远。屏风左侧挂着一张主人的自画像。西方文艺复兴之后才有自画像，早期的绘画主要集中在宗教题材。而当人们开始重视人的存在和意义的时候，才有了自画像。宋代人的家中，不挂皇帝像，也没有挂神的像，而是在家中重要的空间和醒目的位置挂上自己的像，这说明自己存在的意义很重要。

图7.1 《宋人小像图》现藏于台北故宫博物院

宋代这幅无名画的场景是超前的，因为哪怕是在现代的居所中，也很少有人

会将自己的大幅写真照片悬挂在客厅的中央，天天对着欣赏。儒家文化倡导的是集体主义而非个人主义，个人意志是被淡化甚至被忽视的。集体主义里没有独立的个人，而自拍则是一场自我意识的觉醒。当人们在用自拍发朋友圈九宫格时，他们实际在进行的是一场自我凝视的仪式。这场仪式从拍摄开始，经历了一个又一个场景和姿势的磨合与确认。后期的调整更是深度的审视，选择哪几张照片，如何排列，创作文案……直至一键发送。对于发布者来说，他们不仅希望获得点赞认可，更享受的是在拍摄中发掘自我，在修图中凝视自我，并在分享中最终展示自我。这种对于自我的觉知不是自恋，即便也许还有厚厚的滤镜。但我们不妨把滤镜看作保护罩，能够让我们放心大胆地进行这场自我展示，向理想中的自我靠近。

这种自我觉知是带着羞怯的。儒家文化影响之下的传统社会对任何自我的觉知都十分警惕。连同"顾影自怜"都有揶揄的意味。如何自拍或许代表着我们如何看待自己，这是一种身体语言的叙事。在图像社交的信息社会中，自拍是比自我语言描述更好地进行自我形象塑造的方式，它无需解码。

自拍作为嵌入消费社会的商品，其商业号召力日益凸显。当下的一个社会现象是，自拍者的身体和情绪被置入社会消费经济，成为具有交换价值的商品。在商业逻辑的操纵下，自拍者为了获得流量以及流量带来的物质回报，会有意识地、充满情感性地进行身体表演，为粉丝的商品消费行为提供巨大的情感驱动力。

文青为什么带货失败了？

中国互联网公司的增长秘诀之一就是不断地互相跨界经营，电商跨界去做社交，社交跨界去做支付，支付跨界去做外卖，再跨界去做短视频和直播……最后每个APP都变得似曾相识。致力于兴趣社交领域的豆瓣也曾一度希望激活电商功能以此进入综合类大应用的行列，然而，它最后失败了。

2013年，豆瓣开始了具有豆瓣风格的电商化尝试。豆瓣发现，尽管自身是书影音类的兴趣社区，但是每天有大量用户分享各类生活好物。文艺青年们在"精神社交"的同时，也热爱人间烟火。在豆瓣当年 38 万个小组里，有超过 20 万个小组与消费相关。豆友们不仅讨论看什么书、听什么音乐，还讨论着"该如何布置出租屋""一个人住的时候吃什么""如何辞职攒钱去旅行"等生活话题。大家发现原来在精神趣味高度一致的情况下，消费审美的重合度也变得非常高，从发现一部好电影到发现一件好物，兴趣与欲望的无缝切换自然而然。豆瓣电商板块"东西"的产品总监张雅洁在介绍"东西"的设计理念时说："我们自己觉得最宝贵的财产就是很多的优质用户，对世界和物品有自己独立的看法，并且愿意分享出来。这些分享包含着他们自己的品位，对生活的看法。我们的友邻其实都是和我在某些世界观、价值观上有共同看法，或者在生活上有某些交集，有某些共同点的人。这个基础，就决定了他们的分享对我来说会有一定的价值，能产生一定的共鸣。"[1]

　　"东西"功能上线后受到了豆友们的热烈欢迎，也拓展了豆瓣的商业版图，它让"人"与"物"的连接更加完整。短短几个月时间，豆友就创建了几十万个豆列，分享各种心水好物清单。这些豆列组成了一个轻松有趣的市集，简单的图片搭配推荐人诙谐的介绍，可以跳转链接去电商平台购买，也可以随意点个赞，就好像逛市集，友邻就是摊主，看上几眼，聊上几句，没有任何负担。豆瓣"东西"还原了前电商时代很多消费者在线下购物时的状态，逛街 90% 以上的时间就是漫无目的地随意看看。不难发现，现在的淘宝首页也模拟了这种"我好好推荐，你随便看看"的信息浏览设计，为原本鸡肋的首页增加了用户的停留时长。而有别于其他电商平台好物推荐的强烈商业意味，豆瓣"东西"的商品推荐必须基于自己真实的购物体验。

　　然而豆瓣"东西"最终只做到了"墙内开花墙内香"。对资本来说，撬动文青群体的消费力市场需要花更大的力气。相对于抖音和小红书这些同样是年轻人聚集的社区，豆瓣用户对社区内容质量的要求更高，商业的转化率却更低。他们对

①　数英网. 专访：豆瓣"东西"产品总监张雅洁——东西不是一个独立的产品 [EB/OL]. (2013−12−05) [2023−05−15]. https://www.digitaling.com/articles/10318.html.

消费主义是心存警惕的，当李佳琦在"双十一"直播间敲响付尾款的小锣，却还有30万人聚集在一个叫作"不要买·消费主义逆行者"的豆瓣小组里讨论到底购物之于生活的价值到底是什么。这30万人并非彻底的反消费零物欲者，他们更多的只是厌烦了主播、商家和电商平台的合谋，不想迎合"消费至上"，反对被大数据广告挟持，警惕借贷消费的陷阱。这是"人"与"物"的距离被网络拉近后，作为互联网原住民的Z世代对这种关系的重新审视。当资本发现难以取悦这群活跃又冷静的消费者后，就逐渐放弃了这个高价值的目标市场。同时，豆瓣的商业化之路也走得曲折艰难，一部分原因在于它将产品功能做成了APP矩阵，分散了用户，降低了使用体验，另一部分原因是豆瓣用户也非常警惕豆瓣的商业化程度，他们将之视为"自己的精神角落"，而精神角落是不宜过度喧嚣的。

尽管豆瓣从如今互联网发展的角度看来有些"廉颇老矣"，但它依然是用户黏度最高的社交平台之一，它的内容影响力一次又一次制造出全网讨论的话题。在豆瓣，小V比大V更受欢迎，好的内容是传播的决定因素。2022年，豆瓣发起了一个小组盖楼活动，邀请各个小组共同搭建了一栋66层高的豆瓣小组大楼。小组可以按自己的意愿设计布置房间，大家仿佛一栋公寓里的住客，彼此串访，让有趣的灵魂们相遇相聚，充分展现出社区的温暖和价值。这也许就是豆瓣一直存在的原因吧。

第四节　虚拟偶像，下一站天后

2007 年，日本北海道的一家科技公司利用雅马哈的 VOCALOID 电子音合成引擎，采集了日本女性声优藤田咲的声音数据，合成出一套甜美而又带着电子音特征的少女音源。与此同时，他们为这个独特的声音设计了同样独特的人物形象——一位梳着绿色长辫的二次元少女，并为她起名：初音未来——意思是最初的声音，代表着音乐的一切可能性。初音未来在某种意义上开启了虚拟偶像的时代。她 16 岁，身高 158 厘米，会说日、英、中三国语言，与其他二次元偶像只存在于二维世界不同，粉丝们能够在现实世界接触到她——2010 年，借助全息投影技术初音未来在东京 Zepp Tokyo 音乐厅举办了第一场演唱会，2500 张现场门票被一抢而空，人类和虚拟人在时空中站在了一起。在接下来的几年中，初音未来不断升级着自身，拥有 6 种音色，也拥有了全世界的粉丝。可以说，她开启了虚拟偶像的时代。

2021 年"双十一"，天猫邀请国内 AYAYI 成为天猫超级品牌日的数字主理人，邀请翎_Ling 担任数字推荐官，AYAYI 和翎都是粉丝百万量级的大 V，更重要的是，她们都是数字虚拟人。虚拟人此前一直是科幻影视中的常用角色，但近年来因为元宇宙概念的火热开始进入大家的视野。在与人类进行了长达百年的广告合作后，品牌们开始有了新的选择。

欧莱雅推出"M 姐"和具有中国血统的虚拟形象"欧爷"作为品牌代言人，屈臣氏推出虚拟形象"屈晨曦Wilson"、花西子推出同名虚拟代言人"花西子"来展现花西子的品牌人格化……虚拟偶像产业并非局限于品牌代言人，而是涉及从网络直播、时尚杂志封面、广告宣传片到影视等各个领域，这背后是庞大的虚拟偶像市场规模。随着全息投影技术和人工智能的不断发展，技术渐渐不再是限制虚拟偶像产业发展的因素，商业价值突显的虚拟偶像行业开始受到互联网巨头的关注，腾讯、阿里巴巴、字节跳动、B站等平台公司都已经入局虚拟偶像的赛道。

技术的进步将网络与现实世界之间的边界消融，人与人、人与物、物与物之间的关系从未如今日般紧密交织。虚拟偶像将这种交织的关系变得更为复杂与奇妙。虚拟偶像（virual idol）是通过绘画、动画、CG等形式制作，在虚拟场景或现实场景进行偶像活动的不以实体形式存在的人物形象。他们具有独一无二的形象、声音和性格，这是他们与动漫人物IP的区别。虚拟偶像的人物设计基本迎合了大众审美和心理需求，而设计的目的也主要是进行信息传播或商业品牌服务。对于审美跨越二次元和三次元世界的Z世代来说，虚拟人近乎完美的外表和可塑的性格承载了年轻人对理想人类的期望。依托虚拟现实技术，虚拟偶像从二次元来到三次元，这种感官体验是无论漫画人物还是真人偶像，都无法比拟的。他们可读写编辑的赛博身体成为粉丝们表达的对象和消费的对象，具有符号化的意义。

更进一步的是，虚拟偶像实现了众创的可能性。网友们可以依据自己的喜好，通过各种不同形式的创作手法来塑造并丰富虚拟偶像的性格与内涵，这种高参与度的创作行为拉近了大家与虚拟偶像情感的距离。作为登上2021年春节联欢晚会的人气国产虚拟偶像，洛天依可以被看作是一个成功的众创案例。洛天依演唱的歌曲几乎全部来自粉丝原创，创作者在创作时投入了很多情感，加深了与虚拟偶像之间的羁绊。与洛天依依靠粉丝进行内容创作的方式不同，作为国内首个超写实数字人AYAYI，她的成功是由创作团队PGC与用户自发的二创内容吸引流量共同助力形成的结果。2021年5月20日，AYAYI在小红书平台发布了第一条被网传为"神颜证件照"的图文内容，依靠小红书这个流量集中的平台一夜之间涨粉近4万，同时大量的KOL及KOC对此展开了一系列的二次创作，从模仿妆容、发型到图片的绘画，一时之间引发了众多UGC的内容传播。与AYAYI的走红途径相类似的还有同年10月31日在抖音上传第一条视频的柳夜熙，抖音上#挑战柳夜熙仿妆#这一个话题就达到了5.5亿次的播放量。

随着技术的发展以及虚拟偶像自身的商业价值属性，虚拟偶像逐渐成为品牌追逐的营销新宠。洛天依与百雀羚、肯德基、福特领界S等品牌进行合作；有着高达百万粉丝的Lil Miquela出席了Prada（普拉达）、Gucci（古驰）的时装秀，为Chanel（香奈儿）、Buberry拍摄广告片；翎_Ling受宝格丽邀请参与演绎2022春夏系列新品Magni-Fashion主题大片……相对于近些年来不断遭遇"塌房"事件的人类娱乐圈，虚拟偶像以他们稳定的人设和较高的可控性，减轻了品牌选择代言人的风险顾虑。此外，虚拟偶像们可以7天24小时保持元气满满的状态，永远以最佳状态和最饱满的情绪开展工作，在与粉丝互动时也知无不言、不知疲累。从社交媒体的互动体验来说，相较于明星的微博变得像机器人发布，虚拟偶像可以不知疲倦地对粉丝知无不言。品牌选择虚拟偶像能够增加品牌与年轻群体的互动，树立品牌年轻化的形象，从而在众多品牌中体现出品牌差异化的特点。

亚文化消费视角下的虚拟偶像，是人们强关系的延伸，其自身属性和特质的差异寄托着圈层内部个体的情感归属。虚拟偶像的赛博身体成为象征符号与文化资本，粉丝在对虚拟偶像表征的符号体系共创中获得了自我身份的确认。[①]然而值得注意的是，虚拟偶像虽然在社交媒体上大获成功，但他们在消费转化这件事上却显得有些表现不佳。比如翎_Ling和柳夜熙在与部分品牌的合作中，相关作品的传播声浪均不及预期。翎_Ling在小红书上的口红带货直播也不甚成功，粉丝表示似乎很难从虚拟人的嘴唇上感受口红真实的色彩。虚拟偶像是完美的，但是对消费者来说却恰恰需要主播能够感受和共情人类的"不完美"。

A-SOUL虚拟偶像女团以真人偶像的形式运营，这种由虚拟偶像在前台、真人在后台的双重设定以及与真人偶像女体接近的互动体验让粉丝有更强的情感连接，被认为是"技术"与"少女"的完美融合。然而2022年5月，A-SOUL某成员

---

① 周彬. 身体与技术的交互：以虚拟主播为例[J]. 科技传播，2021(6):161-164.

"珈乐"因"身体及学业"的原因进入了"直播休眠"，随后扮演A-SOUL虚拟偶像的"中之人"的薪资待遇被扒出，相较于运营方的巨额收益，虚拟偶像的灵魂担当"中之人"直播工作到凌晨，月收入也不过万元左右，这让粉丝们非常不满。

虚拟偶像的完美特征也是一把双刃剑。大部分的虚拟偶像都是团队协力的结果，因此他们也是平衡的产物，无论是年龄、性格、行为还是外观的设计，无一不是在迎合着大众认知和大众审美。如果说人类的不可控和自我意识对商业来说是一种风险，那么虚拟人的稳定性和可塑性就是他们的竞争力。但这种对虚拟人的全面规训也开始让人类粉丝们开始感到不适。且不论虚拟主播无止境地高强度工作是否算是另一种"劳动剥削"和"对人类的不公平竞争"，他们的外观也将我们对美的定义驱向了狭窄的方向。虚拟人在某种意义上更像是被操控"复活"的芭比娃娃，很多人开始担心他的言行举止是否会影响到青少年对自身的看法。

仿真数字人技术是虚拟偶像的另一种发展路径。通过面部和动作的数据采集、语音采集以及机器学习，人人都能拥有自己的数字分身。在知乎和B站，到处都是10分钟生成数字人的教程。仿真数字人与真人的相似度极高，几乎可以做到以假乱真的效果。直播行业更是迫切需要有仿真数字主播这样不知疲倦的打工者，让直播间能够昼夜不停地营业。仿真数字主播可以弥补人类主播无法全勤的"缺陷"，他们情绪稳定、条理清楚，更重要的是他们不需要场地、设备和团队，一台主机就一个直播间。一些头部MCN公司已经开始进入仿真数字人主播的领域。他们甚至让主播和数字分身进行了卖货PK，结果居然是数字分身更胜一筹。不难想象，在降本增效的大趋势下，拿薪酬、要休假、有脾气的人类主播很可能会被自己的分身淘汰。正是有此预见，2023年好莱坞的演员工会开始了全行业的演员大罢工，抗议制片公司采集了他们的生物特征信息以制作数字分身。他们担心，当制片公司拥有这些数字分身后将出现新的劳资矛盾。制片公司可以让数字演员参演影视剧而无需支付片酬，人类演员将失去演出机会。

在电影《银翼杀手2049》中，未来世界真实与虚幻已经融为一体，复制人与人类发生冲突，在不被认可的世界里，男主购买了一个虚拟女友Joi以获得情感慰籍。虽然这个女友只是一个存在在投影棒中的全息投影，但她依然对他无微不至地关照，与他聊天，试图透过雨幕亲吻他……然而，最终那支投影棒在追逃中被踩碎，她消散在破损的数据中。男主落寞地走到街头，却发现原来Joi无处不在，她们的程序使命就是用来抚慰每一个孤独的"人"。巨型的霓虹灯广告牌中闪过虚拟女友产品的广告语："给你你所希望看到/听到的任何东西……"

第八章

从土酷到国潮，新消费与新品牌

不知你是否留意到，朋友圈里的代购们正在悄悄退场。当疫情结束，商业和旅游市场开始复苏，韩国的乐天免税店和日本药妆店却并没有如期等来那些拉着拉杆箱来进货的代购。不仅如此，很多海外商家发现中国游客在购物这件事上变得冷静又克制了。

　　2015 年，财经作家吴晓波的一篇文章《去日本买只马桶盖》以百万阅读量创下了其公众号的最高阅读记录。在文中，他讲述了自己目睹的智能马桶盖的消费风潮——在日本的免税店，中国游客几乎人人手上都拎着最少一个松下马桶盖。而事实上，那时不仅仅是马桶盖必买，虎牌和象印的电饭煲也是抢手商品，加上日系药妆、零食、保温杯和数码产品，几乎每一个赴日游客的购物清单和逛街行程都被自己和朋友的代购委托排得满满当当。许多店铺都聘请了中文导购，银座的三越购物中心甚至将 8 楼的一整层都变成面向中国消费者的免税店。

　　马桶盖热潮的背后是中国新中产的消费升级——对如厕需求不再仅限于基本功能，而开始追求体验感的提升。这种对产品体验的追求也在倒逼中国制造业在产业结构上进行转型升级，不能只重营销，而应聚焦产品研发和创新。吴晓波在这篇文章的结尾希望："'中国制造'的明天，并不在他处，而仅仅在于——能否做出打动人心的产品，让我们的中产家庭不必越洋去买马桶盖。"[1]而这个"明天"在中国制造业的发力追赶之下已经成为"当下"。根据京东大数据研究院发布的《2021 智能马桶线上消费趋势报告》，在 2017—2020 年间，京东平台上的智能马

---

① 　吴晓波. 去日本买只马桶盖[EB/OL]. (2015-01-25)[2024-03-03]. https://www.yicai.com/news/4067314.html

桶盖销量翻番，智能马桶一体机销量增长 10 倍，国产品牌和外资品牌群雄逐鹿。①
而吴晓波在 6 年后再次发表了后续文章《来中国看马桶工厂》，来自国内的庞大卫
浴消费需求承载了陶瓷业的升级成本，实现了智能化的转型。同样的事情也发生
在小家电、美妆、日化等多个消费赛道，2023 年的"双十一"被誉为国货表现最
好的一次"双十一"，402 个品牌成交破亿，其中 243 个国货品牌进入"亿元俱乐
部"。②

　　经历了国货全面复兴的中国游客，已经不再把购物当成旅行的核心任务，而
是将疯狂囤货变成了量需而入。海外品牌开始在许多年轻消费者心中祛魅了，奔
涌的国潮背后有情感的认可，有对本国制造的信心。但值得注意的是，随着消费
者消费理性的回归，以及直播的退烧，国货品牌在新品期"低价+流量"营销战术
的可持续性正在遭遇挑战：低价入局的玩法在供应链成本上升的境况下让企业陷
于增长困境；品牌价值建设缺乏长期主义战略的积累，在流量经济的红利退潮后
显现出渠道经营和形象经营的脆弱；海外竞争对手在产品赛道上的深耕，在竞争
中保持了韧性——"不比谁走得更快，而是要比谁走得更远"。民族情绪助推之下
的消费行为是一把双刃剑，要培养一个终身消费者，国货品牌的产品力、文化力
和创新力依然是至关重要的。

---

① 京东大数据研究院. 2021 智能马桶线上消费趋势报告 [EB/OL]. (2021-04-20)[2024-03-03]. https://
　finance.sina.com.cn/tech/2021-04-20/doc-ikmxzfmk7964654.shtml
② 界面新闻. 国货表现最好的一次，天猫/京东美妆双 11 终榜出炉[EB/OL]. (2023-11-13)(2024-03-
　03). https://finance.sina.com.cn/jjxw/2023-11-13/doc-imzumynq2946895.shtml

第一节　国货的前世与今生

"土洋"之争

国货、国货，正是因为有了外国的货，所以才会有国产的货。国货这个概念在大航海时代之后才被广泛地提及——新航路开辟，带来贸易的往来，世界各国的货物进行了商品交换，国内和国外的概念在对比之中也就出现了。

第一次国货运动可以追溯到百年前。1929 年，资本主义世界爆发了有史以来最为严重的经济危机，为了转嫁危机，各国竞相向中国倾销过剩产品。1930 年，日本在华北等地进行大规模的武装走私，非法挤占中国民族商品市场。[①]

1928 年，当时的国民政府发起了持续 3 年的国货运动，提出了"提倡国货十要义"，并由上海市地方协会倡导将 1933 年定为"国货年"，1934 年为"妇女国货年"，1935 年为"学生国货年"。然而，由于未能真正整合国货品牌与消费大众的利益，轰轰烈烈开展的"国货年"运动最终归于失败，未能真正振兴民族工商业，只仿佛一针药效短暂的兴奋剂。

提倡国货十要义[②]

一、提倡国货，是我国国民经济独立的基础。二、提倡国货，是对外人经济

---

① 黄逸峰. 旧中国民族资产阶级 [M]. 南京：江苏古籍出版社，1990:377-381.

② 提倡国货十要义 [J]，内政公报. 1929(9):1.

侵略的武器。三、用国产服饰，能表现爱国的精神。四、用国产食品，塞利权外溢的漏卮。五、用国货制品，为关税政策的辅助。六、乘国有舟车，保国家水陆的主权。七、本身使用国货，为国民绝对的义务。八、劝人使用国货，为国民应尽的天职。九、大家宣传使用国货，为全国国民公有的责任。十、官厅学校使用国货，为全国国民提倡的先声。

在民族危难之时支持民族产业是当年工商界希望让国民能够认同并响应的。然而，"外国货物在'价廉物美'的条件之下，自然就会博得消费者之欢娱，而洋货遂代替土货畅销于中国了"[①]。战争时期，中国的轻工业发展并不容易，国货往往价高而物不美。而租界的奢靡炫耀之风，通商口岸上大量涌入的洋货，又将崇洋蚀刻进大众消费的心理之中。当年许多报纸广告也附和了这种媚外的价值取向，在广告语中将外国商品与上流社会的生活方式关联起来。哪怕国货也忍不住要为自己取上一个洋名，才能打开销量。

当然，国货运动也不是全然的失败。在 1930 年前后，随着战争阴影的加剧，民族工商资产阶级曾尝试将"爱国"与"国货"捆绑在一起进行道德营销（见图8.1）。他们试图告诉消费者：商业利益就是民族利益，每一个消费行为都与国家民族的生存有关；而消费洋货就是为帝国主义的侵略做贡献，与叛国卖国无异。其中以龙虎人丹的故事最为著名，上海企业家、余姚人黄楚九研发了人丹产品以对抗日本仁丹。他甚至不惜亏本补贴销售，强调人丹是国货，并打出"中国国民请服用中国人丹，家居旅行毋忘中国人丹"的广告语。龙虎人丹从此成为经典的百年品牌。

---

① 范师任. 振兴国货之先觉问题 [M]// 金文恢. 抵货研究. 浙江省立民众教育馆教导部，1930:40.

图 8.1　民国时期的烟草广告

　　救亡图存是第一次国货运动的鲜明底色，当年的工商企业主发自内心地相信振兴实业是救国的重要路径。然而可惜的是，由于广告只是刚刚兴起的新事物，大家对于广告如何洞察消费者心理只有粗浅的认知，口号式的爱国广告语虽然意图唤起消费者的社会责任，但对于通货膨胀严重之下每天都要面对柴米油盐的普通民众来说，性价比仍然是消费决策的重要考量。此外，将一切的消费行为都定义为爱国——吸烟爱国、跳舞爱国、划火柴也是爱国，这种模糊界定的做法，使得原本属于高级的道德情感变得可被量化和娱乐化，这也让国货运动距离它的初心越来越远。在章克标的《杂谈三》一文中，他对这个现象评价道："出了一块洋钿之后，即使你醉生梦死，酣歌狂舞，也是救国。"[①]

　　第二次国货运动则始于 20 世纪 80 年代的经济体制改革初期。伴随着改革的春风，中国经济发展进入快车道。联想、海尔、娃哈哈、华为都诞生于这个年代。这是群雄逐鹿的年代，不仅市场经济让营商环境变得宽松，国人收入的提高也让消费欲望开始复苏。然而，国门打开之后，企业家们再次认识到了中国制造与世界制造水平的差距。当大部分的中国品牌还在蹒跚学步，海外品牌已经带着它们

---

① 章克标. 杂谈三：一、来信照登，二、游艺救国 [J]. 论语，1933(9):15-16.

的商品进入中国市场。无论是技术、质量还是设计与服务，"国货"与"洋货"之间依然横亘着巨大的鸿沟。在拥抱全球化的友好氛围中，消费者被各种前所未见的产品所吸引，从索尼的随身听，到耐克的球鞋，再到可口可乐、麦当劳。中国市场凭借巨大的消费潜力也成为全球品牌最为重视的市场。许多公司专门成立中国事业部门，将中国市场与亚洲其他地区的市场区分开来重点对待，在产品设计方面也更注重中国本土化。可以说，改革开放的40多年不仅让中国经济腾飞，对世界经济和商业格局也产生了深远的影响。

对中国企业来说，海外产品占领市场的情景再次出现。但这一次，并非是倾销占领，而是公平竞争。当世界都融合成一个市场时，国货品牌不能再只空喊爱国口号，企业意识到只有做出真正有竞争力的产品才能开启国货的未来。先丈量差距，再迎头追赶，好的产品口碑才能真正赢得市场。1984年，青岛电冰箱总厂和德国利勃海尔公司签约引进了当时亚洲第一条四星级电冰箱生产线。海尔创始人张瑞敏从消费者来信中发现产品存在的质量隐患，亲手砸毁了76台不合格冰箱，向公众展示了海尔的精品战略。20世纪八九十年代是中国品牌的积累期，从合资引进海外技术、提升产品质量开始，从生产方式到管理模式，中国品牌在现代化企业经营的道路上稳步前行。而中国消费者随着售后满意度的提升也对国产品牌越来越信赖。这一次，价廉物美变成了国货的优势，"洋货"的光环效应开始衰减。

21世纪的新国货运动

第三次国货运动发生在21世纪10年代中后期。伴随着90后消费者的登场，以及电商和社媒合力推动国产新消费品牌的孵化，网络消费者对国产品牌的消费热情一路攀升。在2021年，42.5%的消费者表示相比上一年增加了对国货的消费；小红书数据显示，2021年，用户对国货品牌的搜索次数近12亿次，产生超过60

亿次的讨论量，连续两年增长超过 100%。[①]

2010 年，中国GDP超过日本成为世界第二大经济体。随着中国全面建成小康社会，人均收入水平日益提高，中产阶级的规模日益扩大，正在成为消费的中坚力量，并推动消费水平不断提升。消费增长也成为我国经济增长的重要源泉。2011—2020 年这 10 年间，我国的消费率平均为 53.4%，尽管受新冠疫情的冲击，2020 年最终消费支出占GDP的比重仍然达到 54.3%，同期消费对经济增长的贡献率平均达到 60%，消费仍然是经济稳定运行的压舱石[②]。参考发达国家的消费社会变迁，随着经济水平提高，中国将迎来消费升级时代，而高品质、高性价比的国货产品也随之崛起。

科技实力的增强让中国得以逐步实施"从中国制造到中国创造"的转型。我国是全世界少有的制造业全产业链国家，这意味着从原材料一直到终端消费产品都能够在国内完成闭环生产。疫情发生的 3 年多时间里，在全球物流受阻、地区间贸易受阻的情况下，广而全的中国供应链为消费内循环提供了有力的支撑。

《周易》中提到"穷则变，变则通，通则久，是以自天祐之，吉无不利"[③]。科技成就美好生活，中国的创新发展上有载人航天、探月工程，下有落到实处、惠民实业的平民化创新。从制造大国到创造大国的转型，教育普及至关重要。九年义务教育普及以来，我国的人口素质水平又有新的较大幅度的提升，这使得社会在高等教育大众化时代中收获了更多的"人口质量红利"，也称"教育红利"。2020 年，中国每 10 万人中具有大学文化程度的达到 15467 人，比 2010 年"六人普"时多出 6537 人，高中文化程度的同比也有升高，初中文化程度、小学文化程度比例以及不识字率则在降低。[④]人才资源作为经济社会发展驱动力之一的作用愈发显著，

①　知萌咨询. 中国消费品牌趋势（2022）重磅发布 [EB/OL]. (2022−05−31)[2023−05−20]. https://www.digitaling.com/articles/781472.html.

②　李勇坚. 中国新消费崛起：新中产的力量 [EB/OL]. (2021−05−31)[2023−02−02]. https://www.thepaper.cn/newsDetail_forward_12854441.

③　周易 [M]. 杨天才，译注. 北京：中华书局，2022:349.

④　国家统计局. 第七次全国人口普查公报 [EB/OL]. (2021−05−11)[2023−05−20]. https://www.gov.cn/guoqing/2021−05/13/content_5606149.htm.

人才竞争也渐渐成为综合国力竞争的核心。创新孕育于人民群众之中，受过高等教育的人才是创新的基本盘。

不再迷信"舶来品"的新消费者

如果说 70 后、80 后作为经历过国门初开海外品牌涌入生活的一代，对海外品牌还习惯性地抱有好感，那么对于 90 后、00 后来说，中外品牌的产品差异已经不再那么明显，使用"舶来品"也不再是一件值得炫耀的事。1987 年，肯德基在中国的第一家门店在北京前门大街开业，1990 年的深圳罗湖有了麦当劳在中国的第一家餐厅。如今，它们早已成为 Z 世代生活中无比平常的事物。我们也不再称呼它们为洋快餐，这不仅是因为它们背后的运营方早已换成了中资企业，更因为它们是从小吃到大的食物，几乎和豆浆、油条一样寻常。

消费行为中的很大一部分行为属于个性化消费。由于个体从组织中的脱嵌，消费主义在某种程度上代表了个体追求自我的过程。而一系列"新国货"产品，以及在各种领域与传统文化相关的产品复兴成为"国潮"，成为年轻人追逐的圈层亚文化。① 如果说 70 后、80 后通过海外品牌 logo 完成个体的符号化，那么在全球化背景下成长起来的 Z 世代，则希望摆脱全球趋同的商品体系，找到新的符号化定位。鲍德里亚在《消费社会》一书中提到："现代社会的消费已经从经济概念转变为文化概念。"② 当生产水平提升，商品的同质化程度加重，对于消费者来说消费决策建立在自我认同和群体认同的需求上，因而本土文化的印记被愈加重视，消费行为从"向外求"转向了"向内求"。年轻人开始重新寻找身为"中国人"的定义，通过文化符号的消费依附来定位自己。汉服文化的流行就是这种锚定自我的体现。2018 年前后，国潮复兴的概念开始席卷各大电商平台，故宫、六神、百雀羚等老字号和文化 IP 成为听着《青花瓷》长大的年轻人眼中经典又时髦的象征。大白兔、

---

① 邢海燕，"国潮"与"真我"：互联网时代青年群体的自我呈现 [J]. 西南大学学报（人文社会科学版），2021(1):126−134.

② 鲍德里亚. 消费社会 [M]. 刘成富，等译. 南京：南京大学出版社，2014:64.

旺仔、回力这些旧日的国货品牌是 45 岁以下中国人童年的重要记忆，怀旧消费是这个高速奔跑时代之下人们做的小小喘息。

全球化与民族意识

国潮复兴也是民族认同感逐渐加强的必然结果。这种"国民爱国货"的现象在日本和韩国同样发生过。

日本在明治维新时期就开始向西方的学习，这种学习除了社会制度和工业等方面的学习，也包括生活方式的转变。从日本漫画中就可以看到明治维新时期浓浓的欧洲服饰风格。二战后，日本作为战败国接受了美军的进驻和管理。彼时东京已是一片废墟，国民生活极度拮据，而美军在驻扎期间有着从美国空运而来的丰富物资，健康强壮的美国士兵与营养不良的日本人之间形成了强烈对比。美国流行文化和美国品牌在当时成为美好生活的象征，日本年轻人都非常向往拥有一条美国牛仔裤，哪怕是二手的都无比珍贵。因为在 20 世纪 40 年代的日本，衣服不如食物珍贵，城市里的人因为食物短缺甚至不得不拿衣服去农村换食物。日本的战后一代从小耳濡目染了美国丰裕的生活方式，因此在 50 年代末期，美军结束在日本的占领，日本经济开始复苏进入近 30 年的高速增长期时，这种对美式流行的向往自然体现在了消费价值观上。

美国作家 W. 大卫·马克思（W.David Marx）在撰写的《原宿牛仔：日本街头时尚五十年》一书中，对日本借由美式风格发展而来的时尚潮流，又从原宿出发反向输出西方进而影响全球的历史进行了梳理。如在原宿街头引发狂热追捧的"常春藤联盟时尚"——当年有许多年轻人穿着美国常春藤大学学生风格的服装在街头游荡，这种穿搭被年轻人视为对社会衣着礼仪严格管控的反叛（当时的主流观念认为时尚就是堕落）。而日本时尚教父石津谦介在对普林斯顿大学学生的穿搭进行了实地考察后发现，这种在随意破旧中透出自信低调的精英式着装应该成为日本男子着装风格的方向。1962 年，石津谦介与他的儿子石津祥介以及另一位常春藤专家黑须敏之一起设计出更适合日本男性身材的常春藤风格成衣，通过 *Men's Club*

时尚杂志推荐给所有喜欢时髦的日本男孩。从常春藤风潮开始，日本年轻人越来越重视服饰潮流，原宿街头也成为最前沿的穿搭圣地。到了经济腾飞的20世纪70年代，日本家庭收入大幅提高，出现了许多新富阶层。日本年轻人不再满足于消费山寨美式风格的国产品，而希望获得真正的舶来品。"青少年们在Beams购买耐克球鞋，主妇与母亲提着LV包，中层经理穿上J.Press西装，70年代末日本的时尚焦点，再度落到进口货与外国品牌上。每个人都想要正品，而非日本本土的仿制品。"①

到了20世纪80年代，日本的制造工业世界领先，索尼、松下等成为全球消费者竞相购买的品牌。而日本设计界也开始进一步思考如何从设计上定义日本。这种思考后的结果就是现代设计和传统设计的"双轨并行"。既没有彻底摒弃过去，也没有被传统束缚而怯于突破。日本制造在手工艺品方面坚持工匠精神，精益求精，将日式审美和宗教禅学融入创作，而在现代工业品和服饰设计方面则大胆创新，吸收当代艺术，诞生了以三宅一生、川久保玲、山本耀司和原研哉为代表的设计大师，引发了日本商品全球范围内的流行热潮。

日本现代设计不仅强调外观的设计，也同样强调功能，好看也必须好用。日本设计师们认为好的产品应当成为生活的解决方案。无印良品就是一个相当典型的案例。作为一个创立于20世纪80年代的品牌，无印良品的设计风格以"反LOGO"著称，这缘于它对日本社会当年过度追求奢侈品的现象洞察。无印良品认为这种盲目追求奢侈的背后也是对欧美生活方式的盲目崇拜，从日本传统中讲求"克制"和"素"的文化角度出发，应该有一种产品设计是从功能性的角度出发的，能够尽可能最大化地突出物品和材料本身的价值。因此，无印良品深入洞察日本现代家庭生活，成立了生活良品研究所，以"循环的未来"为口号，围绕现代生活中的诸多痛点，如清洁、收纳、旅行，进行产品研发。相信有很多人使用过无印良品的产品，它的好用度是几无争议的。从这样的理念出发，无论是在价格、质量还是设计方面，"日本造"都展现出了强大的优势和竞争力，日本消费者在消费

---

① 马克思. 原宿牛仔：日本街头时尚五十年[M]. 吴纬疆，译. 上海：上海人民出版社，2019:65.

时往往优先购买国货，"支持国产"并非排位第一的理由。

　　纵观韩国的商业发展历程，也走过了相似的路径。如果看过韩剧《请回答1988》，就应该了解八九十年代的韩国年轻人也是外来文化的追逐者。他们喜欢欧美的服饰，喜欢香港的明星。韩国的国民食物炸鸡和拉面也带有美军驻扎时物资匮乏时代的印记。韩国的潮流文化是在2000年初伴随着韩剧的流行而传播开的，造星工业的发展使得围绕娱乐产业的一系列衍生产业都被带动起来，如美妆、服饰、餐饮和生活用品。韩国影视和音乐的对外输出，也让韩国商品和韩流文化传播到了全球各地，韩国文化成为近几年现象级的潮流影响着全世界的年轻人。电影《寄生虫》斩获奥斯卡奖，《鱿鱼游戏》创造网飞收视纪录，偶像团体拥有全球过亿粉丝，这不仅是韩国政府过去几十年来鼓励文化娱乐产业发展的结果，也是韩国影视工业模式创新和运营创新的结果。这些作品并没有囿于民族文化，而是通过优秀的内容、精良的制作和实力表现将现代韩国的形象成功输出。而另一方面，韩国消费者对本国商品的认同度也是长期以来坚定文化自信教育的结果。作为一个文化上屡次被外族入侵和影响的国家，韩国的国民教育特别注重对本土文化和本土设计力量的保护。在日常消费领域，本国的生鲜物产的价格要高于进口生鲜，这些对保护本土农业非常有利。在韩国消费者的认知中，优先消费本国商品成为一种消费自觉。

　　由此可见，国货运动是经济发展过程中必然会发生的阶段，而当身处这个阶段时，文化自信也许是消费者的消费动机之一，但如果仅有文化自信和民族自觉，那必不能长久维系消费者的消费动力。国潮兴起的背后是中国制造业的产业升级和技术升级问题，也是品牌如何构建自己影响力的问题。

第二节　新消费现象观 1：成人儿童化与泡泡玛特盲盒热

　　六一儿童节是小朋友们的节日，现在也是大朋友们的节日。2022 年，有许多品牌做起了儿童节营销，它们的目标对象并不是儿童，而是想"重返童年"的成人。经典 IP 联名是儿童节营销的热门选择。肯德基联名宝可梦推出的可达鸭音乐盒成为全网爆款，一"鸭"难求。原本是儿童套餐附赠的玩具，购买者却几乎全是年轻人，闲鱼上可达鸭的价格被炒到了 3000 多元。明明是为小朋友设计的玩具，大人们却玩得不亦乐乎，因为宝可梦是很多 80 后、90 后小时候最爱的动画片。回溯肯德基和麦当劳的儿童套餐玩具联名史，无论是皮卡丘、小黄人还是哆啦 A 梦，都引发了成人消费者的购买热，成为社交平台的硬通货。

不想长大的大人们：成人儿童化

　　著名的媒介批评家尼尔·波兹曼（Neil Postman）在著作《童年的消逝》中指出这样一个事实："成人"和"儿童"这一对概念本身就是被构建出来的，印刷术创造了区分"成人"和"儿童"的条件——有无阅读能力。在电子信息时代，因为信息传播方式和接收的方式不再需要学习——幼童能够无师自通地使用平板电脑，"成人"和"儿童"的界限变得模糊。儿童在消失，而儿童的消失同样也意味着成人的消失。

　　"Kidult"一词最早是在 20 世纪末期出现在《泰晤士报》上刊登的一篇广告文

中，它由"Kid"和"Adult"两个单词拼接而成，意指儿童化的成人。成人儿童化并非"彼得潘综合征"，更多是用以形容拥有着成年人生理特征的群体在行为以及价值观上仍然保持着儿童的特性。儿童化的成人往往都是中青年，他们有着良好的教育水平和正常的工作、生活。对外，他们在生理和心理上都是成熟的成年人；但是在私下的某些场合，他们会展露出童心未泯的一面，保持着一些儿童群体才有的兴趣爱好。他们有的喜欢看动画片，有的喜欢玩乐高和娃娃机，有的喜欢去各种乐园和动物园……成人儿童化现象如今已经成为一种显性趋势。在网络社交方面，成人儿童化体现在一些遣词造句上，比如叠词的使用，如绝绝子、萌萌哒；称呼的使用如宝宝、小哥哥、小姐姐，呈现出幼稚化的特点。而在消费行为方面，一些符合儿童审美或童年记忆的产品设计越来越受到成年人的欢迎。许多品牌甚至开始有意识地迎合这种消费趋势，怀旧文化和萌文化背后其实都有成人儿童化的影响。

　　社会学界和心理学界对成人儿童化的现象成因有着多个视角的解读。从外部环境的影响来看，这种成人儿童化现象是全球性的，越是发达的地区越早出现这种趋势。与"成人儿童化"经常一并提及的是"儿童成人化"，波兹曼将此归结于：电视媒介的出现将信息无差别地投喂给成人和儿童。而网络媒介的出现加速了信息的传播与扩散，这也是为什么当成年人玩着可达鸭，而小学生们开始传唱《孤勇者》。小孩想要快快变成大人，而成年人在职场内卷、房价、婚姻、生育等人生"大事"的重压之下只想要躲进童年的"山洞"。穿越回童年显然不可能，那么通过消费和体验短暂地做一场"童年梦"却不难。

　　当下的消费社会，产能过剩，信息过载，社交媒体提供了"安抚奶嘴"让每个人无节制地使用手机。本杰明·巴伯（Benjamin Barber）在其著作《消费：市场如何摧毁儿童、低幼化成人、吞噬公民》中认为，消费主义有效地让成人一直处于孩子的心理状态，除了让广告形象贴近儿童，作为消费者身份，我们随时都像个小孩，想要什么就有什么。而这种在消费行为上的低龄化倾向在某种程度上能够治愈成年人世界所带来的创伤。很多人形容成年后的生活就是不停地升级打怪，以成熟的姿态去处理各种大事。然而从另一方面来说，高度便利化的城市又能够兜住生活中的各种小事。在现代化的城市生活中，不会换灯泡、不会通水管、不会做饭……这些传统的"成年技能"都已不是必备技能，一切都有服务代劳。对在大城市生活的年轻人来说，即便是独居，他们也可以继续维持小时候的生活习惯和状态，不需要长大。

一方面是退休年龄延后到了 65 岁，而另一方面，"不需要长大"最终变成了"不想长大"。"不谙世故"不再是一个贬义词，因为它意味着年轻人不再愿意去遵行传统的职场规则。Z世代开始对酒桌文化 say no（说不），这甚至影响到了白酒在年轻人中的销量。他们喜欢《小王子》的孤单疏离，下班后的社交变成了一起开黑、一起玩剧本杀，逛街的时候玩抓娃娃机和扭蛋机，泡泡玛特的门店里挤满了年轻人。童年的游戏变成了一个个创可贴，能够短暂地遮住成年的伤口。

泡泡玛特，盲盒成瘾

我们想把玩具卖给成年人，最合适的词就是"潮玩"，来告诉大家它不简简单单是一个玩具。

——王宁（泡泡玛特创始人）

"潮玩"（潮流玩具），在英语里叫 art toy、designer toy。潮玩不是小孩的玩具，而是大人的玩具。在 20 世纪 90 年代，受到日漫、美漫以及卡通的影响，许多年轻人有了收集手办和潮玩的爱好，一批工作室和独立设计师开始专门设计制作潮玩，经过艺术设计的潮玩已经不再是单纯的玩具，而更接近艺术藏品，并逐渐形成了专属的亚文化圈层。但总的来说，潮玩圈还是一个低调的小圈子，由于潮玩的制作工艺水平较高，发售数量有限，属于小众类的藏品。玩家们在贴吧、论坛和微信群里交换和讨论藏品的信息。以 KAWS 为代表的艺术作品则突破了圈层，成为公众认知度很高的艺术作品。

但一切在 2014 年发生了改变，当时还是"潮流百货集合店"的泡泡玛特做出了一个改变自身命运的决定：引进 Sonny Angel——一个光屁股、圆眼睛，身着不同头饰和上衣的天使小男孩。它被归在玩具品类里，一经发售便大受年轻消费群体的喜爱。Sonny Angel的成功为泡泡玛特照亮了IP运营战略的方向。

2016年，另一个里程碑时刻降临，泡泡玛特选中了一个小女孩形象的IP。这个女孩有着一双空洞而不聚焦的眼睛和齐刘海，喜欢撅着嘴，表情木然中又带着小小的古灵精怪，眼神仿佛能够穿透你的身体看向远方……她的名字叫作Molly。泡泡玛特在发售Molly时采用了盲盒玩法，盲盒玩法是一种在日本非常普及的玩具销售方式。在日本的大街小巷有许多投币扭蛋机，投入硬币扭动开关就会得到一个随机的玩具。这让很多日本小学生甚至成年人沉迷于随机的惊喜，期待能够扭到自己心仪的玩具。Molly迎合成年人审美的造型设计加上"重返童年"的盲盒玩法，激起了消费者收集的狂热。盲盒玩偶的定价也经过周全的思考，59~79元的价格区间，一方面能够通过规模化生产达到品控与利润间的平衡，另一方面得以让盲盒玩偶突破潮玩圈进入大众消费市场。盲盒玩偶消费对于哪怕此前没有接触过潮玩的年轻人来说，也是一项充满乐趣和社交性的收集游戏。为了集齐一整个系列，你需要不断地抽取，或在闲鱼上与别人进行玩偶交换。社交媒体上也出现了许多盲盒抽取的玄学攻略，无论是线下的泡泡玛特门店、盲盒售货机还是线上小程序，大家都在为集齐一整个系列以及隐藏款努力着。

从2016年至今，Molly为泡泡玛特贡献的收益已经超过了20亿元。而泡泡玛特迄今已经推出了超过90个IP的系列玩偶，并于2020年在香港成功IPO（首次公开募股）。从乐高到泡泡玛特，成年人的玩具市场如同南极的冰山一般在海面下隐藏着巨大的身形。

泡泡玛特之所以是潮玩行业的另类，在于它不安于"小众"，一直在奔向大众。从文化起源、设计风格，以及背后的生产链条来看，潮流玩具在最初其实都带有一丝反大规模生产的意味。[1]但是泡泡玛特的出现，打破了圈子的界限。

一个好的IP[2]意味着一种潜在资产，它能脱离自身内容框架的束缚，并与各领

---

① 孙冰. 崛起的"李宁们"能乘风翻盘吗？ [J]. 中国经济周刊，2021(7):43-44.

② IP即"intellectual property"，中文翻译为知识产权，是指由人类智慧创造出来的无形的财产，被概括为一切来自知识活动领域的权利，主要涉及版权、专利、商标等领域。

域连接创造新内容，获取新关注，并以源源不断的新内容创造新价值。简单来说，IP的力量就是四两拨千斤，撬动各行各业的价值开发。

而IP开发恰恰是盲盒经济的核心。收藏类玩具有个要求，运用于产品线的IP形象必须具有足够的吸引力，圈得到粉丝、留得住粉丝。日本的收藏类玩具市场常年被动漫IP所霸占，因为这类IP形象在前期往往已经依赖动漫作品圈住了一大批粉丝，后续推出周边产品风险较低，也容易获得成功。泡泡玛特旗下运营着85个IP，包括12个自有IP、22个独家IP及51个非独家IP。优质的IP形象可以为品牌注入源源不断的新动力，泡泡玛特正是抓住了这一点，不只谈下许多设计师的原创IP，更是大力签下国内外已经出名的IP形象的开发权，例如哈利波特与迪士尼的代理开发权都在泡泡玛特手中。

以"盲"触达沉浸式情感体验。盲盒，最初名字叫mini figures，后来因为种类越来越多，市场越来越大，大家叫它blind box，其实也是random box，因为不知道里面是什么，所以最后得到的东西也是随机的。在我国，几乎每一个80后、90后和00后在小学生时期都经历过零食集卡的快乐，从小浣熊方便面到奥特曼，它们就是盲盒的鼻祖。集卡是小学生社交中的重要组成部分，而儿时的游戏在长大后依然充满了吸引力。玩家买盲盒买到的不仅是一个实体的玩偶，也同时体验到了拆开时的刹那惊喜或失落，这也是一种情绪性消费。

除了拆盲盒的情感皈依，消费者也享受盲盒社交带来的陪伴感。大量年轻人独自在城市里打拼，一个人吃饭，一个人旅行，盲盒的本质是玩具，而玩具最重要的作用就是陪伴，它弥补了一部分人孤单的内心。由热爱盲盒的人组成亚文化圈子，因为热爱而聚集在一起的人们也会在交流分享中产生社交，抽"娃"、晒"娃"、换"娃"……这种养成和陪伴通常会让人们产生归属感和依赖感，并帮助释放一些生活和精神上的压力。

泡泡玛特在商业实践中，为潮玩创造了另一种可能。泡泡玛特强调产品的艺术属性，大众可以很容易地拥有一件艺术品玩具，但又不会让它们彻底沦为快消品。泡泡玛特打破了艺术和市场的界限，传递了一种"艺术品和消费品，可以不那么天然对立"的理念。

斯金纳箱：盲盒上瘾的背后

"斯金纳箱"又称为"操作性条件反射室"（见表8.1），是一个用于研究人类行为背后原理的实验装置，由美国著名的行为主义心理学家斯金纳设置，装置通常由三个模块构成：按键、食物投放模块、通电惩罚模块。斯金纳把一群小白鼠放入箱中作为实验对象，并改变一些操作条件，设置相应对照组，做了一系列实验。①

表 8.1　斯金纳箱装置设计

对照组	斯金纳箱的设定	小白鼠的表现
实验1	每次按下按键即掉落食物	学会了按按键
实验2	小白鼠不按下按键则箱子通电	学会了按按键
实验3	一开始一直掉落食物，后频率逐渐降低到每1分钟后，按下按键可掉落食物	学会了间隔1分钟按一次按键
实验4	按下按键有一定的概率会掉落食物	学会了不停按按键

一般而言，无论是动物还是人类这样的智慧生物，在行为上都会受到大脑内奖励机制的引导。正向愉快的结果会强化行为，而负向的结果则会减少行为。简单点来说就是"奖励"和"惩罚"都能教会动物和人类触发"行为"。

而和盲盒上瘾息息相关的则是斯金纳做的第四个实验：概率型奖励。通过调整按下按钮食物掉落的概率，小白鼠也能学会不停按按钮。对于盲盒购买者来说，打开盲盒看见"心仪玩偶"的愉悦心情成为"奖励"，正强化消费者购买盲盒这一行为。为了获得更多的"奖励"，购买者开始踏上不停购买盲盒的"上瘾"之路。

2020年7月16日，中国联合航空联合京东旅行推出"盲盒飞行家"活动，价格为往返含税398元每人次，目的地则是在44个国内城市中随机抽取。相对低廉的价格，刺激的随机式玩法，顺便蹭上"盲盒"概念，"盲盒飞行家"对时间自

---

① 游戏相关心理学（二）：斯金纳箱理论[EB/OL]. (2016-02-22)[2023-04-16]. https://gameinstitute.qq.com/community/detail/104513.

由又喜欢随性旅游的人吸引力很大。在京东旅行周年庆期间，此款盲盒上线仅 2 天订单量就破万。这是中联航将盲盒理念用在航空旅游市场中而延伸出的新玩法——产品不再局限于盒子里的玩偶，而是未知的目的地。

第三节　新消费现象观 2：彩妆里的国货自信

在民国时期，国产化妆品就已经经历过辉煌，百雀羚、孔凤春和谢馥春等都是家喻户晓的百年老字号。但美妆这件事与经济环境、社会风气以及大众审美的时代背景息息相关，因此直到改革开放以后，女性才开始大胆追求美的事业。而美妆行业作为利润率极高的产业，行业内的竞争向来是激烈又残酷的。

从土到潮：国货美妆

当代国人对"装扮"这件事的认知是渐进式的，最初也许只有日常早晚用一下面霜的基础护肤认知而已。在许多女孩的记忆中都有过小时候偷用妈妈护肤品的经历，那时的护肤品就是一个摆在橱柜上的粉红玻璃小瓶，里面装着香香的乳脂状膏体。而爸爸的护肤品大多是大宝，连广告都是那么直接——便宜又好用。当时的中国日化类市场几乎没什么竞争，孔凤春、美加净这些日化企业受限于技术和运营思维，只守着几款一成不变的产品售卖。因此，当中国进入全球化市场，宝洁、欧莱雅、雅诗兰黛等美妆日化巨头来到中国时，本土品牌几乎毫无招架之力。海外巨头们知道自己面对的是一个巨大的尚未开采的金矿，于是纷纷专门成立了中国事业部，投入了大笔广告资金，同时在商场为旗下的多个品牌设立专柜。伴随着《ELLE 世界时装之苑》《Vogue》等杂志成为中国年轻女孩的时尚圣经，在杂志上投放大量的美妆类品牌广告形成了当时的种草效应。从 20 世纪 90 年代到

2000 年前后，欧美系彩妆风格一直影响着中国女性的妆容。进入 21 世纪，日剧和韩剧的热播，让日系和韩系的美妆类产品开始受到 80 后、90 后年轻女孩的欢迎。日韩的开架类彩妆品牌以适合亚洲人肤色、肤感较好的产品设计以及低廉的价格，成为旅游时的必买，甚至是海外代购的重点采购类别。悦诗风吟、爱丽小屋等韩妆品牌来到中国开起了连锁专柜。日本药妆店专门开发了微信小程序支持线上购买，而豌豆公主APP则是以日系产品为主的跨境电商。

可以说，近几十年来，中国的美妆类市场几乎都是海外品牌的天下，这中间有消费者观念和喜好的原因，也有我国日化类企业在产品研发和品牌建设方面较为滞后的关系。而在时尚杂志引领妆容潮流的纸媒时代，国人对妆容的审美也一直被欧美日韩所主导。对于国产美妆企业来说，无论是市场的开拓还是与海外巨头的对抗都是艰难的。其中曾经试水成功的只有两个人：一位是靳羽西，在 20 世纪 90 年代几乎大部分女性都还是素面朝天的时候，她制作一档电视节目《亚洲妇女美容指南》告诉东亚女性该如何搭配妆容与服饰，这是继她的《世界各地》[①]后又一个风靡全国的热门节目。靳羽西推出了专为亚洲人设计的色彩理论系统，比如她曾说最适合黄种人肤色的眼影色是大地色（大地色直到现在也依然是最受欢迎的眼影配色），同时她也是第一位在中国以自己的名字命名化妆品牌的女性。虽然在 2004 年羽西品牌被欧莱雅集团收购，但至今羽西仍深耕着中国市场。另一位就是毛戈平——一位因为给刘晓庆做造型而拥有极高国民知名度的化妆师，他的精湛技艺不仅让他开办了专门的化妆学校，也创立了以他命名的彩妆品牌。无论是靳羽西还是毛戈平，他们都是在电视时代成名，因为相关的影视作品获得巨大影响力而进入国人视野的。而对于其他的国产彩妆企业来说，这样的路径是很难复制的。

所谓"时势造英雄"，对许多行业来说网络时代的来临就意味着一次市场影响力的洗牌。在传统媒体时代，品牌的影响力扩散路径是简单明晰的——找代言人，

---

① 1985 年，靳羽西受中国政府邀请制作了《世界各地》节目，为中国观众打开看世界的窗口，获得上亿播放量。

拍广告，投放时尚杂志，投放电视广告。这对于有着充足营销预算的巨头公司来说是有利的，因为为它们，也为行业竞争竖起了一道屏障，阻挡中小型企业进入美妆赛道。于是，时尚界广告的C位几乎都由海外大品牌垄断，明星也以代言大牌化妆品为荣。纸媒时代高额的广告费对于起步阶段的中小企业来说是难以企及的营销壁垒。国产美妆品牌在过去几乎没有宣传的通道，而现今它们的全面崛起，主要依靠的是社交媒体和美妆博主。在圈层经济中，1000个种子用户的口碑就能辐射到百万量级的潜在消费者。对年轻人来说，素人博主的评测更接近大家日常的生活，更具有参考价值。

美国学者埃弗雷特·罗杰斯（E. M. Rogers）在20世纪60年代提出了创新扩散理论，指出在创新面前，一部分人会比另一部分人思想更开放，更愿意采纳创新。创新扩散包括5个阶段：了解阶段、兴趣阶段、评估阶段、试验阶段和采纳阶段。在创新向社会推广和扩散的过程中，大众传播能够有效地提供相关的知识和信息，而在说服人们接受和使用创新方面，人际传播则显得更为直接、有效。

国货美妆崛起的背后就是创新扩散理论的体现。品牌早期的合作对象并不是明星，而是彩妆博主，她们需要不断地评测各种彩妆产品，并在自己的账号上发布相关内容来积累人气。中国女性尝试化妆的年龄近些年来一直有低龄化的趋势，对于经济能力不那么强的学生族群来说，一方面她们处于需要通过大量学习掌握化妆技能的阶段，另一方面掌握化妆技能的过程也意味着她们对彩妆产品的需求逐渐增强。这时，单价相对较低又有大量博主评测背书的完美日记就进入了视野。除了与KOC的紧密合作，完美日记与李佳琦的合作也大大提升了品牌的曝光率和知名度。完美日记的动物系列眼影盘经过李佳琦在直播间的亲身试色成了网络爆款。在吸收了早期消费者后，完美日记选择周迅作为品牌大使，并在新一线城市中布局线下体验门店，完成了进一步向更多消费者扩散的影响力传播。可以说，完美日记完整呈现了创新扩散的5个阶段。

消费者向国货回归的背后也有国风运动的助力。从汉服的日常化，到传统IP被二次发掘，当代年轻人开始主动拥抱、探索传统文化，并以传统为傲。这让国风成为年轻一代的主流审美，并逐渐融入其日常行为。无论是国风内容在短视频平台上的流行，还是各大电商平台开始邀约品牌开展经典IP联名的国潮活动，国风消费已经成为一条宽阔笔直的商业赛道。

国货彩妆品牌花西子就踏上了这条国风快车道，在短短3年时间内就成长为头部国货彩妆品牌。花西子在产品命名方面也颇有一番考究，大到彩妆产品系列被称为"百花册"，美妆工具系列被称为"西子匣"，再小到口红的起名如"锦绣""跃池""星穹"……品牌标识以中式窗户作为灵感来源，以青黛为主色调，有一种江南水乡的温婉。

谁在捧场国货彩妆

Z世代是互联网的原住民，他们精通技术操作，而且满怀热情，他们在这个信息爆炸的社会中乘风破浪，是各类网络话题的活跃参与者；但他们大多还是学生或是职场新人，经济能力往往跟不上消费欲望，对于售价在300元以上的国际大牌口红来说，尚无法做到"拥有自由"，但是对于定价在百元区间的国产口红，想买就买还是能够轻松实现的。"每个女人都应该有一支口红"，这是以前的营销套路，呼吁女性在人生的重要时刻要去买一支口红，并把口红标榜为通向成功道路的武器。而现在的实际情况是，每个女性可以拥有无数支口红，高兴了可以买一支庆祝，伤心了可以买一支安慰，消费可以是为了满足情绪价值的。

Z世代虽然年轻，但在消费时也未必冲动。他们基本都接受过九年义务教育，会背元素周期表，掌握了基本的科学知识，看得懂基础成分。同时，美妆个护知识也在逐渐普及，各类分析成分的APP兴起，动动手指就可以查到哪些成分有害、哪些成分有益。

基础护肤观念的升级，让年轻一代消费者对产品的选择趋于理性。通过互相交流与学习，一大批"小白"开始进阶为"成分党"，成分护肤风吹遍全网。油皮该用什么，干皮该用什么，混油和混干又有怎样的讲究……脸上的这些事不仅要讲求功效，更要讲求安全。

2019 年花西子打出了"东方彩妆,以花养妆"的口号,强调"花卉精华""中药提取",主打健康养肤的产品特性。例如花西子的眉笔,以螺子黛眉料和何首乌制作而成;雕花口红,则宣称运用了"花露胭脂"养唇古方,以上好的花瓣为原料制作而成;气垫粉底添加了白睡莲、芍药、山茶花精华。无论是不是真的如广告词所说的有效用,对于看《甄嬛传》长大的年轻消费者来说,这样非常"中国"的成分表都大大增加了其好感度。

无论产品概念,或是产品包装如何,到消费者手中后,最重要的依旧是体验感。重营销而轻研发是当下一些国货彩妆企业的通病,从头部企业公布的年报来看,钱几乎都花在了营销推广上,研发费用只占总营收的不到 1%。在产品生产上,许多国货品牌也喜欢选择代工方式,这从长期来说存在对品控不利的因素。对于任何产品来说,产品本身才是核心竞争力,没有产品,任何营销都是无的放矢。短期内过度依赖代工厂和大数据分析的必然结果,是产品面临严重的同质化竞争,相同的口红色号、相似的眼影盘无法构成一家美妆集团的核心竞争力。因此对于国货彩妆来说,加大研发投入力度、保证产品品控是一件迫在眉睫的要紧事。

第四节　新消费现象观 3：疗愈式消费潮

中国的香文化历史悠久，早在先秦时期，采香制香就常见于生活，《诗经》中记载："彼采萧兮，一日不见，如三秋兮。彼采艾兮，一日不见，如三岁兮。"[①] 屈原《离骚》中记载："扈江离与辟芷兮，纫秋兰以为佩"，"朝搴阰之木兰兮，夕揽洲之宿莽"[②] ……

南宋《梦粱录》中记载："焚香点茶，挂画插花，四般闲事，不宜戾家。"[③] 焚香触达嗅觉，与点茶、插花、挂画并称为上流社会优雅生活中怡情养性的"四般闲事"。但到了现代，谈起香氛，人们大多只记得一些海外品牌的经典之作。香奈儿 5 号、迪奥真我等大牌香水扮演了气味启蒙者的角色，甚至有许多人误以为喷香水这件事是西方的生活方式。然而事实上古人一直有给衣服染上香味的习惯，宋人洪刍《洪氏香谱》中记有"熏香法"："凡薰衣，以沸汤一大瓯，置熏笼下，以所薰衣服覆之，令润气通彻，贵香入衣也。然后于汤炉中烧香饼子一枚……置香在上薰之，常令烟得所。薰讫叠衣，隔宿衣之，数日不散。"[④]

香氛消费属于悦己型消费。"悦己"的"悦"体现在消费者主动追求愉悦的精神体验，并通过产品或服务获得较高的情绪价值。而香氛类产品通过气味让消费

---

① 诗经·国风 [M]. 王秀梅，译注. 北京：中华书局，2015:56.
② 楚辞 [M]. 林家骊，译注. 北京：中华书局，2019:3.
③ 吴自牧. 梦粱录 [M]. 张社国等，译注. 西安：三秦出版社. 2004:111.
④ 洪刍，等. 香谱（外四种）[M]. 上海：上海书店出版社. 2018:78.

者获得幸福感和治愈感，是一种相对旅游和其他休闲娱乐方式来说支出成本更低、即时回馈更高的消费品。《2020年中国香水行业研究白皮书》中指出：全球香水市场规模约3906亿元，而中国只占2.5%，市场潜力巨大，且市场规模增速较快。①

在经历疫情的几年时间里，居家隔离、在家办公、减少流通等主客观因素让大家减少了外出社交的时间，让"人"与"家"的关系变得更为密切，家不再是"996"打工人短暂用于睡眠的地方。当我们回归居家空间，很多人开始意识到一个能够让自己放松下来的地方有多么重要。因此，在消费方面开始转向了能提升生活美感与幸福感的物件上。让居家空间充满氛围感，除了视觉上的软性装饰物，代表听觉方面的高级蓝牙音箱以外，嗅觉方面的代表就是形形色色的香氛类产品了。

气味的力量

嗅觉是五感之一，一呼一吸之间，千百种气味分子经由鼻腔被神经细胞感知，从而激活大脑对气味的反应。人的记忆里有一部分是属于气味的，我们喜欢的气味往往与愉快的经历关联在一起，被大脑存储。现下流行的氛围感里，气味起着非常重要的作用，一些特定或熟悉的气味会让人产生惬意放松的感觉。哭闹的小婴儿在母亲怀里才会安静下来，因为他闻到了只属于母亲的味道；有些人喜欢带上自己的枕头和床单去旅行，因为这样才能在酒店里睡得安稳。中国睡眠研究会发布的《2021运动与睡眠白皮书》显示，目前中国有超过3亿人存在睡眠障碍。从某电商平台的助眠类产品销售情况来看，助眠香熏/精油、助眠片和助眠枕头的销量占比排行前三。②

在五花八门的助眠术里，气味疗法是接纳度最高的。于是，香氛类产品顺势而起。取自天然植物如薰衣草、天竺葵、茉莉花、洋甘菊等制作而成的精油，其

①　颖通集团、艾瑞咨询联合发布《2020年中国香水行业研究白皮书》，https://report.iresearch.cn/report_pdf.aspx?id=3690，2020年。

②　艾普思咨询. 助眠产品市场发展及消费趋势洞察报告[EB/OL]. (2022-05-13)[2024-03-11]. https://www.sohu.com/a/546541360_121007748.

释放的气味分子能够舒缓紧张的情绪，让大脑放松下来，更容易进入睡眠状态。从液体香熏、香熏蜡烛到沐浴产品，甚至洗衣液都在强调气味制造的疗愈感。无印良品极为成功的产品之一（同时应该也是被仿制最多的）是一个可以添加精油的加湿器：它被设计成简单的圆柱体，摆放在床头发出柔和的光线，细密的水雾带着精油的香气释放在空气中，营造出安眠的氛围。多年来这个精油加湿器占据着店铺最醒目的货架位置，许多人甚至喜欢带上它出差。

　　香熏类产品是一种典型的消费升级类产品。它不是生活必需品，却能够给人带来愉悦和放松的体验。这对在各类压力下不堪重负的人来说如同一剂良药。大众对气味的消费首先是从自己身体气味的改变——香水消费开始的。生产工艺和香精原料决定了高端香水的高准入门槛，在很长一段时间里，国内香氛市场一直被进口品牌所垄断。但是香氛消费并不只限于身体类产品，空间香熏市场是一片广阔的蓝海。中国的空间香熏行业起步虽晚，但发展很快。一些本土香熏品牌避开香水这个竞争激烈的赛道，深耕空间香熏领域，正是因为看到了气味与情绪经济之间的联结。当人们有了多功能分区的居所——拥有一间以上的卧室和浴室，家居中对于氛围的营造就开始被大家所重视。蜡烛、香熏液、晶石等现代香熏产品成为空间氛围感的重要元素。

　　人们消费香熏类产品的背后是对空间要求的提高，尤其是居家场景，气味可以提升"家"这个私人空间的生活质量。大众对"家"的概念在一步步升级，由"可以住"向"住得舒适"转变，即便是租房一族也注重"家"的装饰，努力让"家"成为真正抚慰我们的"归宿"。

　　消费升级对生活的改变往往是润物无声的。对大多数人来说既然很难一夜暴富，那么就从一个小物件开始，让生活一点点美好起来。美好的生活容许"无用之物"的存在，当香熏的味道弥漫在空气中，无论是苔藓的潮湿、海风的咸湿还是松林的冷冽，都能帮助归家之人快速完成场景的切换。在泡澡时点上香熏蜡烛，高级精油通过大豆油脂的融化慢慢经由嗅觉连通大脑，紧张了一天的神经系统就此放松下来。固体香熏产品则是将各种颜色的晶石装在精致的玻璃容器中，滴上几滴香熏精油，让气味缓慢地挥发在空气中。这种视觉＋嗅觉的产品设计和冬日的壁炉一样是制造氛围的利器。

东西方文化对香味的理解是有差异的，东方美学中对嗅觉的审美有独到的理解。中国古代的香道讲求静心修身，相比馥郁，人们更偏好淡雅。比如中国人普遍爱兰花，原因之一就是爱它的一缕幽香。《红楼梦》中宝钗身上的似有若无的香气牵出冷香丸的故事，冷香丸选用了四种花卉（牡丹、芙蓉、荷花和梅花）调制，其克制的香味也暗合了宝钗的性格。古人抚琴前也要点上一支香，认为这样可以洗涤掉室内的浊气，奏出清音。时至今日，对气味的追求也是国人对精神疗愈的追求。许多国产香熏品牌在气味的研发上重新拾起香文化，东方气味美学又一次进入了国人的生活。以国产香氛品牌观夏为例，品牌选择了松、桂、竹、莲、茶这些在中国古代诗词中有特殊地位的植物，将原本诗词中的意境变成可以真正嗅闻到的气味分子。

稳定的情绪和安宁的心境已经成为这个喧嚣时代的奢侈品，而消费香熏产品其实是一种以相对低价的方式获得放松的方式。正所谓"身未动，心已远"，一件香熏可以短暂替代一片松林或大海，缓解现实生活带来的疲惫感。至少，在真正置身于自然之前，假装片刻。

第九章

从亚文化出发对话消费主义的未来

作为群居动物，人类将群体协作的功能发挥到了极致。我们进化出了语言用于协作，发明了制度和国家来保护协作。人类的文化是群体创造的文化，并以此为纽带，将对群体的认同和情感代代传承。本尼迪克特·安德森（Benedict Anderson）在其《想象的共同体》一书中将民族定义为想象的共同体，因为"民族中的个体不可能认识大多数同胞，和他们相遇，或者甚至听说过他们，然而，他们相互联结的意向却活在每一位成员的心中"①。

在过去，民族内的情感经由语言、习俗和政治统治被连接和固定。现代印刷术的出现，让传统媒介进一步放大了这种依附，文化中的个体得以通过报纸、书籍将自身与他人关联起来，但这种连接是单向式的，从精英向大众传导的。而互联网这种去中心化的媒介，真正消弭了地理和现实的边界，让来自不同民族和文化背景的人通过兴趣和共同的话题连接。如果说人们身上的民族标记是与生俱来、无法选择的，那么互联网赋予人们权利去建立或选择自己认同的兴趣社群。这是具有现代性的想象的共同体，一种新的"民族"形式。

社会认同理论是欧洲社会心理学家亨利·塔菲尔（Henry Tajfel）、约翰·特纳（John Turner）等人在20世纪70年代提出并加以完善的。亨利·塔菲尔将社会认同定义为："个体认识到他（或她）属于特定的社会群体，同时也认识到作为群体成员带给他的情感和价值意义。"②这解释了为什么我们会花很多的时间在豆瓣小组或微信群里和陌生人厮混，与无生活交集的人成为挚友。在传统的精英与大众的二元社会结构中，价值观、观点、生活方式和消费主张都是经由精英或权威自上而

① 安德森. 想象的共同体[M]. 吴叡人 译. 上海：上海人民出版社. 2016:45.
② TAFEL H, TURNER J C. The Social Identity Theory of Intergroup Behavior[J]. Psychology of Intergroup Relations. Chicago: Nelson Hall, 1986:7-24.

下传递的，年轻人的想法则很难被看见、被认可。而今，繁荣的青年亚文化经由网络这片土壤生发，不仅让年轻人找到与自己相契的同好，也让更新的生活方式、更新的价值观和更新的消费态度以更平等的姿态扩散开去。

如果说互联网的诞生如同一场信息宇宙的大爆炸，那么在这场大爆炸中诞生了无数亚文化的星球。在这些小小的星球上，聚居着共享相同喜好的"居民"，他们有着自己商议的仪式、秩序和准则。相对于主流文化的宏大感，"躲进小楼成一统"的亚文化圈层显得更为轻松自在。它生成了圈层的边界，在新的想象共同体中，成员们找到了自我的特征和精神归属。亚文化体现在生活方式和消费态度上，即不随大流，不再追求"人皆有之"。而既然物以类聚、人以群分，则圈层成员们的消费观和生活观彼此靠近也是自然而然的。因此，当下品牌们在进行市场调研时，更重视对群体的垂直细分，以获取更生动的消费者洞察。从二次元到国风圈、从小清新到御宅族、从游戏到潮玩……亚文化消费不仅仅是精神消费和符号消费，更是生活方式消费。

第一节　Z世代的"新"鲜度

虽然学术上对于Z世代并没有一个精确的定义，但从广义上来看，我们平常所说的"Z世代"意指在1996—2010年间出生的人。至于为什么是"Z世代"而不是"C世代""D世代"，那就要追溯到美国《时代》杂志在1990年7月16日的封面文章，将1965—1978年出生的人称为"X一代"，而后加拿大作家道格拉斯·库普兰德（Douglas Coupland）通过其畅销书《X一代》将这个称谓推广至全球。而后，人们就根据英文字母的排列顺序来作为代际的先后顺序。当然，也有人将"Z世代"的"Z"解释为"zero"，意指一个全新的起点，也和计算机语言中基础的二进制不谋而合。

消费社会总偏爱年轻人。在Z世代前，千禧一代曾很长时间占据了各种调研报告的C位。而随着80后逐渐进入中年，00后开始成年，品牌们急于接触并了解新的消费一代。作为一批规模巨大的消费群体，Z世代的消费偏好和群体特征将决定着未来商业的风向哪里吹。截至2020年，Z世代消费者的数量占美国消费者的40%以上，他们每年的购买力预估为440亿美元。[1]根据统计，我国Z世代规模约为2.64亿，占总人口比重接近20%，贡献的消费规模已经占到40%。[2]这样一个

---

[1] 微播易. 4000字解析，Z世代人群的新式消费观[EB/OL]. (2021−02−05)[2022−08−17]. https://www.morketing.com/detail/17373.

[2] 澎湃新闻. 中国Z世代人口规模约2.64亿，所贡献消费规模占40%[EB/OL]. (2022−11−01)[2024−03−11]. https://finance.sina.com.cn/china/gncj/2022−11−01/doc−imqqsmrp4548265.shtml）

巨大的人群将从各个方面接入消费社会，从日常消费到大宗商品，从消费方式到消费过程，方方面面都会呈现出他们的态度和个性。就如同 20 年前 80 后成为第一代的网购者，10 年前 90 后推动了内容经济的发展，Z 世代的消费者也将通过他们的行动和喜好推动产品和服务的创新——新生事物和新新人类就是这样一对永远让人期待的组合。

每当一个世代进入大众的视野，人们总会以"新"来形容他们。在此之前，他们是儿童和青少年，消费价值依附于家庭消费中。而 18 岁不仅是成年的分界线，也是商业价值的分水岭。从这一刻起，他们对品牌来说就成为能够自主决策的成年消费者，而围绕这些新消费者的全方位研究也就此展开。每一代际的年轻消费者身上都有着社会发展大背景所留下来的印记，技术力量、文化传播、经济环境以及行业变迁都会影响到每一个置身其中的个体，制造出具有时代特征的消费族群。正如曾经万众瞩目的 80 后以第一代独生子女的标签进入消费社会，90 后以第一代互联网原住民的身份影响互联网内容经济，走入聚光灯下的 Z 世代自然也备受期待。

在《Z 世代营销》一书中，作者将 Z 世代视为第一代"完全的移动设备用户"。作为 1996 年后出生的一代，Z 世代不仅是互联网的原住民，更是移动互联网的一代。尤其是 00 后，他们在孩童时期第一次触网的设备更可能是手机、平板。互联网仿佛是另一套刻录在他们身体内的 DNA，这让使用电子设备和通过互联网生活成为他们的一种本能，甚至可以说，作为一个 Z 世代，如果不能熟练地运用新型的电子设备去跟上同龄人的节奏，就会像一个因捕食技巧拙劣而被种群抛弃的小动物。

2010 年后出生的孩子，从幼儿园开始就拥有了自己的入网设备。小天才手表不仅能够用来联络父母，还形成了小学生的"手表社交圈"：同一个品牌的手表才能相互加好友，进行社交互动。因手表而生成的社交鄙视链虽然被广为诟病，但不得不说产品设计者还是深谙网络社交的底层逻辑的。除了社交的设备，社交语言也在升级。许多父母因为害怕自己的孩子跟不上未来时代的节奏，早早地就为刚刚开始认字的孩子报名学习编程。因为他们相信在未来，比英语更重要的是互联网的基础语言——代码。掌握代码，就仿佛掌握了一把进入未来社会的钥匙。

网络社交这件事，对Z世代来说再是寻常不过；然而，Z世代对网络社交这件事的认知与经历却有自己的特点。尽管QQ依然是Z世代在青少年时期主要使用的社交工具，但与初代网民用QQ加陌生人好友体验网络交友不同，Z世代的网络社交更多是从熟人社交开始的。无论是QQ还是微信，对Z时代来说都是无缝衔接现实世界社交关系的工具，因而在使用时缺乏惊喜。而如果尝试生人社交，当今的互联网已经很难随机匹配到一个有着相似兴趣的陌生人。于是，在介于熟人社交和生人社交之间的空白地带，在初代网民被互联网的开放性吸引投身网络社交的几十年后，Z世代的社交又走向了私密。对他们来说，选择一个自己喜欢的小圈子并待在里面是一件很愉快且有安全感的事。这仿佛是孩童时期在家里用纸板箱搭建起的小小堡垒，可以和小伙伴藏在里面说悄悄话而不被打扰。这些个小小堡垒构筑起Z世代的精神世界，它们也许是一个个豆瓣小组，一个Lo圈，也许是一起做手账，一起玩陆冲，亚文化如同雨后的蘑菇一般在互联网的各个角落中生长起来，让Z世代在大时代中寻找自己的精神角落。

第二节　亚文化繁荣下的消费社会

"亚文化"一词最早发端于英国，是工业革命的副产品，被剥削压榨的工人阶级试图通过创造属于自己阶层的文化来对抗精英主义。到 20 世纪 70 年代，对政府和社会失望的美国青年发起了亚文化运动，试图以文化和生活方式的反叛来对抗资本主义主流文化。可以说，从历史上来看，亚文化一直是反叛的，反对精英主义、反抗学校、反仪式（嬉皮士）、反资产阶级主流文化，乃至反政府（朋克风格），这些曾经的亚文化通过服装、艺术和符号来表达看法。这种对物品进行符号化的编码是亚文化风格的重要特征。而物的背后则是消费，因此即便有许多亚文化声称是反消费主义的，但亚文化还是不可避免地与消费文化关联紧密。

互联网繁荣的本质就是借助网络技术让人们突破地理、种族、阶层等人口统计学意义上的身份标签，而以兴趣爱好、文化倾向、行为方式、需求为标准重新聚集。在过去中国的传统媒体时代，经由报纸、电视媒介传播的主导文化和支配文化占据着主流地位，亚文化相对来说缺乏培育的土壤。2000 年后，去中心化的互联网最先被青年群体所接受，并给文化多元化和生活方式多元化提供了发展的可能，潮流文化与亚文化群体在网络世界里形成了共生。

"代经济"的主要交易模式是甲方请求乙方替代其完成某项活动，并支付乙方薪酬，其通常借助第三方网络平台或二手平台完成交易。[①]我们常说的代购、跑腿，

---

① 李晓嘉. "代经济"的产生原因及未来发展 [J]. 人民论坛，2020(21):42-44.

甚至经常使用的外卖都可以算是"代经济"的一种。在新冠疫情的影响下，快捷便利的"代经济"凭借自己能够最大限度地减少社交接触而再次进入人们的视野。当然，"代经济"作为一种应需而生的服务，它的诞生可比我们想象的早了许多。

有别于今日的代购，历史上的"代购"或许称之为贸易传播交流更为合适。其中最为我们所熟知的"跑腿小哥"就是西汉的张骞，虽然他出使的初衷——劝说大月国与本国合作围剿匈奴——并未达成。但是在外二十几年的交流，使得张骞对于西域文化有了充分的了解。张骞还将胡萝卜、核桃、葡萄、胡椒、石榴、蚕豆、等十几种植物带回中原，让中原的老百姓也能尝到来自西域的美食。

近乎消失的代写也曾经是一种重要职业。随着我国基础教育的普及，在当今社会我们已经很难再见到真正的代写服务了，更多的是提供特殊文章的代笔服务。但是，在人们文化程度并不那么高的古代，代写是平常老百姓离不开的一种职业。最常见的就是家书的代写，古代的游子出门远行在外，独守老家的父母妻儿不识字却又想表达自己的思念之情或是传达要事，这时往往需要一个能够书写的人来执笔。一般由顾客口述、代笔者记录，或顾客描述大概意思，笔者套用尺牍加以润色。

现代社会"代经济"的出现源自不断细化的社会分工。现代化社会需要对劳动力和生产资料进行优化配置。而科技的爆发，让人们对"自动化"社会的渴望日趋强烈。随着城市的扩张、工作强度的增加，可支配的闲散时光变得愈加珍贵。相对于充盈的物资，时间变成了稀缺货源。那些需要花费时间去完成而又不那么有意愿去做的事情，如果能够有"人"帮我去完成就好了——这样的想法变得越来越常见。从童年到成年，几乎人人都想要一个哆啦A梦。人类在研发机器人这件事上所投入的热情和想象力几十年来越来越高涨。而ChatGPT的横空出世，更是意味着一个可以让机器代劳的时代真的快要降临了。当然在当下，那些代劳的需求依然需要通过人力来实现。而只要代劳的想法越强烈，那么对于"代经济"来说就意味着发展空间越大。

电子商务消融了购物的地理边界，但也因为电子商务的存在，另一种跨区域意义上的代购出现了——跨境代购。全球化市场中的定价问题对跨国经营的品牌来说是一个重要课题，由于各地区消费市场的情况不同，需要进行差异化的定价。企业在进行区域性定价时会综合考虑该地区的消费能力和自身的产品定位、企业利润、竞品环境。区域性定价一直以来都依赖地理区隔来防止消费者进行跨区域购买，政府也为了保护本地市场而通过海关检查来防止有人进行商品走私。在前网络时代，一方面消费者很难了解到一件商品在其他国家的售价，另一方面留学生和海外旅行者也很难建立起自己的代购销售渠道。而C2C交易平台的出现却让跨境代购和消费者找到了彼此，2000—2016年，海外代购这个灰色产业链一直蓬勃发展。代购几乎成为广大留学生的副业，特别是在2008年三聚氰胺事件之后，奶粉成为海外代购中需求量最大的商品。代购者将当地超市的奶粉一扫而空，导致超市不得不出台限购措施。在深圳口岸也一度出现了这样的场景，每天清晨有大量被雇佣的人排队进入香港并于当日返回，返回时他们会携带不超过海关限定数量的奶粉等商品，并在出关后交由组织者而获得报酬。这些人被称为"水客"。水客如蚂蚁搬家一般将香港的免税商品带入内地，组织者再将这些商品转卖给代购商家。

在鼎盛时期，淘宝上有着数万家代购店铺，数以千计的店铺做到了皇冠销量，你几乎可以通过代购买到全世界所有地区的商品——从澳大利亚的奶粉、UGG到韩国的化妆品，从土耳其的地毯到摩洛哥的茶几。代购对市场价格体系的扰乱是显而易见的，许多大牌彩妆专柜和奢侈品门店沦为顾客的线下体验点和正品验货点，海关不得不"祭"出严厉的措施加强对入境携带物品的检查和征税。但明显的价格差距，使得几乎人人的微信好友里都有几个代购；只要出境旅游，帮亲友买东西也成为行程标配。代购的市场规模已经到了万亿量级。这些现象意味着我国中等收入人群消费水平的提升，他们中的相当一部分人有海外生活和旅游的经历，希望能通过跨境渠道获得海外商品。在2016年前后，跨境电商结合自贸试验区的模式成为电商经济的新风向，保税仓的建立加快了海外商品在中国的流通，并在价格上对代购形成了强有力的竞争。

疫情的几年仿佛是"代经济"的巨大试验场。封控期间，菜市场的停业让城市居民的日常生活受到了巨大的困扰。彼时，尚在资本耗尽、难以赢利的泥沼里挣扎的生鲜配送平台迎来了希望。"京东到家""盒马鲜生"和"叮咚买菜"平台在2020年春节期间的总销售额同比分别增加了540%、321%和300%。线上买菜不再是年轻人的选择，习惯了"亲往菜市，亲手挑选"的中老年人也学会了使用手机下单，在微信群里接龙，跟着团长"买买买"。根据统计，在疫情逐渐平稳之后，用户依然能够保留线上买菜的习惯，生鲜电商的客户黏性已得到进一步提升。①

当然，"代买菜"只是"代经济"的一种，在闲鱼上你能发现许多有趣的"代服务"：代喝奶茶、代长胖、代在东北看一场雪、代撸猫等等，提供服务的多为年轻人，购买服务的也基本是年轻人。在接受订单后，他们会用手机录下整个执行的过程并发送给买家，买家则从视频和照片中获得虚拟的满足。这些服务更多时候是在为情绪价值买单，让一个陌生人代你完成一件当下想做而无法去做的事，仿佛在世界上有着另一个自己，达成了一个小的心愿。

此外，许多年轻人也从"代经济"中发掘出了省钱秘籍，在闲鱼上搜索关键词"代订"，你会发现有五花八门的代订服务。这是商家力推付费会员制之后消费者想出的应对之招，你可以请人用他们的"大王卡"代订KFC的便宜套餐，也可以享受影院的会员票价，五星酒店的自助餐和房间更是代订的热门产品。而对提供代订服务的人来说，代订的次数越多，他们就能获得更多的积分和更低的折扣。当然，这种相当于拼单团购的消费对于正在力推付费会员制的商家来说并不乐见。代订不仅让商家的会费收益损失，也给乖乖交会员费的顾客造成了不公平的体验。在山姆会员店，经常会看到这样的景象：一些代购推着几辆购物车将热门商品抢购一空。从刚出炉的烤鸡到瑞士卷，在购物车里堆成了小山，而普通顾客花了260元的会员费却无法买到想要的东西。会员制的设计就是给中产阶级家庭提供更优质的商品和服务，而当这种由付费门槛所建立的消费专有性被代购冲击，相应地，会员的吸引力也会受到影响。对于超市来说，一方面，代购贡献了不容小

---

① 徐澳菲，刘悦. 生鲜电商如何留住疫情红利[J]. 中小企业管理与科技·中旬刊，2021(1):112-113.

觑的销售量，但另一方面，很多顾客依赖代购而不再办理会员卡，这让超市损失了应有的会费收入，又增加了管理成本。

"代经济"的兴起是新一代消费者对商品和服务的新型理解。交易关系的主体不再限于商家与个人，而是以个人劳动创造个性化的服务和体验，这赋予了消费社会中人与物、人与人之间的关系更多的想象空间，也对消费的意义进行了全新的诠释。

第三节　在他处的游民

2016年7月8日早晨7点59分，很多人在上班途中收到了"新世相"公众号的一条推送："我买好了30张机票在机场等你：4小时后逃离北上广。""新世相"在推文中说道："今天，我要做一件事：就是现在，我准备好了机票，只要你来，就让你走。现在是早上8点，从现在开始倒计时，只要你在4小时内赶到北京、上海、广州3个城市的机场，我准备了30张往返机票，马上起飞，去一个未知但美好的目的地。现在你也许正在地铁上、出租车上、办公室里、杂乱的卧室中。你会问：我可以吗？——瞬间决定的事，才是真的自己。"[①]这则消息瞬间刷爆了朋友圈，阅读数破了百万，也成为教科书级别的营销案例。在此之前，有关"逃离北上广"的话题是社交平台上的热门，几乎所有或困于漫漫通勤路或困在"996"工位里的"社畜"，都有过放下一切离开的念头。而当面前真正有了一个离开的机会，你愿意说走就走吗？免费机票的促销活动有很多，但"新世相"联合纵横航旅共同策划的这个活动之所以收获了现象级的关注，正是因为其洞察到了当代打工人对工作又爱又恨的心态。

上班、下班，这种为城市和现代化社会所设计的工作模式已经延续了几百年。它将劳动力集中在一起创造了高效率的生产，带来了城市经济的繁荣，也衍生出

---

① 数英网. 完整回顾教科书级营销案例：4小时后逃离北上广 [EB/OL]. (2016-07-20)[2023-06-08]. https://www.digitaling.com/articles/28827.html

了五花八门的生活方式。可以说，现代消费社会中的大多数商品和服务都是围绕这种工作模式产生的，我们热爱城市的便利，也喜欢城市生活的新鲜与时髦感。然而，大城市所带来的弊病也正在逐渐凸显。首先是让人疲惫的通勤问题，在北上广深这类超大都市，单程的通勤时间在 1 小时以上的已经极为平常。其次是生活成本高昂的问题，房租占据了收入的大头，而要想在城市里定居可能需要掏空6 个钱包并背负上沉重的房贷。此外，高物价、工作内卷、因为长期疲劳导致的精神紧张与焦虑、难以存钱、过度消费，这些都隐藏在光鲜都市生活的背面。

逃离超级都市去到小城市看似是一种寻找人生出口的解法，也有许多人亲身实践了。逃离的热门目的地除了老家外，还有节奏略慢、生活气息浓郁的新一线城市，如成都、长沙和杭州，以及热门隐居之地，如大理和鹤岗。但这种逃离除了肉身以外，也意味着工作资源和社交关系的整体迁移，以及收入的下降。许多人移居小城市后发现，虽然生活悠闲度和可支配时间大幅提升，但多出来的休闲时光却有点难以打发，大城市的优点又被重新看重起来——好吃的面包店和街角咖啡馆、不断上新的展览和演出、舒适的社交距离等等，这一度让那些"逃离北上广"的人选择"重返北上广"。从此岸到彼岸，似乎成为人生的另一种围城。

工作，但不上班

数字游民的说法来自英文 digital nomads，指的是无需办公室等固定工作地点，而是利用技术手段，尤其是无线网络技术完成工作的人。与其说数字游民是一项工作，不如说它更像是一种生活方式、一种生活态度。

这种崇尚自由的生活态度从最先提出数字游民概念的牧本次雄所著《数字游牧族》一书中可见一斑，他预测道："未来的人类社会，高速的无线网络和强大的移动设备会打破职业和地理区域之间的界限，成千上万的人会卖掉他们的房子，去拥抱一种在依靠互联网创造收入的同时周游世界的全新生活方式。这些人通过互联网赚取第一世界水平的收入，却选择生活在那些发展中国家物价水平的地方，他们被称作数字游民。这种生活方式让他们彻底脱离了朝九晚五的作息时间、办公室的格挡和令人烦恼的通勤。"① 在书中，数字游民的生活是惬意的、随心所欲的，是和目前许多互联网公司追求"996 福报"、日夜颠倒加班的生活完全相对的。

"自由"作为数字游民的第一要义，主要体现在游民的工作地点上。当然这不是说数字游民的工作地点必须频繁更换，只要你愿意，你也可以选择在自己家的被窝里进行办公。数字游民 Jaord 认为，判断一个人是不是数字游民只有两点：第一，完全依靠互联网创造收入。第二，通过完全依靠互联网创造的收入实现地域不受限的生活。② 简单来说，数字游民是通过互联网技能进行工作，用一线城市的工作收入，在其他低消费城市生活，不受工作地点的约束，彻底解决通勤、房价的问题。

数字游民不同于四处旅行的背包客，因为游历世界并不是数字游民生活中的重要组成部分。事实上，大多数的数字游民也并不是像我们想象的那样以自由为名、四海为家。相反，许多资深的数字游民会选择一个地点作为自己的大本营，花 1 年以上的时间停留在这个地点旅居。数字游民在选择自己生活的城市时有一个重要的概念就是 "geo-arbitrage"，翻译过来就是 "地理套利"。所谓地理套利，就是数字游民们通过互联网的 "地理不受限"特性，在赚取一线城市的工资的同时享受三线城市低廉的物价待遇及优美的自然风光。

数字游民的生活方式如果用一句话来总结也许就是：通过可持续的收入来支持可持续的在外"流浪"。也就是离开生活成本昂贵、生活方式雷同的大城市，不断轮换地点体验世界公民的生活。我询问了 ChatGPT，请它列出全球最受数字游民欢迎的旅居地点，它给出的结果排名如下：

- 第一名　巴厘岛，印度尼西亚
  推荐理由：巴厘岛以其美丽的海滩、热带气候和宜人的生活成本而闻名，吸

① 半月谈网. "数字游民"：一根网线走天下 [EB/OL]. (2023-01-16)[2024-03-11]. https://tech.gmw.cn/2023-01/16/content_36305677.htm

② 数字游民 Jarod. 作为一名数字游民（digital nomad）是种怎样的体验？ [EB/OL]. (2021-11-14）[2022-02-17]. https://www.zhihu.com/question/55363231?sort=created.

引了大量的数字游民。

- 第二名　清迈，泰国

推荐理由：清迈提供了廉价的生活成本、丰富的文化体验和优质的互联网连接，是数字游民的热门选择。

- 第三名　里斯本，葡萄牙

推荐理由：里斯本因其温和的气候、生动的文化和优越的生活质量而成为欧洲数字游民的首选。

- 第四名　墨西哥城，墨西哥

推荐理由：墨西哥城以其丰富的历史、文化和美食，以及合理的生活成本吸引了许多数字游民。

- 第五名　布宜诺斯艾利斯，阿根廷

推荐理由：这个城市因其欧洲风情的建筑、热闹的夜生活和良好的互联网设施而受到数字游民的青睐。

- 第六名　塔林，爱沙尼亚

推荐理由：塔林不仅提供了高速的互联网连接，还因其对数字游民友好的签证政策而闻名。

- 第七名　巴塞罗那，西班牙

推荐理由：巴塞罗那以其海滨城市的魅力、丰富的艺术和文化场所以及宜人的气候吸引了众多数字游民。

- 第八名　普吉岛，泰国

推荐理由：普吉岛以其宜人的海滩、潜水和航海活动，以及相对较低的生活成本而受到青睐。

- 第九名　布拉格，捷克

推荐理由：布拉格以其壮丽的历史建筑、丰富的文化生活和相对较低的生活成本吸引着数字游民。

- 第十名　科伦坡，斯里兰卡

推荐理由：科伦坡拥有适宜的热带气候、友好的社区和经济实惠的生活方式。

可以看出，在这张清单里，那些著名的大都市都没有入选，庞大复杂的公共交通系统、密集的商业中心和高级住宅区等都不再是数字游民考虑的必选项，而物价友好、签证友好、网速友好、外国人友好和气候友好则成为其重要的考量条件。在由数字游民荷兰程序员派特·莱福斯（Pieter Levels）创建的数字游民社区网站 NomadList 上，也有由数字游民（人类）票选的旅居排行，东南亚、南美洲是当下的热门之选。[①]

NomadList 收录了全球 100 多个国家的 2000 多个城市的各种信息，从消费水平、网速、空气质量、夜生活、外国人友好程度等维度进行打分，旨在帮助数字游民们找到最适合自己工作、生活的城市。虽然死板的分数评价并不能十分准确或多维度地评判一个城市，但是 NomadList 的存在对于大多数新手游民们来说还是有指导性意义的。另外，网站还致力于构建当地的"游民"圈层。聊天、论坛等功能，让世界各地的数字游民们能够通过网站相互联系、友好互助。

通过对 Nomadlist 上城市的综合排名，我们不难发现，东南亚、中东欧、中南美以及南欧的部分城市都是当前数字游民的热门聚集地。"很多人会去泰国北部的清迈。"旅行作家切丽·安表示，"那边消费低、天气好，好吃的食物俯拾皆是，几乎是数字游民们心中的天堂。"除此之外，巴厘岛、布拉格、布达佩斯、瓦伦西亚等地方也因为网速感人、安全便利等理由榜上有名。一般来说，当代"游民"们理想的目的地需要满足以下几个条件：生活成本低、签证易办等。

谁能成为数字游民

当我们看到数字游民们身上许多让人羡慕和向往的特质时，我们也必须换个角度思考一个问题：是不是所有人都适合做数字游民？答案是因人而异。

[①] ELLEMEN睿士. 每周工作 4 小时，只工作不上班，成为"数字游民"是种怎样的体验？ [EB/OL]. (2019-12-18)[2020-06-10]. https://mp.weixin.qq.com/s/ggqBAMvnQld4bF3O0GYpxQ.

　　数字游民们首先需要克服的，是旅居在外面对陌生环境的孤独感。长期变动的不只是居住地点，也包含了社会关系。虽然可以不断认识新人，但同时也错过了与家人和老友相处的机会。当来到一个新地方时，如何在短期内建立起社交关系的舒适圈对于数字游民来说非常重要。因此，除了租房中介外，开始出现一些专为数字游民设计以帮助他们更好融入社区并接入社交关系的服务公寓或工作空间。在东南亚有许多价格亲民的数字游民公寓，提供按月计算的短租服务。这类公寓往往有着超大的公共厨房和公共活动空间，方便数字游民在旅居时可以自己做饭并互相认识。在浙江省湖州市安吉县的梅溪镇龙乡，一群年轻人建造了一个DNA（Digital Nomad Anji，安吉数字游民）公社，专门招募国内的数字游民前往工作、生活。公社分为办公区和生活区，提供多人间和单人间的住宿以满足不同消费承受能力的游民。公社采用的是招募制，只要是艺术和设计领域的数字游民，通过线上提交个人申请资料，经过审核后就能入住体验。由于位于江浙沪高铁与高速路网间的乡野之地，在拥有自由放松的隐居生活之余又能与城市维系着纽带，DNA公社的入住名额一直十分紧张。许多数字游民来到公社后发现在工作方面能够更方便地对接资源，就近跑一趟上海、杭州也能够当日往返。一些单人艺术工作室在进驻后还能够与乡村振兴连接起来。对许多乡村振兴的探索项目来说，建造美丽的建筑只是给乡村更换了外壳，而让年轻人能够在这些美丽的建筑中工作生活才能真正为空心化的乡村注入生机与活力。

　　另一个困扰许多数字游民的问题是如何在无人监督的情况下保持对工作的高度自律。脱离办公室集体工作的环境，你需要更严格地进行时间规划和任务管理。疫情期间许多人尝试了居家远程工作，从一开始的兴高采烈、双手赞成到感觉工作事务与生活事务被混杂在了一起，最终因为失去了上下班的边界而重新思念通勤生活。许多数字游民坦言最大的挑战来自于如何克制"玩乐"的念头而专注于工作。办公室的设计是通过空间和集体协作来督促工作，而在一个无人监管的环境中工作（也许周围还充满了各种诱惑），自律便是一项不可或缺的技能。

　　疫情让居家办公成为一种新的工作选择，即使疫情结束，许多企业也依旧保留了WFH（work from home，居家办公）的选项供员工自由选择。在经历开始的新鲜期后，有部分人最终还是重返了公司的工位，因为居家办公会让他们模糊了工作和生活的边界，在家工作依然还是得加班。所以，数字游民并不是有些人以为的自由散漫，相反，他们在时间管理和任务安排方面需要有更强大的控制力。

此外，理财也被视为数字游民需掌握的一项重要技能点，因为放弃全职工作意味着放弃稳定的收入来源。数字游民的工作往往是项目制计费，如何保证工作项目间的衔接，以及在断档的时候依然能够生活，这需要数字游民有"精打细算"的能力。因此，一些数字游民选择通过金融理财来进行资产配置。当然更直接的方法是严格控制自己的消费欲望，一方面"买买买"显然不适合轻装简行的游民生活，另一方面也免除了职场置装和社交的投入。不过，养老保险和医疗保险依然是需要数字游民自己承担，并持续缴纳的一笔不小的支出。

所以，在他处的生活并非如想象中那般浪漫简单。在一个人数多达500人的数字游民群中，日常话题往往围绕着如何获得收入以及适应居住地的话题。疫情造成的交通不便也影响了许多在海外旅居的数字游民——签证、工作机会、医疗、家庭团聚等问题都需要面对及处理。就像一位曾经的数字游民曼森所说："天下没有毫无代价的自由生活。作为数字游民，我们只不过选择了另一副更轻的枷锁而已。"①

---

① 波波夫. 只工作不上班? 数字游民的理想与现实[EB/OL]. (2018-03-26)[2023-06-08]. https://www.36kr.com/p/1722377551873

第四节　小镇青年：三万亿的下沉市场

小镇青年是时下的热门营销标签。成为热门的原因是，一直逐鹿于一、二线城市的品牌们发现，日渐高昂的生活成本和加班文化正在让原本潇洒的都市时髦青年们变成了反消费主义者。而相反，松弛的小镇生活培育出了一批"消费新贵"。一方面，互联网让小镇与都市之间没有了消费的信息差；另一方面，小镇青年对生活品质的要求形成了一片广阔的消费蓝海，这对陷入增长困境的各大品牌来说无疑是需要牢牢抓住的。

作为城市中产生活标志的星巴克原本只在一、二线城市开店。但随着瑞幸、Manner等本土平价咖啡的强势崛起，都市白领们的咖啡消费已从社交货币转向更实惠的咖啡因需求。从2018年起，星巴克就开始悄悄潜入下沉市场。中国市场作为星巴克在全球最为重视的市场之一，担负了2025年开设9000家门店的任务。而一、二线城市的门店数量增长受限于高昂店租和其他咖啡连锁的竞争。而星巴克迄今能够维持几乎每天在中国开业4家新店的高速扩张，就是来自县级市场的贡献。根据星巴克数据，截至2023年，星巴克的"小城之战"已经覆盖了800个县城，完成了目标的近1/3。[①]

---

① 瞻研究. 星巴克打响"小城之战"！重仓3000个中国县城，谁在小镇喝35元的星巴克？[EB/OL]. (2023-11-28)[2024-03-11]. https://t.qianzhan.com/caijing/detail/231128-4cef2534.html

小镇的蓝海有多蓝

拼多多用户日活跃度超过淘宝的新闻一度刷爆了朋友圈，人们不由得发出类似疑问：到底是拼多多实力增强了，还是淘宝不行了？作为一家成立 8 年的电商公司，拼多多仅用一年时间就做到了唯品会、蘑菇街 5 年的体量，用 3 年时间超过了京东，再用 5 年时间超过了电商一哥淘宝。创始人黄峥的身价一度超过马云，成为仅次于马化腾的 80 后首富。拼多多的成功是明显的，无须赘言。

然而，拼多多能做到当前的规模并不是因为它有多么天花乱坠的营销手段，拼多多初期用于扩大用户的"帮我砍一刀""百亿补贴"等策略与其他的互联网公司相比甚至可以用野蛮粗鲁来形容，但正是这种直白的"砸钱"模式让拼多多在前期的用户规模达成了指数级的增长。这种依赖熟人社交的裂变模式在崇尚个人空间自由的大城市里确实遭到了一定的反感和排斥，很多年轻人出于放不下面子或是其他种种原因十分抵触拼多多，甚至有人会在社交平台上放出"谁给我发拼多多链接我就和谁绝交"以及"一个成年人的失败是从他发拼多多链接那一刻开始的"类似言论。

不过，这种依赖于线下社交的裂变发展模式却十分符合熟人制社会人们的日常行为。相比于一、二线的大都市，三线及以下城市更强调人与人之间的纽带关系。因此，这种在北上广打工人看来难以向同事朋友启齿的砍价邀约，对处处都是熟人的小镇青年们来说根本算不上事儿。在他们看来，"砍一刀"更接近于一种近似于流行文化的社交游戏，许多人还专门建立了拼多多互帮互助群，用于帮助彼此一起拿到最高的折扣。

当时间变成了稀缺资源，能够按时下班且不需要经历漫长的通勤跋涉的小镇青年显然对品牌来说变成了更有价值的消费者。他们有着更为充裕的时间去进行娱乐休闲消费。根据第三方数据机构 QuestMobile 发布的《中国移动互联网发展启示录（一）》，我国下沉市场用户规模已近 7 亿。[1] 在移动互联网人均使用时长和用户增长速度方面，都处在领先地位。互联网将世界变成了平的，资讯的同步带来的是消费的同步，新品和爆款的购买渠道不再有地理壁垒。而从可支配收入的角度来说，小镇远低于一、二线城市的房价，让小镇青年们在生活幸福度方面有着更自由探索的可能。

小镇青年志

"小镇青年"这个讲法最初源于对电影市场票房现象的讨论。电影行业的"小镇青年论"一方面认为小镇青年成为电影市场的中坚消费群体，另一方面又认为小镇青年仍待提高的文化审美是阻碍中国电影向前发展的重要原因。[2] 企鹅智酷 2017 年发布的《小镇青年泛娱乐白皮书》给出定义，"小镇青年"是指年龄在 15~24 岁，生活在三到六线（县级）城市地区的人群。未来，小镇青年将成为泛娱乐商业向新市场布局的重要参考。[3]

"小镇"这个词曾经带有深深的刻板印象。对比高速发展的城市，小镇往往意味着滞后、缓慢且毫无变化。而由于城市化进程中人口从农村大量涌入城市，以及中国城乡二元结构的体制特征，那些选择留守在小镇的年轻人被视为学历较低、不思进取、贪图安逸的人群。然而当生活在大城市的年轻人日日喘息于城市生活的高成本和高消耗，他们回到小镇时却发现故乡早已不是记忆中萧瑟凋敝的地方：星巴克之类作为城市中产阶级象征的品牌早已下沉到小镇市场，朝九晚五和双休让小镇拥有更从容的生活节奏，电商经济也让小镇青年完全不会与消费社会的流行脱节。曾经的文化滞后和话语权滞后被消费主义逐渐消解。当市场经济的

---

① 中国日报. QuestMobile：下沉市场月活用户数近 7 亿，或成互联网掘金主"战场" [EB/OL]. (2022-01-11)[2022-10-11]. https://tech.chinadaily.com.cn/a/202201/11/WS61dd3d6aa3107be497a01b11.html?from=groupmessage

② 周梵. 电影"小镇青年论"调查研究——以江苏省电影消费情况及院线发展现况为例[J]. 戏剧之家, 2017(20):97-98.

③ 企鹅智酷. 2017 小镇青年泛娱乐白皮书[EB/OL]. (2017-11-21)[2020-05-17]. http://xqdoc.imedao.com/160cf7b51b571fe3fef84c24.pdf

体制性主体地位确立，政治话语中的青年意象逐渐让渡于消费的话语工具。随着"小镇青年"作为政治符号的价值消解，"小镇青年"开始被冠以与城市对立的草根意象，而这种新的意向是消费符号对政治符号的一种替代性转换。[①]

在过去，线下的分级销售渠道决定了小镇归属于下沉市场。许多品牌在进行渠道管理时往往也不愿意走出城市，因此小镇成为过季或山寨商品的倾销地。这种消费权力方面的不对等使得小镇消费市场永远矮城市一头。对流行文化迟钝、消费力低下、不在意品牌和质量这些刻板印象几乎与小镇消费者捆绑在了一起。然而，今天的小镇已用数据给出了一个提醒——是时候改变对小镇的偏见了。2020年"十一"期间，53%的商用电器卖向县域市场，48%的购买者来自小镇用户，三线及以下城市出游人次占比达60%。[②]中国国际经济交流中心经济研究部副部长刘向东说："小镇青年的消费趋势符合我国居民消费个性化、多样化的特征。特别是很多小镇青年都曾到大城市生活、居住过，消费理念与大城市契合，因此其消费呈现出与大城市居民消费趋同的特征。"[③]

在小镇青年的构成中有一个近些年来不断扩大的群体：回流小镇青年。在乡村振兴成为国家战略后，返乡创业成为很多青年的选择。回流的小镇青年一方面带着"逃离北上广"的决心，另一方面怀着对小镇未来的憧憬。他们不仅带回了技术、资金和资源，同时也将都市生活方式和消费观念带回了小镇。肉眼可见的变化就是小镇上的咖啡馆变多了，不仅有连锁品牌的咖啡店，还有许多回流小镇青年开的独立咖啡馆。咖啡对昔日的"职场社畜"们来说是为了咖啡因摄入，而到了小镇则回归了咖啡馆的最初定位——放松与社交的场所。慢节奏的小镇生活能让人更从容地喝掉一杯咖啡，甚至遛狗的时候也能在对宠物友好的咖啡店来上一杯。在饮品方面，小镇咖啡与城市保持着一致的步调，无论是生椰拿铁还是冰美式，

① 辛如镜. 符号规训："小镇青年"的话语游离 [J]. 新闻传播，2020(17):31-32.
② 中国新闻网. 阿里巴巴发布"十一"消费趋势报告：县域市场成主力[EB/OL]. (2020-10-06)[2024-03-11]. https://www.chinanews.com.cn/cj/2020/10-06/9307261.shtml
③ 央视网. 县城乡镇成为消费新动力 他们都热衷买什么[EB/OL]. (2020-10-29)[2021-05-05]. https://news.cctv.com/2020/10/29/ARTIzHvt6lU8kyQ9hurBmHhv201029.shtml

都一样受到热烈欢迎。唯一的差别也许是在咖啡的小食搭配上，小镇咖啡馆比甜点卖得更好的是鸡米花和薯条。

小镇贵妇是 2023 年出现在大家视野中的新词，网络释义是："指代那些生活富足，工作事少，在吃穿用度上面样样不输给大城市的小镇早婚早育的贵妇们。"小镇贵妇的日常是开车去省会城市的奢侈品店扫货，她们早已与柜姐加了微信，新款一到就会接到通知。此外，买手店也在小镇如雨后春笋般冒头，充值几万元会员费，能够享受到比普通 VIP 更尊荣的服务。一些提升个人修养的培训课程也受到小镇贵妇们的欢迎，如女性仪态课程、妻子如何经营家庭的课程、插花和茶道课程以及烘焙课程，这些课程学费不菲，但相比于麻将和牌局，这些课程显然能带来更新鲜的体验和社交关系。这与日本东京富人区的生活有些相似，代官山的富太太们也喜欢上各种各样的课程来打发时间，从蓝带烹饪到毛线编织。这些就如同主妇界的 MBA 课程，课堂既是学习的场所也是社交的场所。此外，高价食材经销商也在小镇发现了更大的市场。春节期间如果去到浙江温州地区的小镇，你会发现似乎全国的帝王蟹都被集中到了这里超市的养殖缸中。对于小镇贵妇们来说，马斯洛的需求层级金字塔，她们早已轻松通关。

小镇的潜力是无穷的。在一、二线城市市场容量已经趋向饱和且营销成本日益增长的背景下，抓住小镇青年这个消费群体也许能成为业绩不断下滑的品牌们的救赎。当下的许多研究将小镇青年视为一个整体，但如果我们走得更近一些就会发现，他们已裂变为不同的小圈层，需要品牌做更垂直的洞察。是时候放下大城市的优越感了，也是时候摘下土味滤镜了，小镇的海，真蓝。

第五节　开启第二人生，在路上的银发族

　　最近，几乎所有年轻人都在做一道计算题——计算自己的退休年龄。延迟退休已被写入了党的二十大报告，这意味着目前尚处于工作服役期的大部分国人都将面临渐进式延迟退休；而对于 90 后和 00 后来说，65 岁退休几成定局。延迟退休政策的制定有着多方面的背景因素，一方面根据我国第七次人口普查的结果，65 岁及以上人口超过 1.9 亿，占比达到 13.5%，我国已进入深度老龄化社会，另一方面随着第二批婴儿潮人口①的退休，社保资金紧张需要更多的工作人口来支撑。2022 年出生人口首次低于死亡人口，这更加剧了社会对老龄化的隐忧。事实上，当前世界上许多国家都面临着人口老龄化的危机。而除了从政策层面通过延迟退休等手段进行调节外，对社会公众和机构来说构建一个老年友好的社会环境也应是分内之事。

　　"银发经济"这个词近年来不断见诸媒体，它不同于养老产业，也不能简单概括为老年人经济。它更指向的是一个富有活力的面向老年消费者的经济产业生态。根据全国老龄工作委员会发布的《中国老龄产业发展报告》，到 2050 年，我国老年人口的消费潜力将增长到 106 万亿元左右，占据 GDP 总额的 33%。②这意味着

---

① 中国的三次婴儿潮分别为：1950—1958 年、1962—1975 年和 1981—1997 年三次"婴儿潮"。

② 孙维. 推动银发经济发展不应局限于养老服务行业 [EB/OL]. (2022-03-08)[2023-07-09]. http://www.xfrb.com.cn/article/hsy/09455360872383.html

在未来的消费社会中，老年顾客将成为不可或缺的组成部分。

我们对老年人群体普遍存有刻板印象。这些印象在品牌广告对老年人形象的塑造中就有体现。广告片里的老人往往是羸弱的、苍老的、孤独的、节约的、依附于子女的、对科技产品无能为力的……这些形象当然与过去老年人的社会地位有关。但随着 60 后进入退休年龄，新一代退休老人无论是在经济状况、知识学历还是生活方式方面都大为不同。退休对于他们来说并不是"告老还乡"，而是第二人生的开启。对于消费社会来说，新一代老年人不再是"便宜货爱好者"，而是高价值的顾客。

旅游行业早已感知到了这种变化，随着中年人困于养儿育女和 35 岁危机，年轻人困于"996"和单休制，老年人成为出游行动力最强的群体。根据携程发布的《2022 新一代银发族出游趋势洞察》报告，2022 年 60 周岁及以上游客的人均旅行消费同比上涨 23%，其中 60~65 岁的初老群体涨幅最大，跟团游、私家团和定制游是受银发族欢迎的产品TOP3。[①]银发初老族同时也是各类电子设备和社交媒体的熟练使用者，他们对旅游这件事有着更强的主观想法，也会主动搜索目的地信息。在路上成为老年人在开启第二人生后最想做的事之一。

房车热的兴起也与银发经济密不可分。老年人已经不满足于短途的旅行，而是希望有更自由的、更长时间的旅行生活。购买一辆房车，把家随身携带，看遍祖国山河成为当下银发族群体中最潮的旅行方式。房车旅行是一种升级的旅行方式，也是一种对生活方式的挑战。在经历了人生前半场在一个城市稳定又固化的定居后，体验不断迁徙的游牧生活好似为银发族打开了人生的 B 面。我国的国土辽阔，无论从东到西，还是从南到北都非常适合一直在路上的房车旅行。一辆房车的价格在 20 万~100 万元不等，其旅行成本要高于普通旅行，同时要能熟练使用互联网收集沿途旅游资讯，因此能够负担房车旅行的银发族在某种程度上代表了新一代老年人的面貌和价值观。对于新一代老年人来说，退休并不意味着退场，

---

① 携程旅行网. 携程发布银发族出游洞察：55-65 岁准老年、初老群体旅行最活跃 [EB/OL]. (2022-09-29)[2023-07-09]. https://new.qq.com/rain/a/20220929A09QIG00

而是有机会进行生活的再选择。

当然，在路上并不只是银发中产的专有生活方式。苏敏就是一位56岁后进行了人生再选择的阿姨。在孙辈上学后她终于完成被绑定的家庭责任，拿到驾照仿佛是拿到了摆脱无爱婚姻的通行证。苏敏在自己的小白车车顶装上可折叠帐篷，驶离城市边界的收费站，从此走在路上。她游遍整个中国，结交新朋友，在雪山下宿营，学会了用户外瓦斯炉做饭，夜晚的时候打开车顶的帐篷睡在星空之下。每个月2380元的退休金略显微薄，于是她成了一名短视频UP主，分享一路的风景与感悟。她的粉丝都是一批年轻人，在他们眼里，苏阿姨仿佛是新一代的行吟诗人。苏敏的故事让很多人开始重新审视自己的生活，对女性来说她示范了如何摆脱世俗赋予的身份，重新找回自我，对更多人来说，她展示了人生的可能性是不被年龄所定义的。在为某品牌拍摄的广告中她的文案独白是这样的："叠过73219件衣服，这一次为自己收拾行囊。"在路上，她的身份不再是妻子、外婆、退休大妈，她只是她自己。

不过，房车的故事也未必都有快乐的底色。非虚构小说《无依之地》里记录了一群开着房车游牧在北美大陆上的"房车流浪者"。2008年的次贷危机造成了大量的企业破产和失业问题，许多美国的中产阶级几乎在一夜之间失去了自己的工作和房子。他们中有医生、律师、店长、大学教授，曾经体面的生活变成了一场镜花水月，这迫使他们在挣扎求生的同时也重新思考生活的价值和意义。于是，他们中的一部分人放弃找回往昔的安稳，而是选择在房车上漂泊，利用遍布美国的上千个房车营地作为补给和生活的暂居之所。当社保金不足以负担生活开支时，他们会选择打零工来增加收入，如做宿营地的管理员、亚马逊的小时工，但他们不会长时间停留在一地，方向盘的前方永远是下一个目的地。这个群体逐渐形成了自己独特的圈层和亚文化，平时他们在社交媒体的小组中互相交流游牧心得和工作机会。在线下，他们会在亚利桑那州的阔茨赛特（Quartzsite）进行一年一度的聚会。这个叫作RTR（rubber tramp rendezvous）的聚会是一个为期两周的活动。他们在这期间社交、娱乐、交流并学习房车生活课程，两周之后再各奔东西、继续流浪。

　　一个理想的消费社会应该是：能够通过商品和服务支持各个圈层和族群想要的生活方式。同样，一个理想的多元化社会能够让人在不同的年龄阶段找到自己的归属。这个归属不是传统意义上的角色身份，而是能跟随自我意志对人生进行重新校准。让每一个人都能独特地活着，不为年龄焦虑，不为生而不同焦虑，不为刻板印象负累，过好每一天自己喜欢的小日子。

后　记

　　疫情前的最后一次旅行我去了仙本那。这是一个位于东马来西亚的海湾小镇，海水美极了，镇子也破败极了。白天我们坐船去离岛潜水，傍晚的时候回到镇上。因为太过明显的游客特征，总会有一群小孩提着海鲜追上来，让我们购买他们今天刚捕获的龙虾、石斑鱼和螃蟹。这群孩子并非马来国民，而是来自海上的游牧部落巴瑶族。巴瑶人是最后的无国籍之人，至今过着一种远离现代文明的生活，择海而居，捕鱼为业，似乎是时代被遗忘的人——一百多年的工业现代化进程似乎并没有对这个部族产生多少影响。他们并非与世隔绝，但又是如何保持了与现代社会的距离，我不得而知。夜晚，巴瑶族的孩子已经散去，我们走在镇子的街道上，本地的青少年们三三两两地蹲在昏黄的路灯下玩手机，彼此并无交谈，与这个世界其他玩手机的人别无二致。仙本那镇很小，但依然有一家星巴克、一家肯德基、一家小米店和一家OPPO店，还有一些下南洋的华人开的中餐厅。在那里，我清晰地感受到了全球化荡漾而来的涟漪，而仙本那似乎是旧世界的最后一块残片。

　　对于这个世界的绝大多数人来说，自出生起就生活在一个协同的社会中。一个冰箱贴，被装在从义乌发出的集装箱里漂洋过海去到希腊的圣托里尼岛，又被中国游客买回家贴在冰箱门上——现代社会的运行基于物资流动与劳动分工。而我们成长的过程则是一个融入现代化的过程——学习所需要掌握的技能和知识以成为合格的劳动者，学习与他人合作，学习在消费社会中生活，学会管理自己的资源、时间，并在这个充满物质的世界中找到自己的平衡点。消费者这个身份标签羁绊着我们的一生，在不同的生命阶段我们对"拥有"这个概念会生发出不同的理解。

作为一名80后，我因缘际会地跨在了新、旧两个消费社会之间。童年是计划经济时代的尾声，物质的匮乏让消费显得单调且节制，橘子汽水和光明冰砖是当年每个小孩心里夏天的味道，而日本漫画和TVB剧则构成了人们对外面那个消费世界的想象。父亲借由工作关系从海外带回的可口可乐和出前一丁方便面养成的味觉偏好一直持续到现在。几十年过去，很多人又开始重新追念那个被时光镀成金色的时代，也许是想追回那种不与消费主义捆绑，在低欲望中就能被轻易找寻到的快乐吧。

成年之后，伴随着中国加入WTO，我就此迈入了消费社会的大门：从办理第一张信用卡到第一次绑定网银参加"双十一"，从收集星巴克杯子、麦当劳周边到排队抢H&M限量联名，从作为穷留学生在伦敦Harrods（哈罗德）百货被中东富豪扫货震惊，到后来在东京短居的日子里报复性消费，沦为消费主义的信徒……也许是体内的"广告基因"作祟，我曾经热爱且追随广告所构建出的绮丽消费景观，以"专业体验"之名行喜新厌旧之事，时常冲动，有时后悔，但仍以消费为乐。

《天生消费者》一书的部分思绪来自我讲授的课程"生活方式创新"。这门课始于2013年，当年的系主任张雷教授将这门课安排给我的理由是："年轻人爱消费、爱生活，这门课你来上最适合不过。"

转眼间，已经过去10年，每年更新授课内容便是对当下生活的回望与审视，同时也是被学生们分享的新生活方式启发的过程。而这门课程的有幸之处是过去10年间中国社会和消费大众为此提供了无比丰富的素材——我们经历了消费方式的巨大变革，经历了丰裕社会之下的消费泡沫，目睹了科技的力量，也深刻体会了时代的意外对生活方式带来的改变。作为一名广告教育的从业者，我也有幸因为这个总是走在生活前沿的行业而时刻感受到新事物的惊喜——每天都有新产品在诞生，有新商业在萌发，有新的广告Campaign（营销活动）在发布，有那么多的广告人在努力让消费者们相信当下很美好，明天也充满希望。也因为这个职业，我的朋友圈永远都是热爱生活的年轻人，喜欢看他们作为独立个体初涉消费社会的样子，看他们四处闲逛发现各种有意思的小店，看他们特种兵式打卡一天喝三杯奶茶，看他们买好看又无用的小物，看他们为演唱会抢票、为电竞赛抢票、为戏剧节抢票，看他们摆摊打工 Cosplay（角色扮演），看他们反消费主义尝试断舍离……

本书的完成要感谢很多人：感谢促成这个系列成集的浙江省社科联科普处以及吴飞教授和邵鹏教授，感谢严谨治学的责编黄兆宁老师一直耐心给我纠错，感谢陈楚欣、陈心笛、陆晴晴、上官梦婷、段雨晴、谭慧慧、余敏同学对本书的资料收集和内容贡献，感谢一同奋战互勉的四重奏小组，感谢迪迪、monkey、HH、yen 自学生时代起一直参与着彼此的消费人生，感谢一起研修、一起刷爆卡的小伙伴；感谢父母（虽然我们的消费价值观不同，但仍然努力理解彼此），感谢我曾经去过的每一个地方、喝的每一杯咖啡、花的每一分钱，无论是买买买还是断舍离，商业总是让这个世界充满可能性和烟火气……以及，感谢所有参与"生活方式创新"课的同学，你们是创新生活方式的真正践行者。

消费者这个身份是现代社会附赠给每个人的标签，在不同的生命阶段我们对其会有不同的理解：或拥抱或抵抗或逃离或安然处之。理解消费，理解曾经和当下的消费文化，有助于我们理解自身与社会的关系，与生活的关系以及与本我的关系。这本书起念于疫情初始，完成于疫情结束，其间删删改改，一些品牌消失了，一些网红退幕了，一些流行的生活方式更迭了，甚至许多人的生活观也改变了，我疲于删掉曾经，又忙于追赶未来，消费世界里发生的事如一季又一季更新的剧集，永远都追不完，也写不完。

而永远常新，恰是中国这个消费社会的最美好之处。

盛婕

2024 年春天于杭州